U0617846

金 丹 赵松林 张丽英 著

# 海南乡村建设调查研究

Investigation and
Research on Rural Construction in
HAINAN

社会科学文献出版社
SOCIAL SCIENCES ACADEMIC PRESS (CHINA)

# 序

我国传统社会是一个典型的农业社会，表现在农业是社会的主要产业，农村是经济社会活动的主要区域，农民是社会的主体成员。随着我国迈入现代化进程，农村人口比例不断下降，农业所占国民经济比重不断下降。1949 年我国农村人口为 48402 万人，占比为 89.36%；1978 年我国农村人口为 79014 万人，占比为 82.08%；2011 年我国农村人口为 64989 万人，所占比重开始少于城镇人口，为 48.17%；2020 年我国农村人口为 50992 万人，占比为 36.11%。1978 年、2000 年、2020 年第一产业增加值占国内生产总值比重分别为 27.7%、14.7%、7.7%。① "三农"问题的出现，正是以工业化、城镇化、人口市民化为特征的现代化的结果。工业优先发展，城镇快速发展，农村人口市民化导致农村农业农民发展相对落后，甚至一些农村地区出现绝对贫困。解决"三农"问题一直是党和国家关注的重点，1982 年至 1986 年连续五年、2004 年至 2021 年连续十八年中央发布以"三农"为主题的一号文件，对"三农"领域工作作出重大决策部署，体现了解决"三农"问题的重要性。

改革开放以来，按照现行贫困标准计算，我国 7.7 亿农村贫困人口摆脱贫困；按照世界银行国际贫困标准，我国减贫人口占同期全球减贫人口 70% 以上。② 随着农村绝对贫困的消除，我国"三农"工作的重心从脱贫攻坚转移到全面推进乡村振兴，乡村振兴成为学者们研究的重点热点问题。实际上，乡村振兴战略是在肯定乡村为我国经济社会发展作出了巨大

---

① 数据来源于国家统计局编《中国统计年鉴（2021）》。
② 习近平总书记在 2021 年 2 月 25 日召开的全国脱贫攻坚总结表彰大会上的讲话。

贡献的认识上，基于新时代我国乡村发展的全局，对乡村发展前景提出的战略性设想。当前，乡村建设是全面推进乡村振兴战略的重要举措之一。

2019 年海南五个国定贫困市县全部摘帽；4.5 万人脱贫任务高质量完成；全省农村贫困发生率由 2018 年的 0.79% 下降到 2019 年的 0.01%，提前一年基本消除现行标准下的绝对贫困。[①] 海南全岛建设自由贸易港，约 80% 的土地在农村，60% 的户籍人口是农民，20% 的地区生产总值来自农业。[②] 海南乡村建设是海南农业农村现代化、农村地区共同富裕和全域建设自贸港的基础性工作。显而易见，对海南乡村建设进行调查与研究具有重要的现实意义。

金丹、赵松林等人完成的《海南乡村建设调查研究》一书，正是基于上述背景深入调查研究的结果。该书以乡村建设为主题，在深度调查海南农村的基础上，以问题为导向，分析了问题成因，运用治理理论、公众参与理论等探讨了乡村建设主体如农户、政府的行为与相关机制，为乡村建设的理论研究作出了贡献。该书共收集研究报告五篇，聚焦海南脱贫攻坚、科技支农、人居环境治理、集体经济建设等专题，针对海南乡村建设需要改进的地方，提出了具体的建议。该书从公共管理、政治学的角度提出了自己的理论观点，认为脱贫攻坚、农村人居环境整治、农村公共基础设施建设、农村集体经济建设等乡村建设行动表现出较明显的国家建构特征。一方面，国家意志反映在国家政策上，政策在自上而下的过程中，经历了从文本到理解执行，凭借基层政府、乡村组织与农民的中介联结关系，形成国家意志与乡村社会之间的互动关系，从而落实国家政策并实现国家意志。另一方面，农民对国家的建构并不是被动的接受，而是基于自身的考虑，可能会接受、反对或消解，这就需要考察农民的态度、反应、参与行为。可以说，乡村建设行动除了考察建设本身、手段或载体之外，更重要的是考察关系（即国家与农民之间的关系）和相关机制。

该书利用调查数据与个案资料，探讨了海南扶贫、环境治理、集体经济发展等的经验与模式，从纵向上强调了国家或政府建设乡村的作用，从横向上强调了发挥农民建设乡村的主体性作用，也强调了基层组织建设乡

---

① 本报评论员：《一鼓作气打赢脱贫攻坚战》，《海南日报》2020 年 4 月 8 日，第 1 版。

② 海南省委书记沈晓明在 2021 年省委农村工作会议上的讲话，2021 年 2 月 19 日。

村的中介联系作用。这些观察视角都值得肯定，但还应注意乡村的层次差异性。我曾从管理学的角度提出了分层次管理理论。其要义是在特定环境条件下，为实现管理的预期目的，精细识别管理对象的发展层次，按不同层次需要，找出投入要素与管理资源的高效结合方式，实现管理适配，减少错层管理造成的管理失效和资源浪费，促进产出最大化、管理效果优化。① 后来，又提出乡村具有显著的多维度层次差异性的观点，即在地理位置、自然资源禀赋、经济发展水平、村庄治理能力等方面的差异。从贫困程度上，可分为贫困乡村、小康乡村、富足乡村、发达乡村四个层次；从空间位置上，包括城郊乡村、中间地带乡村、边远乡村等层次；从组织形式上，存在原始刀耕火种、传统小农生产、专业农户小规模生产、农垦企业生产、外资投资生产、"网化""智能化"现代农业等层次。层次差异性决定了"一刀切"政策无法推进乡村振兴战略落地、落细、落实。各地政府精准施策，应结合各地实际，分析层次差异，科学识别乡村发展层次，制定层次适配的乡村振兴战略，使各层次乡村发展均能升级。② 因此，我认为对海南乡村建设实践的调查研究，需要继续关注乡村的层次差异性，如从乡村建设参与程度方面，可考察消极村庄、中间村庄、积极村庄等层次的差异，分析差异出现的成因与因果机制，为提升海南乡村建设的成效提供精准的政策建议。

概言之，该书的主要特色在于：首先，研究对象方面，作者们研究自贸港建设中的海南农村，具有重要的现实意义；其次，研究方法方面，以海南农村深度调查为基础，用数据与案例说话，研究海南乡村建设行动理论与实践，此类研究在海南比较少；再次，应用价值方面，在科技支农、农村环境改善、集体经济发展等方面提出建设性建议，对乡村研究者与实践者来说，具有参考价值。

近几年，该书作者们依托中国热带农业科学院热区乡村振兴创新团队，就乡村振兴有关主题，与团队其他成员一起调查访问了海南、广东、广西、云南、四川、贵州、江西、福建、湖南、浙江等省区的农村，特别

---

① 陈实：《用分层次管理思想推进农村经济改革——对话海南大学副校长傅国华教授等三名学者》，《海南日报》2014年2月11日，第B9版。

② 傅国华、李春：《分层精准施策保障乡村振兴战略实施》，《农业经济与管理》2017年第6期。

是走遍了海南 18 个市（县、区）的农村，获得大量的一手数据资料，撰写完成了大量的研究成果，其中一些成果被海南省相关政府部门采纳与肯定。他们不怕辛苦、深入农村调研的态度和行为，非常值得称赞。

海南大学与中国热带农业科学院经常开展学术交流活动，尤其在"三农"、乡村振兴、农业经济管理等研究领域已经实现了融合发展。比如，我们近期合作研究了中国工程科技发展战略海南研究院项目"建设海南自由贸易试验区（港）背景下海南热带高效农业发展战略研究"，在项目立项、研讨、调研、听取中国工程院院士意见、提交结项报告等环节都有过很好的合作，我看到了他们专心科研的劲头，也看到了年轻科研人员所具有的朝气。正是在学术交流交往活动中，该书作者们找到我，希望我能给他们的新著作序，我欣然答应，于是就有了这些文字。

希望该书的作者们以此书的出版为新的起点，将乡村振兴研究当作一项系统工程，继续关注海南乡村建设，针对重点热点问题开展深入的调查与持续的研究，形成更多的研究成果，为海南自贸港建设贡献更大的力量。

---

* 本序作者傅国华，海南大学副校长、二级教授、博士生导师、国务院特殊津贴专家，是"新世纪百千万人才工程"国家级人选、海南省杰出人才、首批海南省"515人才工程"第一层次专家，农业产业链、分层次管理、五理新论、数业经济理论原创者。

# 目 录

# 前　言

## 一　"乡村建设"的历史追述

早在民国时期，基于当时中国外有列强入侵、内有政权分裂与军阀问题的时代背景，许多有识之士积极推行乡村建设运动实践与理论研究，总结提炼当时中国乡村建设的理由，进而提出乡村建设方案。比如，晏阳初先生试图从教育入手来救济与建设乡村。他于1920年回国后，先后在华中、华北、华西三个地区推进旨在"除文盲，作新民"的平民教育运动。1929年以后，扫盲运动由城市转入农村，开始在河北省定县（今定州市）成立"定县实验区"。在对定县农村社会进行全面调查过程中，他发现当时中国农村主要问题集中表现为"愚、穷、弱、私"，因而提出对农民开展文艺、生计、卫生、公民教育，进行乡村建设，并倡导了学校教育、家庭教育和社会教育相互配合的教育方式。[①]

又如，梁漱溟先生从四个方面阐述了民国时期从事乡村建设运动的原因：乡村建设运动是由乡村破坏而激起的救济乡村运动；[②] 是起于中国乡村无限止的破坏，迫得不能不自救；[③] 是起于中国社会积极建设之要求，中国以经济落后而一切落后，所缺乏的东西太多，因而国人都抱有一种积极建设的要求；[④] 中国问题在其千年相沿袭之社会组织构造既已崩溃，而

---

① 朱恩荣主编《晏阳初全集》（第一卷），长沙：湖南教育出版社，1989，雷洁琼所作序言。
② 梁漱溟：《乡村建设理论》，上海：上海人民出版社，2006，第9页。
③ 梁漱溟：《乡村建设理论》，上海：上海人民出版社，2006，第12页。
④ 梁漱溟：《乡村建设理论》，上海：上海人民出版社，2006，第14页。

新者未立，乡村建设运动为重建新组织的运动。[①] 梁漱溟先生提出要建设一个新的社会组织构造，即建设新的礼俗，[②] 这需要改造乡约、兴办村学乡学，从文化教育做起，继而解决乡村腐坏等问题，找到中华民族的出路，实现一个理想社会。[③]

此时的乡村建设"仅仅是这一时期知识分子们运用他们所掌握的知识在乡村社会进行的一场实践而已，仅靠文化教育既不能实现乡村建设目标也不能解决中国问题，乡村建设实践既离不开政府支持也不可能脱离政治"。[④] 实际上是"乡村运动而乡村不动"，是一场社会运动或社会实验，是一场"知识分子的下乡实践"或是"知识的实践"。[⑤] 可以说，民国时期的乡村建设实践或运动由于种种原因而不成功，对当时乡村衰败状态没有实质上的改变。

乡村问题也引起了民国时期地方官员的注意，为了加强对农村的控制，他们也开展了建设行动。比如"民国初年的山西村政建设，是以阎锡山为省长的山西省政府，通过以地主士绅为主导的区、村两级主要指村级行政机构，进行的强化农村基层控制的政治活动和开发农村资源的活动，在客观上对山西经济社会起到了一定的推动作用"。[⑥]

在乡村建设理论研究方面，著名社会学学者费孝通先生通过农村微型社区调查研究，对民国时期的乡村建设与发展路径也提出了独到见解。在《江村经济——中国农民的生活》一书中，他指出："在这个村庄里，我们已经看到一个以合作为原则来发展小型工作的实验是如何进行的。与西方资本主义工业发展相对照，这个实验旨在防止生产资料所有权的集中。尽管它遇到了很多困难甚至失败，但在中国乡村工业未来的发展问题上，这样一个实验是具有重要意义的。"[⑦] 后来他指出，"以往种种乡村建设的尝试，偏

---

① 梁漱溟：《乡村建设理论》，上海：上海人民出版社，2006，第19页。
② 梁漱溟：《乡村建设理论》，上海：上海人民出版社，2006，第118页。
③ 梁漱溟：《乡村建设理论》，上海：上海人民出版社，2006，第219页。
④ 刘金海：《知识实践视角下的"乡村建设"研究——基于定县教育、邹平实验和乌江试验的比较分析》，《人文杂志》2021年第4期。
⑤ 刘金海：《知识实践视角下的"乡村建设"研究——基于定县教育、邹平实验和乌江试验的比较分析》，《人文杂志》2021年第4期。
⑥ 山西省地方志办公室编《民国山西村政建设》，太原：山西人民出版社，2014，第3页。
⑦ 费孝通：《江村经济——中国农民的生活》，北京：商务印书馆，2001，第238页。

重文字教育、卫生等类不直接增加农家收入的事业"，应"从土地里长出乡土工业，在乡土工业长出民族工业"，并认为这条路线虽较慢但较稳。①

以上关于乡村建设的实践与理论研究，是在西方强势入侵、中华民族救亡图存的时代主题之下进行的，为当代乡村建设研究提供了思路，同时提供了经验与教训。当下时代是中华民族伟大复兴的时代，我们应立足新时代，在乡村建设行动实践中，找到促进乡村发展的更加有效的路径。

新中国成立之后，为了发展工业，通过统购统销制度，实行了农村支持城市的政策措施。随着中国工业的快速发展和积累，21 世纪初农业税免除后，"从过去以农补工转变为以工补农"。② 一系列重大支农惠农政策密集入乡，农村建设力度大大加强。如八七扶贫攻坚、社会主义新农村建设、农村公共基础设施建设等。党的十八大以来，特别是中国特色社会主义建设进入新时代后，农业农村优先发展，打赢脱贫攻坚战、推进农村人居环境整治、实施乡村振兴战略体现出国家对乡村建设的重视程度达到了空前的高度。

2021 年中央一号文件提出的大力实施乡村建设行动，是全面推进乡村振兴和加快农业农村现代化的具体举措。文件列举了乡村建设行动的阶段性内容，主要包括村庄规划工作、乡村公共基础设施建设、农村人居环境整治提升、农村基本公共服务水平提升、促进农村消费、县域内城乡融合发展等。③ 2021 年海南省一号文件贯彻中央要求的同时，结合省情提出的乡村建设行动的阶段性内容，主要包括村庄规划工作、农村公共基础设施建设、农村人居环境整治提升、基本公共服务水平提升、促进农村消费、县域内城乡融合发展、农村集体经济发展、农村农垦改革等。④ 这为本书认识与理解乡村建设行动提供了指南。正如前述，党和国家一直重视农村建设，如提出社会主义新农村建设、美丽乡村建设、脱贫攻坚、公共基础设施建设、人居环境整治等。随着国家现代化进程加快，国家实施乡村建

① 费孝通：《乡土中国》，上海：上海人民出版社，2006，第 237 页。
② 杜润生：《杜润生自述：中国农村体制变革重大决策纪实》，北京：人民出版社，2005，第 296 页。
③ 《中共中央国务院关于全面推进乡村振兴加快农业农村现代化的意见》，2021。
④ 《中共海南省委海南省人民政府关于全面推进乡村振兴加快农业农村现代化的实施意见》，2021。

设的重点工作也调适性地变化。因而，本书结合海南农业农村现代化进展与自由贸易港建设语境，重点关注国家政策推动的乡村建设行动。

著名农村研究学者徐勇先生曾在一书的序言中写道："乡村建设是基于这样一种理念，即在现代化进程中，城乡应该均衡发展，城市繁荣不应以乡村遗弃为代价，要通过外力支持和内部开发加强乡村建设，将乡村建设成为生活殷实、人际和谐、信息发达、鸟语花香的美丽家园。"①

本书中的乡村建设行动是指为了加快实现农业农村现代化，国家对农村进行硬件与软件建设，其中，硬件建设如农村基础设施建设，软件建设如改善农村公共服务以及促进城乡融合发展。乡村建设行动包括国家建设行动与农民参与行动，② 还包括村庄的中介组织活动行为。行动主体包括国家、村庄或集体、农民，虽然地方与基层政府在执行中央政策与指令时有主体的自主性和自身利益的考量，但现有体制的强化已形成地方服从中央权威的央地关系，本书将他们视为国家在乡村社会的代表；行动内容包括村庄规划、农村人居环境治理、农村公共设施建设、基本公共服务供给、美丽乡村建设、脱贫攻坚（包括人才与科技扶贫）及其与乡村振兴衔接工作、农业科技服务下乡、农垦改革与建设、农村集体经济建设、县域内城乡融合发展等内容，但不限于这些内容，这些具体行动都与国家财政支持有关。本书所指的乡村建设行动场景主要是海南广大农村，选取国家政策推动的人才扶贫、科技扶贫、科技支农、环境改善、农村集体经济建设作为海南乡村建设行动中重点考察的对象。

## 二 提出"乡村建设"的背景与意义

2021 年是建党一百周年，也是"十四五"规划开局之年，党在此历史时刻提出推进乡村全面振兴以及大力实施乡村建设行动，具有重大的历史意义。中国共产党自成立以来，创建新中国，建设社会主义国家，带领中国人民取得了辉煌的历史成就，也正在带领人民迈入新的伟大征程。因

---

① 贺雪峰：《乡村治理的社会基础》（增订本），北京：生活书店出版有限公司，2015，序言。

② 邓大才：《积极公民何以形成：乡村建设行动中的国家与农民——以湖北、山东和湖南的五个村庄为研究对象》，《东南学术》2021 年第 1 期。

而，应从党史的高度来理解与推进当下中国的乡村全面振兴以及乡村建设行动，其必将与中国减贫行动一样彪炳史册。大力推进乡村建设行动是农业农村优先发展的重要体现，是全心全意为人民服务宗旨的重要体现，是党带领中华民族实现伟大复兴使命的重要体现。

农业农村现代化是国家现代化的重要组成部分。与城市发展相比，农村发展相对不充分不平衡，是国家现代化亟须补上的一部分。农业农村农民成为"三农"问题，其深刻的根源在于现代化进程，可以说，"三农"问题实质上是在现代化进程中农业文明与工业文明的并存和差别而产生的政治社会问题。① 党把解决好"三农"问题作为全党工作的重中之重。"民族要复兴，乡村必振兴"，全面推进乡村振兴是实现中华民族伟大复兴的一项重大任务。② 乡村振兴的本质是要走一条与西方不一样的城乡发展道路，避免"城市兴、乡村衰"结果，走城乡融合发展、共同繁荣之路。③ 在2021年中央一号文件中，党和国家系统地部署了乡村建设行动任务，这是全面推进中国乡村振兴的重大举措。海南响应贯彻中央政策，结合省内"三农"实际，对照性地提出了省内乡村振兴与农业农村现代化要求与任务，乡村建设行动是海南接下来几年需要大力推动的政策实践。

改革开放40多年来，我国城市化、工业化得到长足发展，农村经济社会也发生了翻天覆地的变化，同时城乡之间、农村内部之间的差距依然存在，部分农村人口进城就业甚至成为市民，一些农村面临空心化问题，农业出现兼业化或老人化现象。近些年来，党和国家实施城乡一体化政策，工业反哺农业，城市支持乡村。城乡融合发展也成为国家推进乡村建设行动的主要举措之一。

自习近平总书记2018年4月13日在庆祝海南建省办经济特区30周年大会上发表重要讲话以来，海南省全岛范围内掀起了建设自由贸易港的热潮。海南全岛建设自由贸易港，约80%的土地在农村，60%的户籍人口是农民，20%的地区生产总值来自农业。海南背靠大陆、连接国际，能够在更大范围、更高层次参与国内国际分工协作，进而为农业农村发展和农民

---

① 徐勇：《现代国家、乡土社会与制度建构》，北京：中国物资出版社，2009，第55~56页。

② 《中共中央国务院关于全面推进乡村振兴加快农业农村现代化的意见》，2021。

③ 吕德文：《基层中国：国家治理的基石》，北京：东方出版社，2021，第14页。

就业增收注入新动能。① 一方面，海南担负着建设中国特色自由贸易港的历史使命，乡村建设是自由贸易港建设的基础性部分，因而海南乡村建设行动必然要服务于自由贸易港建设。另一方面，如果没有乡村的全面振兴，自由贸易港建设就缺乏稳固的基础，如果自由贸易港建设成果不能更好地惠及包括农民在内的广大群众，就难以体现中国特色社会主义共同富裕的本质要求。② 因而，推进海南乡村建设，也就是在推进自由贸易港建设。

随着农村绝对贫困的消除，特别是农民非农收入的持续增加，广大农民群众对生活环境与品质提出了更高的要求。乡村建设行动是为广大农民而提出的，在增强农民群众获得感幸福感方面的作用也是显而易见的。正是在这样的情境下，了解国家乡村建设的主体之一——农户的行为、反应与心理变迁，就显得非常有必要。

## 三　研究的问题与视角

本书的研究以海南省农村实地调查为基础与特色，深入海南乡村建设行动现场，考察海南乡村建设进程中各项具体政策实践行动的实际状况、存在问题、有效模式等方面，也就是乡村建设的内容是什么、进展怎么样、存在什么问题以及怎么办。

具体研究问题分为如下专题：人才扶贫专题研究关注创业致富带头人是怎样精准治理贫困的，可进一步分解为四个方面的问题，即为什么需要创业致富带头人治理贫困，贫困村创业致富带头人能否有效治理贫困，创业致富带头人治理贫困模式存在哪些问题与局限，以及海南贫困村创业致富带头人精准治理贫困的模式对于乡村产业振兴与乡村建设有哪些启示。科技扶贫专题研究关注海南科技扶贫的主要做法、成效及工作难点是什么，农业科技110精准扶贫的典型经验模式又有哪些。科技支农专题研究关注海南省农业科技110服务体系运行得怎么样，服务农户情况如何，存在哪些实际问题，以及怎样改进，农户对科技服务有什么样的评价。环境

---

① 海南省委书记沈晓明在2021年省委农村工作会议上的讲话，2021年2月19日。
② 海南省委书记沈晓明在2021年省委农村工作会议上的讲话，2021年2月19日。

改善专题研究关注作为一项国家政策，农村人居环境整治在海南实践中的现实状况怎么样，以及存在哪些影响因素，有效推进农村人居环境整治行动需要什么机制。以上三个方面的问题具体可分解为以下四个相关的方面：海南农村人居环境整治实态是什么；海南农村人居环境整治中的问题或影响因素表现为哪些；通过典型经验模式比较研究后，海南农村人居环境整治机制能否有效地实现；如何建构海南农村人居环境整治的长效机制。农村集体经济专题研究关注作为国家政策的农村集体经济建设，具体来说，在乡村全面振兴背景下，海南农村集体经济发展状况怎么样，以及如何发展壮大农村集体经济。

研究视角是做一项研究的理论关注点或理论切入点。曹锦清对此有一个明晰且具有影响力的概括。他认为观察转型过程中的中国社会，有两个不同"视点"或"立场"，每一个"视点"有两个不同"视角"。第一个"视点"的两个"视角"是："从外向内看"与"从上往下看"；第二个"视点"的两个"视角"是："从内向外看"与"从下往上看"。"外"为西方社会科学理论与范畴，"内"为中国历史传统与现实，尤指依然活跃在人们头脑中的习惯观念与行为方式中的强大传统，"上"指中央和传递中央各项现代化政策的整个行政系统，"下"指广大农民及农村社会。"从外向内看"就是通过"译语"来考察中国社会的现代化过程；"从上往下看"就是通过"官语"来考察中国社会的现代化过程。"从内向外看"与"从下往上看"就是站在社会生活本身看在"官语"与"译语"指导下的中国社会，尤其是中国农村社会的实际变化过程。①

本书认为脱贫攻坚、农村人居环境整治、公共基础设施建设等乡村建设行动表现出较明显的国家建构特征。一方面，国家意志反映在国家政策自上而下从文本到理解执行的过程中，凭借基层政府、乡村组织与农民的中介联结关系，达成国家意志与乡村社会之间的互动关系，从而落实国家政策并实现国家意志。另一方面，农民对国家的建构并不是被动的接受，而是基于自身的考虑，可能会接受、反对或消解，因而需要考察农民的态度、反应、参与行为。可以说，乡村建设行动除了考察建设本身、手段或

① 曹锦清：《黄河边的中国——一个学者对乡村社会的观察与思考》，上海：上海文艺出版社，2001，前言。

载体之外，更重要的是考察关系（即国家与农民之间的关系）及相关机制。学界比较重视对国家与农民关系的研究。徐勇认为乡村治理的核心是国家与农民的关系。① 应星系统地梳理了国家与农民关系的研究视角。一是以家庭为视角，重在分析国家和社会对农民日常生活的影响，这些研究更关注农民家庭生活本身，而国家的影响是模糊背景。二是以治理为视角，分为两个入手点：一个为"重心下沉"的国家与社会关系研究，中国从政治上可以分为上层国家与基层社会，上层多变，而基层却具有相当的稳定性与自主性，因而研究重点应放在基层；一个为从结构和制度分析出发的国家与社会关系研究，重视社会对国家的"输入"与国家"产出"的分配效果，研究表现出社会中心论，国家本身并没有被重视。三是以过程与事件为视角，把国家与社会关系看成一种动态过程，意在超越国家与社会的二分逻辑。四是以"三农"问题为视角，重点研究农民权益问题、农村治理问题、农业可持续发展问题。应星在以上梳理基础上，提出了分析国家与农民关系变迁的"土地、治理、民情"的三重分析框架。②

基于此，本书从自下而上的农民视角来研究海南乡村建设行动中反映出的国家与农民关系，同时兼及自上而下的国家治理视角，从国家与农民的关系中理解国家政策实践与问题，找到其中的机制。

## 四　本书的内容与结论

本书为海南乡村建设行动的专题调查报告汇集而成，各专题有一定的独立性。具体章节的结构内容如下。

前言部分对历史上的乡村建设进行了追述，对提出乡村建设的背景及意义、研究的问题和视角、基本内容与结论进行了介绍，特别是对乡村建设内涵与外延进行了说明。

第一章对海南人才扶贫实态进行了调查研究，以海南创业致富带头人为具体对象，对其扶贫的实际情况、存在的问题、经验进行分析。经过研

---

① 徐勇：《国家化、农民性与乡村整合》，南京：江苏人民出版社，2019，第 4 页。
② 应星：《农户、集体与国家：国家与农民关系的六十年变迁》，北京：中国社会科学出版社，2014，第 2～7 页。

究后认为，海南创业致富带头人在扶贫过程中取得较大成效，如带领贫困户就业获得工资性收入、政府资金入股获得资产性收入、参与种养获得经营性收入、土地流转获得租金收入，以及带领一些贫困户脱贫致富；在产业扶贫过程中，具有政治身份的带头人更愿意扶贫，带头人治理贫困依托载体主要为合作社，带头人对资金需求比较大，带头人产业规模化组织化程度不高，带头人依托合作社带动脱贫的为最多；尽管有带头人依托个人以及家庭农场带领贫困户脱贫，但企业治理模式与合作社治理模式治理效果比较精准，也具有区域典型性，政府权衡两种模式之后，更倾向于选择企业治理模式。研究得出的基本结论为在贫困村内部积聚脱贫能量，能够形成永不撤退的治理贫困的队伍，更具有成效性与可持续性，也有较强脱贫致富示范性。农村脱贫攻坚期，人才扶贫依靠产业，产业发展与扶贫的关键在于带头人，带头人要有治贫的有效载体，如农民合作社、企业、种养专业大户、共享农庄、家庭农林场等。产业带头人要有能力，即经营能力、领导能力、开拓能力，要有人格魅力，要有传帮带的能力。政府对扶贫组织及其带头人要以"扶强不扶弱"为原则，对于经营管理能力较强的带头人、市场行情看好的产业，政府应加大政策支持。

　　第二章调查研究了海南科技支农情况，以农业科技 110 服务站点及其工作人员为切入口，对其服务"三农"的现实情况、问题及服务农户的方式进行分析。经过研究后认为乡镇基层服务站是海南农业科技 110 服务体系的重要载体，是农业科技服务供给与农业经济主体需求的重要联结点，在科技服务"三农"中发挥着重要作用；海南农业科技 110 服务站技术人员整体素质偏低，知识结构陈旧，缺少系统的培训与学习，当农户出现生产技术困难时不能当场解决，进而影响服务站在农户中的信誉；海南农业科技 110 以技术指导与农资服务为主要服务内容，以热带特色农业为主要服务领域，以电话指导与下基地指导为主要服务形式；海南农业科技 110 服务体系运行现状逐渐与预设目标发生偏离，出现了农业科技 110 人才能力与水平建设滞后，农业科技 110 经费投入渠道不宽、力度不大，服务站营收单一，经营面临困境，科技服务内容创新不足，没有关注农民生活服务，服务拓展空间比较大，服务站信息化建设需加强，农民信息学习处理能力需提高等问题。研究得出的基本结论为海南农业科技 110 没有适应外部环境、市场需求变化，转型对接能力不足，农业科技 110 要有机嵌入农村服务体系则必须转型升级，而转型升级重要的是服务载体优化问题；基层服务站缺技术人员是农业科技 110 体系的一大难点，这也是政府关注的重点；以农资企业为依托的服务站要坚持市场化运作方式，以当地的产业基础、农民的市场需求为导向开展一系列经营活动，包含市场化宣传、推出符合农民科技需求的服务产品等，整个运营体系和模式能在市场竞争中胜出；要改变现有普惠式的服务站考核奖励政策，根据服务站服务能力的差异性特征，细化投入项目，对服务站进行分类别的投入。

第三章对海南科技扶贫情况进行了调查研究，以海南科技 110 服务体系为具体对象，对其扶贫进展、成效、模式、问题进行剖析与总结。研究后认为海南科技扶贫主要有科技融入产业扶贫，科技 110 服务站技术人员、科技特派员、中西部市县科技副镇长等科技人才支撑扶贫，技术培训助力扶贫，科普活动下乡扶贫，科技示范引领"百村千户"工程扶贫等做法，这些重大举措为海南贫困村、贫困户脱贫致富贡献了科技的力量，取得了较好扶贫效果；在海南农业科技 110 体系扶贫实践中形成了科技龙头企业扶贫模式、科技人才扶贫模式与服务站扶贫模式；科技扶贫也存在一些工作难点，如科技未充分与当地资源条件相结合，农业科技 110 服务站建设不完善与技术人员能力不足，农业新品种、新技术引进利用率较低，贫困户对提升科技素质的兴趣不大；我国"三农"工作的重心已从脱贫攻坚阶段历史性地转移到乡村振兴阶段。研究得出的基本结论为农业科技 110 体系通过多种扶贫举措，为农村脱贫致富贡献了科技力量；农业科技扶贫具有从"输血"转向"造血"的特点，向贫困群众提供技术指导、技术培训等，这些举措有助于提高贫困群众的科技素养、脱贫能力；不管是农业科技企业精准扶贫模式还是科技人才及科技 110 服务站精准扶贫模式，都发挥自身掌握的科技优势，与农业科技 110 服务体系、地方特色优势产业结合起来，通过农业科技传帮带贫困户，吸纳贫困农户参与，建立科技基地示范带动，具有较强脱贫致富示范性；农业科技扶贫模式都由政府项目资助引导，农业科技 110 服务站带动范围深受服务站经营管理能力影响，同时在科技扶贫过程中，部分贫困户积极性不高；农业科技扶贫也应转向科技助力乡村振兴与建设。

第四章调查研究海南农村人居环境改善情况，重点考察"三清两改一建"方面，对其进展、影响因素进行了研究。经过研究后认为海南响应贯彻国家政策，在"三清两改一建"方面取得明显工作成效，农村人居环境整治工作阶段性成果得到了广大农户的认可；农户对农村人居环境整治政策知晓程度较高，但对具体政策内容的理解是碎片化或片面的；农村人居环境整治存在众多影响因素，政策执行力是国家农村人居环境整治政策落实的重要因素，农民主体性是形成农村人居环境整治长效机制的关键因素，消极性生产生活习惯是国家农村人居环境政策落地生根的阻碍因素，农村基础性条件差是农村人居环境整治工作推进的约束因素，基层组织治理是吸引农户参与国家农村人居环境整治的联结因素；在农村人居环境整治实践中，形成的五种整治模式即党建融合模式、村民自治模式、多元共治模式、利益多级关联模式、小单元竞赛模式，有效地推动了村庄人居环境整治工作，是对农村人居环境整治工作经验的总结与提炼，是作为国家意志的农村人居环境整治政策下沉至农村基层的成果；构建农村人居环境整治的长效机制，需要发动各方力量，尤其要突出农户参与的主体性。研究得出的结论为当前农村人居环境整治表现出较明显的国家建构特征，也可以说，农村人居环境整治就是现代国家治理的一部分；农村人居环境治理的成果是国家治理体系与治理能力现代化的基层表达，也是农业农村现代化的基础性要素；国家意志反映在国家政策自上而下从文本到理解执行的过程中，凭借基层政府、乡村组织与农户的中介联结关系，达成国家意志与乡村社会之间的互构互动关系，从而落实国家政策并实现国家意志；现代国家担负着对乡土社会的整合任务，要将分散的乡土社会纳入现代国家治理体系，而乡村社会不是被动的，可能会消解这种整合，要解决类似"干部在干、群众在看"的合作参与问题，必须考虑国家与社会的关系，吸纳农民参与国家治理体系；国家政策在乡村社会落地生根，要与地方特性相结合，才能取得更好的落实成效；要凭借利益关系中介来研究农民融入治理的模式、条件与形式，概括"国家—村庄—农户"之间的互动互构关系。

第五章调查研究海南农村集体经济建设情况，对海南农村集体经济建设的阶段性特征、相关影响因素进行了总结与分析。经过研究后认为海南省高层领导非常重视农村集体经济发展而乡村基层重视程度不一，利用农村集体产权改革成果推进农村集体经济发展并取得一定成效，农村集体经济实现载体日趋多样化并正在蓄积着发展壮大的动能，注重集体经济的分配与增收作用，对集体经济的治理意义重视不够；村民对集体经济的理解认识、乡村基层干部对发展集体经济政策任务的执行力、农村集体经济发展所需经营型人才、农村集体经济增长等方面的不足，制约着海南农村集体经济的进一步发展；海南农村集体经济实力整体上不强，一些村庄甚至没有集体经济收入，村庄无钱办事的问题比较突出，这不利于海南农村公共事业的发展，不利于海南农民走向共同富裕，不利于海南农村和谐稳定与全面振兴。研究得出的基本结论为农村集体经济发展能够为海南乡村建设行动、海南自由贸易港建设提供基础与动能；农村集体经济推进过程是国家政策意志以政策项目形式深入乡村社会的过程，国家需要乡村基层执行政策，需要农民积极参与并获得利益，村集体有落实国家政策任务的责任，有组织与吸引农民参与集体行动的责任；既要重视集体经济在经济分配与农民增收方面的作用，也要重视集体经济的社区治理意义；集体经济建设要以农村集体产权改革为基础，加强制度化、规范化建设，强化干部担当责任与服务意识，用好农村本土及入乡各类人才，培育发展积极村民，拓展集体经济有效实现形式或载体，拓展集体经济与农民增收渠道，从而促进海南乡村建设行动与全面振兴。

# 五　存在的不足及进一步探讨

　　本书是在对海南农村实地调查的基础之上，聚焦脱贫攻坚、科技支农、农村人居环境整治、农村集体经济建设等乡村建设行动，特别是关注国家政策下沉至农村时，农民对政策的知晓、反应、参与情况，从而探讨国家与农民互动机制。国家意志在乡村社会落地生根，要与地方特性相结合，才能取得更好的落实成效。实际上，国家意志深入分散的农村社会，面临的难点在于农户认知、接受以及认同政策并参与行动，但是农户参与具有类型化、不稳定特征，呈现"无参与无合作、有参与有合作、有参与无合作"的不同样态。本书对农户参与有所研究，但对于农户参与程度、效度需要进一步深入调查与研究。同时，本书是短时段研究，对农民社会缺少历史考察与分析，在了解海南农民在国家政策面前表现的行为时，缺少了对历史性、传统性地域影响因素的深入剖析。

　　本书在调查与研究过程中，对自下而上的农民视角关注比较多，在自上而下的国家治理视角方面需要进一步加强，因为对于作为后发现代化国家的当下中国来说，国家视角更为重要。当下农村社会状态，在相当程度上正是由国家塑造而成的。① 具体来说，在国家回应农民需求以及调适方面需要加强研究。

　　本书主要是在政策主张与经验研究层面为海南乡村建设提供理论依据与对策建议，涉及关于国家、村庄、农民关系的理论视角，但还是缺少进一步的学理研究，如村民参与国家政策实践机理、村庄共同体机制、积极村民形成的机理等方面需要深入探讨，如此才能为国家乡村建设政策的落实和理论深化做出增量贡献。

---

① 徐勇：《国家化、农民性与乡村整合》，南京：江苏人民出版社，2019，第 17 页。

# | 第一章 |

## 人才扶贫：创业致富带头人扶贫
## 实态与模式①

## 一 引言

贫困问题是一个全球性难题，怎样有效地解决是各国政府与社会共同关注的议题。党的十八大以来，以习近平同志为核心的党中央把脱贫攻坚工作纳入"五位一体"总体布局和"四个全面"战略布局，作为实现第一个百年奋斗目标的重点任务，作出一系列重大部署和安排，全面打响脱贫攻坚战。② 自此，我国反贫困行动进入精准扶贫、精准脱贫的新阶段，政府与社会投入更多的力量推进贫困地区、贫困人口减贫脱贫致富工作，形成丰富多彩的贫困治理行动，也存在一些问题与经验教训。因而，对于这些丰富的贫困治理实践与经验模式的研究具有特别重要的时代价值。本研究通过对海南创业致富带头人的调查访谈，着意了解他们的扶贫实态、问题及模式，旨在为政府实施乡村建设与促进农村共同富裕提供政策思路。

### （一）研究目的与意义

1. 研究目的

海南省实现"与全国同步全面建成小康社会、基本建成国际旅游岛、

① 本研究得到海南省哲学社会科学规划项目"海南贫困村创业致富带头人精准治贫模式研究"（HNSKYB17 - 83）的支持。

② 《中共中央国务院关于打赢脱贫攻坚战三年行动的指导意见》，2018 年 6 月 15 日。

谱写美丽中国海南篇章"三大目标，探索建设中国特色社会主义自由贸易港，全面实施乡村振兴战略，最突出的短板在农村贫困地区，特别是其中的深度贫困地区。贫困农村缺少资金技术、经营管理人才，产业具有脆弱性，抵御市场风险能力较差，基本公共服务投入有待扩大等，制约了脱贫致富进程。

"发展是第一要务，人才是第一资源，创新是第一动力。"① 从根本上说，农村人才资源的短缺约束了贫困农村地区的快速发展。从外部引进人才不失为一种较快的方式，但由于城乡人才流动的二元结构性困境，以及农村贫困地区工作条件限制，长期存在农村人才向城市净流出的现象。这需要制度改革创新，也需要将人才培育转向农村内部。国家高度重视农村人才培育，实施了一系列重大培育工程，如新型职业农民培育工程、扶贫创业致富带头人培训工程等。

因此，本研究对于创业致富带头人扶贫的研究目的有三：一是依托海南省扶贫创业致富带头人培训基地，通过实地访谈与问卷调查，搜集数据资料与相关个案，了解海南贫困村创业致富带头人群体主要特点与扶贫实际情况，找到其中存在的问题与原因；二是了解海南贫困村创业致富带头人整体生产经营情况，总结扶贫做法与模式，提炼海南内源型精准治理贫困模式；三是在海南省"三年脱贫攻坚，两年巩固提升"的扶贫目标要求的背景下，通过实地访谈调查，了解海南贫困村创业致富带头人精准治理贫困的经验与成效，同时也要注意到扶贫模式的局限性，为脱贫后人才参与乡村建设提供相关建议。

2. 研究意义

本专题的研究意义主要体现在以下两个方面。

从实践意义上看，海南的扶贫事业经历了从"大水漫灌"到"精准滴灌"、从"外部输入"到"内生发展"阶段，至 2020 年全省建档立卡贫困人口 15.21 万户 64.97 万人全部脱贫，600 个贫困村（含 67 个深度贫困村）全部出列，5 个贫困县（含 1 个深度贫困县）全部摘帽。② 随着脱贫

---

① 习近平总书记在 2018 年 3 月 7 日上午参加十三届全国人大一次会议广东代表团审议时，系统提出了三个"第一"的重要论断。
② 苏庆明、范平昕：《告别贫困 迈向幸福新生活》，《海南日报》2021 年 1 月 22 日，第 5 版。

攻坚任务的完成，海南"三农"工作重心正转向全面实施乡村振兴。研究贫困村创业致富带头人治理贫困模式，就是探求与激发贫困村内生发展动力，为接下来的乡村建设提供工作基础与经验借鉴。因而，本研究对于海南贫困治理与各类人才参与乡村建设具有应用价值和意义。

从理论意义上看，本研究运用精准治理理念，通过剖析海南省贫困村创业致富带头人治贫状况，并通过案例比较分析，找寻产业带头人治理贫困的模式及其异同，正确处理好经济增长与反贫困的关系、反物质贫困与反思想贫困的关系，为贫困治理与乡村建设理论研究的深入做出贡献。因此，本研究具有一定理论价值。

### （二）问题的提出

贫困问题曾是我国全面建成小康社会最大的"拦路虎"。农村贫困地区政府财力有限，基础设施瓶颈制约明显，基本公共服务供给不足，人才资源城乡流动结构性不平衡导致城市对乡村人才形成吸纳效应，农村扶贫与振兴人才缺乏。农村产业结构单一，抵御市场风险能力较弱，发展活力不强。农村贫困人口就业渠道狭窄，增收难度大，转移就业困难。治理贫困也因此成为政府、社会、学界共同关注的议题。

在脱贫攻坚期间，为打赢脱贫攻坚战，必须进一步加大产业扶贫力度。海南省紧紧围绕"三年脱贫攻坚、两年巩固提升"的目标要求，省委、省政府提出了发展特色产业、发展乡村旅游、发展电子商务、引导劳务输出、加强教育和文化建设、实施卫生健康、实施科技人才引领、实施基础设施建设、实施生态移民和生态补偿、实施社会保障兜底等十项脱贫攻坚的措施，[①] 在政府与社会各界的努力下，贫困治理取得显著的成效。其中，海南省扶贫开发领导小组办公室（以下简称"扶贫办"）组织实施扶贫创业致富带头人培育工程，支持种养大户、企业、家庭农场、农民合作社等新型农业经营主体发展特色产业，发挥他们对农村贫困人口的组织和带动作用，加快农村贫困人口精准脱贫。

本专题研究的核心问题意识为：在我国推进精准扶贫方略的大形势

---

① 况昌勋、吴晓笙：《海南脱贫攻坚绘制"作战图"》，《海南日报》2016年7月6日，第A7版。

下，作为一种内源型扶贫方式，海南创业致富带头人是怎样精准治理贫困的。这可分解为以下四个相关的方面：一是在现有贫困村资源与市场经济条件下，为什么需要创业致富带头人治理贫困；二是在现有贫困村资源与市场经济条件下，贫困村创业致富带头人能否有效治理贫困；三是海南贫困村创业致富带头人治理贫困模式存在哪些问题与局限；四是如何建构海南贫困村创业致富带头人精准治理贫困的模式。其中，第一个问题在引言部分回答，第二个问题在第二、三节解答，第三个问题在第四节回应，第四个问题在第五节说明。

### （三）研究的必要性

#### 1. 补充已有反贫困研究不足的需要

近些年来，研究者们从贫困治理阶段、主体、内容、机制、模式等方面，对贫困治理或反贫困进行了理论研究，研究成果较丰，归纳如下。

关于贫困治理阶段的研究。有研究者从制度变迁角度对中华人民共和国成立以来我国贫困治理历程进行总结，认为1949～1978年是平均主义福利模式基础上的以物质投入为重点的道义性、救济性的治理阶段；1979～1985年是制度性变革驱动下以经济增长为取向的小规模区域治理阶段；1986～2000年是非均衡增长背景下有针对性、大规模的区域治理阶段；2001～2010年是全面建设小康社会进程中以人力资本投资为主导，以参与式为导向的新世纪贫困治理阶段。[①] 有研究者回顾了新中国成立以来农村反贫困历史，将贫困治理分为计划经济反贫、反贫摸索、反贫探索、扶贫攻坚、巩固温饱成果、全面提升发展能力六个阶段。[②] 有研究者认为，我国贫困治理经历了由事后补救转向事前防范、由经济政策转向社会政策、由运动式治理转向制度化治理的过程。[③] 研究者们从制度演变、历史等纵向视角提出各自的观点，给出贫困成因的时间逻辑并进行阐释，这无疑对本研究是有益的，但注意到贫困治理时段性的同时，不能忽视对每一阶段反贫困

---

① 郭佩霞、邓晓丽：《中国贫困治理历程、特征与路径创新——基于制度变迁视角》，《贵州社会科学》2014年第3期。

② 岳映平：《我国农村反贫困路径选择的演变分析》，《现代经济探讨》2015年第6期。

③ 郭佩霞、邓晓丽：《中国贫困治理历程、特征与路径创新——基于制度变迁视角》，《贵州社会科学》2014年第3期。

实践复杂性的关注。

关于贫困治理主体的研究。有研究者认为，农村贫困问题面临新形势，政府的反贫困不能满足农村贫困治理的需要，治贫越来越需要动用更多的社会力量，NGO 的作用不可低估。① 有研究者认为，中国农村扶贫是由政府治贫和社会治贫两部分组成的，政府治贫的主体为政府专职扶贫机构，社会治贫的主体是政府非专职扶贫机构、企业和非政府组织。② 有研究者也认为，政府与社会组织是贫困治理的主体，但实际上中央政府各部门和东部地区各省市政府仍然是贫困治理的主体，社会组织贫困治理存在运作成本很高、效率优势未能充分显现、组织规模普遍过小、对贫困治理的总体贡献仍很有限的现象。③ 显然，在扶贫过程中，很容易让人忽视的是政府扶贫与社会扶贫的差别，有人认为只要是政府及其组成部门扶贫都属于政府扶贫，以上研究在这方面做了厘清。本研究以治理理论为指导，不仅关注政府贫困治理的过程、结果、不足等方面内容，而且关注政府、带头人、贫困户之间的互动因素。

关于贫困治理内容的研究。贫困治理内容主要指贫困地区或贫困人口的致贫因素，如自然生态问题，缺少资金、技术、劳动力、土地、权利，身体健康问题等。这些研究依据对贫困人口致贫原因的分析，概括出贫困治理的内容。有研究者认为，脆弱性成为贫困研究的关键概念之一。脆弱性是指个人或家庭面临某些风险的可能，并且因遭遇风险，产生财富损失或生活质量下降到某一社会公认的水平之下的可能，脆弱性高是贫困的特征之一。④ 有研究者认为，脆弱性交织是连片特困地区的区域特质，也是其发展的缺陷，突破发展缺陷，需要寻找到最脆弱之处，从最脆弱处着手，反脆弱，从而促进发展，即反脆弱发展，并将反脆弱发展视为贫困治理新范式。⑤ 有研究者指出，农村贫困是因人力资本缺乏，故而强调加大

---

① 陈元：《农村扶贫中非政府组织（NGO）的参与》，《农业经济》2007 年第 6 期。
② 赵清艳、栾海峰：《论我国农村扶贫主体多元化的逻辑演变》，《北京理工大学学报》（社会科学版）2010 年第 3 期。
③ 李周：《社会扶贫的经验、问题与进路》，《求索》2016 年第 11 期。
④ 唐丽霞、李小云、左停：《社会排斥、脆弱性和可持续生计：贫困的三种分析框架及比较》，《贵州社会科学》2010 年第 12 期。
⑤ 李雪萍：《反脆弱发展：连片特困地区贫困治理的新范式》，《华中师范大学学报》（人文社会科学版）2016 年第 3 期。

人力资本投资对治贫的作用。[①] 有研究者认为，有必要重视和开发农村女性人力资源，促进贫困地区经济社会协调发展。[②] 有研究者分析了海南"一小通"贷款方式，为以精准扶贫为导向的综合型普惠金融体系建设提出建议。[③] 美国学者亨利·乔治在《进步与贫困》一书中认为，贫困根源于私有垄断的土地，因而应实行"单一地价税"（Single Tax）来消除土地私有带来的人民贫困。[④] 阿马蒂亚·森从西方自由主义出发，认为权利剥夺造成了贫困。[⑤] 还有研究者认为，缺乏必要的投入资金、贫困地区产业结构比较单一且抵御市场风险能力差、自然生态环境限制等阻碍了贫困治理与减贫脱贫进程。这些对于贫困产生的深层原因的研究，对本研究关注创业致富带头人即"人"这一因素有重要启发作用。

关于贫困治理机制的研究。有研究者认为，连片特困地区走出贫困，区域性整体贫困的解决，需要全方位、强力度的"四维"动力机制支撑，即中央政府的宏观调控机制、特困地区的自我发展机制、生态受益地区的生态补偿机制，以及贯穿始终起决定作用的市场机制。[⑥] 有研究者通过对贫困村的研究，认为在贫困治理过程中，应通过发动和参与、对话与沟通、反馈与纠错、原则与变通等多重机制对扶贫对象、扶贫标准、扶贫措施等内容进行具体协商，为贫困治理提供机制与技术支撑。[⑦] 有研究者基于中国实践和日本"六次产业化"经验，提出社会治贫机制的基本框架，即基于产业链观点，聚焦于市场经济条件下贫困群体融入市场经济活动、分享发展成果的微观能力，突出了贫困群体能力的提升以及提升能力所需

---

① 徐淑红、朱显平：《人力资本视阈下的反贫困问题研究》，《社会科学战线》2016 年第 7 期。

② 王俊文：《我国贫困地区农村女性人力资源开发问题探讨》，《湖南社会科学》2013 年第 6 期。

③ 匡贤明、杨冬月：《以精准扶贫为导向的综合型普惠金融体系建设》，《中国井冈山干部学院学报》2016 年第 4 期。

④ 〔美〕亨利·乔治：《进步与贫困》，吴良健、王翼龙译，北京：商务印书馆，1995，第 3 页。

⑤ 〔印〕阿马蒂亚·森：《贫困与饥荒——论权利与剥夺》，王宇、王文玉译，北京：商务印书馆，2001。

⑥ 赵玉、牟永福、张健：《区域性整体脱贫需要四维动力机制支撑》，《开放导报》2016 年第 1 期。

⑦ 吴晓燕、赵普兵：《农村精准扶贫中的协商：内容与机制——基于四川省南部县 A 村的观察》，《社会主义研究》2015 年第 6 期。

要的扶助措施。①

关于贫困治理模式的研究。此类研究主要是通过贫困区域、贫困群体的特征、分布、结构等方面的研究，提出相应的贫困治理模式。有研究者探讨了精准识别、帮扶、管理、考核以及利益联结、社会动员等贫困治理方面，提出了"政府—市场—社会—社区—农户"五位一体的贫困治理模式。② 有研究者指出，在反贫困新的发展形势下，针对老少边穷、市场功能难以拓展的地区，可开展财政资金支持贫困村村级发展互助资金模式，带动当地贫困农户发展生产与脱贫。③ 有研究者认为，我国具体的扶贫治理模式包括：财政支持模式，即通过专项转移支付，向贫困地区倾斜的模式；以工代赈模式，即扶贫对象通过参加必要的社会公益劳动而获得赈济的特殊方式；"温饱工程"模式，以增加物质投入、普及良种良法为手段，采取"以物放贷，以粮还贷"的办法，帮助贫困户解决温饱的模式；产业开发模式，发展以种养业为基础的区域性产业，此模式的实施主体多元，有政府组织，也有非政府组织，受体是农村贫困农户；对口帮扶模式，该模式的实施主体是外地政府，包括外地的非政府组织，受体是农村贫困农户，有资金支持、智力支持、经济合作、人才培训等；旅游脱贫模式，以贫困地区旅游资源为依托，通过旅游业的关联带动，实现群众脱贫致富目标；生态建设模式，以经济开发支持生态建设，以生态建设促进经济开发，实现粮食、人口、生态的良性循环；移民搬迁模式，即对缺乏水、土资源的大石山区的群众，有计划、有步骤、分期分批地转移安置到水、土资源比较丰富的土山地区。④ 有研究者基于对海南省贫困地区的调查，总结了琼中县什寒村"政府主导型"、白沙县罗帅村"企业＋农户模式"、保亭县什进村"企业主导型"、五指山市水满乡"新村＋自主经营"等旅游扶贫模式。⑤

① 李晓辉等：《应对经济新常态与发展型社会政策 2.0 版——以社会扶贫机制创新为例》，《江苏社会科学》2015 年第 2 期。

② 庄天慧、陈光燕、蓝红星：《精准扶贫主体行为逻辑与作用机制研究》，《广西民族研究》2015 年第 6 期。

③ 黎家远：《贫困村村级互助资金扶贫模式的经验与发展——基于四川实践》，《农村经济》2010 年第 6 期。

④ 龚娜、龚晓宽：《中国扶贫模式的特色及其对世界的贡献》，《理论视野》2010 年第 5 期。

⑤ 张侨：《旅游扶贫模式和扶贫效应研究——基于海南省贫困地区的调查数据分析》，《技术经济与管理研究》2016 年第 11 期。

还有许多研究者提出"政府+合作社+贫困户""互联网+"等模式。

2013 年以来，随着习近平总书记提出精准扶贫理念，"中国在扶贫攻坚工作中采取的重要举措，就是实施精准扶贫方略，找到'贫根'，对症下药，靶向治疗。我们注重抓六个精准，即扶持对象精准、项目安排精准、资金使用精准、措施到户精准、因村派人精准、脱贫成效精准，确保各项政策好处落到扶贫对象身上"。① 学界将贫困治理研究重点放在了精准治理方面，如何顺利推进精准扶贫成为关注点。有研究者分析了实施精准扶贫的必要性，精准扶贫是针对不同贫困区域环境、不同贫困农户状况，运用科学有效程序对扶贫对象实施精准识别、精准帮扶、精准管理的治贫方式。② 有研究者认为推进 PPP 模式在精准扶贫、精准脱贫中的应用，有利于弥补贫困地区资金投入的不足。③ 有研究者认为精准扶贫是中国扶贫开发模式的内生变革与治理突破，④ 还有许多研究者提出相似的观点。

以上成果从不同角度提出了贫困治理理论与观点，比如从贫困治理阶段、主体、内容、机制、模式以及精准扶贫等方面，为本研究提供了丰富的理论基础与成果借鉴，特别是贫困治理模式方面。但也存在一些不足。一是以上研究大多从现实主义出发，通过贫困问题描述，找出产生原因，进而提出相关改进建议，造成对策议论方式较多，理论深入分析还有待加强。二是宏观研究居多，微观调查实证、个案研究较少。三是对内源型扶贫理论研究不够深入，治贫减贫进入关键阶段，内生动力与资源特别重要，本研究对创业致富带头人治理贫困方面文献进行梳理时，没有发现这方面理论研究，海南省有关文献则更少，因此有必要单独进行系统的研究，本研究以有产业的创业致富带头人为研究对象，对他们治理贫困的实践进行理论分析与总结，补充现有贫困治理理论。四是值得注意的是，在农村整体脱贫的关键三年，地方减贫脱贫的做法、经验与不足，能够提供新材料新问题，以上既有成果没有涉及，本研究的结论与启示有补充既往

---

① 习近平：《携手消除贫困 促进共同发展——在 2015 减贫与发展高层论坛的主旨演讲》，北京：人民出版社，2015，第 6 页。
② 王学权：《"十三五"时期扶贫新模式：实施精准扶贫》，《经济研究参考》2016 年第 7 期。
③ 廉超：《PPP 模式助推精准扶贫、精准脱贫》，《贵州社会科学》2017 年第 1 期。
④ 莫光辉：《精准扶贫：中国扶贫开发模式的内生变革与治理突破》，《中国特色社会主义研究》2016 年第 2 期。

研究之作用。

2. 对脱贫攻坚阶段海南精准扶贫实践进行理论总结的需要

新中国成立以来，党和国家一直把反贫困行动作为一项重大举措，实现由单一开发性扶贫向预防性扶贫、救济性扶贫和开发性扶贫并举的方式转变。[①] 在脱贫攻坚期间，国务院扶贫办在全国范围组织实施的扶贫创业致富带头人培训工程，就是对习近平总书记提出的"以精准扶贫为核心，以内源扶贫为根本"的贫困治理思想的认真贯彻落实。创业致富带头人主要为贫困村居民，年龄在 25 岁至 45 岁之间，初中以上（含）文化程度，有 2 年以上外出打工经历，有强烈的创业愿望和带领扶贫对象共同脱贫致富的责任心，具体而言是指村两委干部、村干部后备人选、农民专业合作社负责人、农村经纪人、种养殖大户、农业企业经营管理人员，以及有创业经历的人员。[②] 有地方经验总结道："创业致富带头人是贫困村落实政策的'先行官'和'操盘手'，是第一书记的好帮手，是最接地气、落地生根、永不撤退的驻村工作队。"[③] 海南省扶贫办也在全省范围内落实扶贫创业致富带头人的培育，总结其治理贫困的效果。2015 年至 2017 年，为每个建档立卡贫困村平均培养 2 名至 3 名扶贫创业致富带头人，全省累计培训 1800 人以上，每人带动 2 户以上贫困户，实现 2 万名以上贫困人口增收脱贫。[④]

以往反贫困实践更多采取经济思维，并惯于归集在扶贫资金、项目、效益上，较少考虑怎样实现参与的多元性，即较少考虑治理的实现。比如，政府、治理贫困的创业致富带头人、贫困户应为多中心的互动关系，这样才能实现信息对称，治贫更精准有效。以往扶贫重在外部输入，即给钱给物的物质帮扶、单位干部驻村扶贫等，因此对内源型扶贫的重视程度需要加强，特别是农村本土能力较强的实用人才资源没有开发，激发农民合作社领办人、种养大户等的创业与扶贫动能，培育他们传帮带的能力，

① 林闽钢：《贫困治理的中国经验》，《群众》（决策资讯版）2016 年第 1 期。
② 《海南省扶贫开发领导小组办公室关于印发〈扶贫创业致富带头人培训工程实施方案〉的通知》（琼开办发〔2015〕10 号），2015 年 11 月 30 日。
③ 《培养创业致富带头人打造"不走的扶贫工作队"——上林县推动致富带头人培育工程提质发展》，南宁市政府网，http://www.nanning.gov.cn/NNNews/jrnn/2018nzwdt/201803/t20180321_837040.html，2018 年 3 月 21 日。
④ 《海南省扶贫开发领导小组办公室关于印发〈扶贫创业致富带头人培训工程实施方案〉的通知》（琼开办发〔2015〕10 号），2015 年 11 月 30 日。

对于区域贫困治理有着重要意义。

在脱贫攻坚期间，海南省贫困村创业致富带头人带领贫困户发展产业的成功实践案例非常多。如截至 2016 年，五指山毛阳镇创业致富带头人王明轩，通过"政府 + 合作社领办人 + 贫困户"的模式，带动当地少数民族农户 194 户，其中建档立卡贫困户 73 户 146 人。① 2016 年 5 月东方市创业致富带头人吉昌超注册了区域农业品牌"助村公社"，并以"互联网 + 合作社 + 农户 + 社区配送"的模式运营，经过一年多的发展，社员增加到 73 户，辐射三家镇 7 个村庄，截至 2017 年 11 月已带动全镇 56 户贫困户增收 43 万余元。② 对此类地方实践需要进行理论总结，也有必要进行专项研究。

3. 为新时代海南乡村建设行动提供经验基础

在脱贫攻坚期间，《中共海南省委海南省人民政府关于打赢脱贫攻坚战的实施意见》（琼发〔2016〕7 号）提出了新时期海南省扶贫总体目标，即："实行'三年脱贫攻坚，两年巩固提升'的扶贫战略行动，到 2018 年，基本实现农村贫困人口不愁吃、不愁穿，义务教育、基本医疗和住房安全有保障；实现贫困地区农民人均可支配收入增长幅度高于全省平均水平，基本公共服务主要领域指标接近全省平均水平；确保我省现行标准下农村贫困人口实现脱贫，贫困市县全部摘帽，解决区域性整体贫困；到 2020 年，脱贫农户的增收能力进一步提升，增收渠道进一步拓宽，脱贫成效进一步稳固，摘帽市县经济社会发展水平进一步提高。""脱贫攻坚是习近平总书记亲自带领省市县乡村五级书记一起抓的一把手工程，是一项极其重大、极为严肃的政治任务，更是各级党政干部不可推卸的重大政治责任。"③ 海南省市县镇村各级干部依据省委、省政府扶贫政策要求进行贫困治理行动，对这些扶贫实践的观察与研究，对问题的反思、经验的总结，有益于谋划和实施乡村建设行动计划。事实表明，打赢脱贫攻坚战，实现脱贫目标，关键在于产业，落实在于基层，支撑在于人才。本研究通过调查数据分析与案例研究，聚焦海南贫困村创业致富带头人产业扶贫行为、

① 贾磊、容炜俊：《五指山毛阳镇贫困户喜领养殖红利》，《海南日报》2017 年 1 月 15 日，第 3 版。

② 资料来源于实地调查，由吉昌超提供。

③ 黄承伟：《脱贫攻坚是各级党政干部的重大政治任务》，海南在线，http：//news. hainan. net/guonei/guoneiliebiao/2018/06/01/3670209. shtml，2018 年 6 月 1 日。

过程、成效，来为海南乡村建设实践提供经验基础。

## （四）研究方法与资料来源

1. 研究方法

一是实地调查法。"没有调查就没有发言权。"通过面对面访谈、座谈专访、问卷调查、参与式观察等多种形式，充分了解海南贫困村创业致富带头人治理贫困的一些做法、存在的问题。调查地点涉及临高、琼中、白沙、保亭、东方、儋州、洋浦、乐东、陵水、五指山、万宁、三亚等县市区。此外，访问该领域相关专家教授，了解他们的看法及对本专题研究提出的建设性意见。

二是个案研究法。个案是做法、经验与模式形成的基础，对典型个案的研究具有重要理论与实践意义。随机选取临高、琼中、白沙、保亭、东方、儋州、洋浦、乐东、陵水、三亚、五指山、万宁等县市区创业致富带头人扶贫实践案例展开考察，深度挖掘材料，找出其中的规律，并使之上升到理论高度，同时，进行相同与不同之处的分析，为乡村建设提供经验。

三是文献分析法。依据相关文献，了解经济学、管理学、社会学等相关学科对这一问题的关注视角、研究前沿及研究程度，是本研究的基础性工作。另外，本研究对国家以及海南的反贫困政策文件进行搜集、整理和分析。

四是统计分析法。本研究利用统计工具 SPSS 对调查数据进行整理分析，同时也利用了 Excel 数据图表处理工具。

2. 资料来源

一是调查资料。依托海南省扶贫创业致富带头人基地和中国热带农业科学院科技信息研究所新型职业农民培训平台，调研组深入乡村，与产业创业致富带头人、新型职业农民面对面访谈，进行问卷调查与个案深度调查，搜集整理第一手资料。这是本研究的主要资料来源。

二是政府资料。收集利用各级政府下发的扶贫类文件、扶贫工作总结，政府及主流官方新闻网站扶贫经验、典型事迹报道。

三是文献资料。利用中国知网和各大政府网站，收集有关治理贫困的期刊报纸网络文献。利用中国热带农业科学院科技信息研究所图书馆查阅与收集相关理论文献。

## 二　创业致富带头人主要特征与扶贫实态

按照海南省精准扶贫脱贫政策要求，中国热带农业科学院科技信息研究所受海南省扶贫办委托，依据《海南省扶贫工作办公室关于举办全省扶贫创业致富带头人培训班的通知》（琼扶办发〔2017〕28 号）文件要求，着力培养一批创新能力强、产业规模大、带动积极性高的扶贫创业致富带头人，助力海南省贫困村脱贫事业。在海南省扶贫办与各市县扶贫办的支持下，中国热带农业科学院科技信息研究所于 2016 年 12 月 7 日至 2017 年 7 月 26 日先后组织了 12 期全省扶贫创业致富带头人培训班，采用"理论学习 + 实践教学 + 参与式学习"的培训模式，共培训扶贫创业致富带头人 1071 人。其中东方市 86 人、白沙县 153 人、琼中县 146 人、五指山市 59 人、昌江县 91 人、儋州市 93 人、乐东县 93 人、临高县 127 人、保亭县 61 人、定安县 28 人、陵水县 44 人、屯昌县 41 人、万宁市 28 人、洋浦区 21 人。①

2017 年 8 月至 2018 年 4 月，从以上受训创业致富带头人中随机抽取 266 人进行实地问卷调查与深度访谈，涉及临高、琼中、白沙、保亭、东方、儋州、洋浦、乐东、陵水、五指山、万宁等县市区，实际回收有效问卷 250 份，调查数据重点描述海南省贫困村创业致富带头人个体、家庭、产业、外部支持、生产生活环境等特征与扶贫帮困的实际状况。

### （一）个体条件特征与扶贫意愿

第一，从总体上看，创业致富带头人扶贫意愿比较高，达到 72.8%，不愿意扶贫的主要原因在于自己没有条件。

此部分所涉及的创业致富带头人个体条件特征主要是指受调查访问的创业致富带头人的年龄、性别、婚姻、民族、受教育程度、是否干部或中共党员、参与培训次数等方面因素。调查中我们发现创业致富带头人的个体条件因素与扶贫意愿有一定的关联。

调查数据表明，从总体上来说，大多数创业致富带头人对于帮扶贫困户是愿意的，占受访调查者的 72.8%。在实地问卷调查中，当问及"您是

---

① 金丹：《科技扶贫培训：做法、问题与成效》，研究报告，2017。

否愿意带动贫困户脱贫致富"时，在 250 名受访者中明确回答"愿意"的有 182 人，占比达 72.8%，明确回答"不愿意"的有 38 人，占比达 15.2%，回答"说不清"的有 30 人，占比达 12%。具体可见图 1.1。

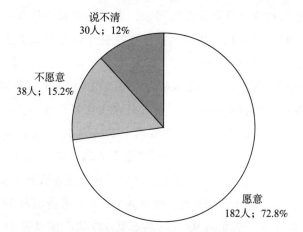

**图 1.1 创业致富带头人扶贫意愿分布**

从调查情况来看，创业致富带头人不愿意扶贫的主要原因是认为自己没有条件带领贫困户脱贫。在不愿意扶贫的 38 人中有 22 人认为自己没有条件，带不了；认为贫困户不好带、不愿与贫困户打交道以及其他原因的分别为 7 人、5 人、4 人。具体可参见表 1.1。

**表 1.1 不愿意带领贫困户脱贫的原因分析**

单位：人，%

| | | 人数 | 百分比 | 有效百分比 | 累积百分比 |
|---|---|---|---|---|---|
| 有效 | 贫困户不好带 | 7 | 2.8 | 18.4 | 18.4 |
| | 自己没有条件 | 22 | 8.8 | 57.9 | 76.3 |
| | 不愿与贫困户打交道 | 5 | 2.0 | 13.2 | 89.5 |
| | 其他原因 | 4 | 1.6 | 10.5 | 100 |
| | 合计 | 38 | 15.2 | 100 | |
| 缺失 | 系统 | 212 | 84.8 | | |
| 合计 | | 250 | 100 | | |

第二，从年龄、性别来看，中年人比青年人更愿扶贫，男性比女性更愿扶贫。

从年龄来看，对于帮助贫困户脱贫致富，创业致富带头人中的中年人比青年人更有意愿。本研究通过对年龄与扶贫意愿的数据分析，得到 Pearson 卡方双侧检验 P 值为 0.029，小于 0.05，表明年龄与扶贫意愿两者之间存在关联。愿意扶贫的带头人共有 182 人，占到全部带头人的 72.8%；在 41 岁以上的中年人中愿意扶贫的有 105 人，占比达 73.9%；而在 40 岁及以下的青年人中，愿意扶贫的有 77 人，占到 71.3%，略少于中年人所占的比例。具体可参见表 1.2。

**表 1.2　年龄与扶贫意愿分析**

单位：人，%

| | | | 年龄 | | 合计 |
|---|---|---|---|---|---|
| | | | 40 岁及以下 | 41 岁以上 | |
| 扶贫意愿 | 愿意 | 数量 | 77 | 105 | 182 |
| | | 占比 | 71.3 | 73.9 | 72.8 |
| | 不愿意 | 数量 | 12 | 26 | 38 |
| | | 占比 | 11.1 | 18.3 | 15.2 |
| | 说不清 | 数量 | 19 | 11 | 30 |
| | | 占比 | 17.6 | 7.7 | 12 |
| 合计 | | 数量 | 108 | 142 | 250 |
| | | 占比 | 100 | 100 | 100 |

从性别来看，男性比女性带头人更愿意扶贫。在创业致富带头人中男性有 224 人，女性仅有 26 人。在男性带头人中，有 165 人愿意扶贫，占比达到 73.7%；在女性带头人中，有 17 人愿意扶贫，占比达到 65.4%，低于男性带头人 8.3 个百分点。具体可参见表 1.3。

第三，从政治身份来看，中共党员与村组干部扶贫意愿明显高于非党员干部。

经济决定政治，政治反作用于经济，中国独特的政治体系对于经济改革具有重要作用。[1] 身份是社会结构最基础的单位，是对社会个体的政治社

---

[1]　付振奇、陈淑云：《政治身份影响农户土地经营权流转意愿及行为吗？——基于 28 省份 3305 户农户调查数据的分析》，《中国农村观察》2017 年第 5 期。

表1.3　性别与扶贫意愿分析

单位：人，%

| | | | 性别 | | 合计 |
| --- | --- | --- | --- | --- | --- |
| | | | 男 | 女 | |
| 扶贫意愿 | 愿意 | 数量 | 165 | 17 | 182 |
| | | 占比 | 73.7 | 65.4 | 72.8 |
| | 不愿意 | 数量 | 30 | 8 | 38 |
| | | 占比 | 13.4 | 30.8 | 15.2 |
| | 说不清 | 数量 | 29 | 1 | 30 |
| | | 占比 | 12.9 | 3.8 | 12 |
| 合计 | | 数量 | 224 | 26 | 250 |
| | | 占比 | 100 | 100 | 100 |

会特性进行提炼和界分的结果。[①] 具有政治身份对政府政策的实施与落实，以及改革发展任务的完成有着重要的影响。本部分所指的政治身份主要以受访者为村组干部或中共党员来表征。

　　具有村组干部身份的带头人扶贫意愿明显高于非村组干部带头人。调查数据表明，250名带头人中有村组干部105名，在村组干部中，愿意扶贫的人数为89人，占比为84.8%，非村组干部愿意扶贫的人数为93人，占比为64.1%，村组干部比非村组干部带头人的扶贫意愿高出20.7个百分点，也比总体扶贫意愿度72.8%高出12个百分点。显然，具有村组干部身份与扶贫意愿有较强的正向关联。具体可参见表1.4。

表1.4　村组干部身份与扶贫意愿分析

单位：人，%

| | | | 是否村组干部 | | 合计 |
| --- | --- | --- | --- | --- | --- |
| | | | 否 | 是 | |
| 扶贫意愿 | 愿意 | 数量 | 93 | 89 | 182 |
| | | 占比 | 64.1 | 84.8 | 72.8 |

---

① 李海金：《符号下乡：国家整合中的身份建构1946—2006》，博士学位论文，华中师范大学，2008。

续表

| | | | 是否干部 | | 合计 |
| | | | 否 | 是 | |
| --- | --- | --- | --- | --- | --- |
| 扶贫意愿 | 不愿意 | 数量 | 27 | 11 | 38 |
| | | 占比 | 18.6 | 10.5 | 15.2 |
| | 说不清 | 数量 | 25 | 5 | 30 |
| | | 占比 | 17.2 | 4.8 | 12 |
| 合计 | | 数量 | 145 | 105 | 250 |
| | | 占比 | 100 | 100 | 100 |

同样，具有中共党员政治身份的带头人愿意扶贫的比例明显高于非中共党员带头人。调查数据显示，在中共党员中有81.8%的带头人愿意带领贫困户脱贫致富，非中共党员带头人中只有60.7%的愿意，两者相差21.1个百分点；而且不愿意扶贫的中共党员带头人占比也低于非中共党员带头人。具体可参见表1.5。

表1.5　中共党员身份与扶贫意愿分析

单位：人，%

| | | | 是否中共党员 | | 合计 |
| | | | 否 | 是 | |
| --- | --- | --- | --- | --- | --- |
| 扶贫意愿 | 愿意 | 数量 | 65 | 117 | 182 |
| | | 占比 | 60.7 | 81.8 | 72.8 |
| | 不愿意 | 数量 | 19 | 19 | 38 |
| | | 占比 | 17.8 | 13.3 | 15.2 |
| | 说不清 | 数量 | 23 | 7 | 30 |
| | | 占比 | 21.5 | 4.9 | 12 |
| 合计 | | 数量 | 107 | 143 | 250 |
| | | 占比 | 100 | 100 | 100 |

第四，从人力资本来看，受教育程度高的带头人扶贫意愿强，参加培训次数多的带头人扶贫意愿强。

MBA智库百科对人力资本定义的描述是："人力资本（human capital）

是指存在于人体之中的具有经济价值的知识、技能和体力（健康状况）等质量因素之和。20 世纪 60 年代，美国经济学家舒尔茨和贝克尔首先创立了比较完整的人力资本理论，这一理论有两个核心观点，一是在经济增长中，人力资本的作用大于物质资本的作用；二是人力资本的核心是提高人口质量，教育投资是人力投资的主要部分。"① 罗明忠、罗琦对农村家庭人力资本进行了定义，认为"家庭人力资本是指家庭成员单独或共同地完成劳动力的各种投资后，所形成的家庭成员个体或整体的知识和技能的积累"。② 其他学者从个人研究旨趣出发，也对人力资本进行了各种界定。

在此综合借鉴之后，将人力资本界定为完成劳动力的各种投资后所形成的具有经济价值的知识和技能的积累。同时，本研究将人力资本表征为带头人受教育程度与参加培训的次数，其中受教育程度由学历代表，参加培训的次数指带头人参加各类长短期职业技能培训的次数，比如参加扶贫创业致富带头人培训、新型职业农民培训、电子商务培训、农民手机应用技能培训、扶贫夜校等的次数。

受教育程度越高的带头人，扶贫意愿越强。从表 1.6 可以看出，在对带头人受教育程度与扶贫意愿的交叉分析中，在大学学历的带头人中，愿意扶贫的有 39 人，占比为 90.7%，远高于总体扶贫意愿度 72.8%，也远高于高中或中专学历的 72.1% 以及初中学历的 66.9%。显然，带头人的受教育程度与扶贫意愿具有正向关联。

**表 1.6　受教育程度与扶贫意愿分析**

单位：人，%

| | | | 学历 | | | 合计 |
| --- | --- | --- | --- | --- | --- | --- |
| | | | 初中 | 高中或中专 | 大学 | |
| 扶贫意愿 | 愿意 | 数量 | 81 | 62 | 39 | 182 |
| | | 占比 | 66.9 | 72.1 | 90.7 | 72.8 |
| | 不愿意 | 数量 | 21 | 16 | 1 | 38 |
| | | 占比 | 17.4 | 18.6 | 2.3 | 15.2 |

---

① "人力资本"，MBA 智库百科，http://wiki.mbalib.com/wiki/%E4%BA%BA%E5%8A%9B%E8%B5%84%E6%9C%AC。

② 罗明忠、罗琦：《家庭禀赋对农民创业影响研究》，《经济与管理评论》2016 年第 5 期。

续表

| | | | 学历 | | | 合计 |
|---|---|---|---|---|---|---|
| | | | 初中 | 高中或中专 | 大学 | |
| 扶贫意愿 | 说不清 | 数量 | 19 | 8 | 3 | 30 |
| | | 占比 | 15.7 | 9.3 | 7.0 | 12.0 |
| 合计 | | 数量 | 121 | 86 | 43 | 250 |
| | | 占比 | 100 | 100 | 100 | 100 |

参加培训次数越多的带头人，扶贫意愿越强。在对带头人参加培训次数与扶贫意愿的交叉分析中，① 接受过多次培训的愿意扶贫的带头人有 131 人，占比为 78.0%，而只接受一次培训的愿意扶贫的带头人有 51 人，只占 62.2%，参加培训次数多的带头人扶贫意愿度要高出参加培训次数少的带头人 15.8 个百分点。具体可以参见表 1.7。

总之，从人力资本维度来看，受教育程度高的带头人扶贫意愿强，参加培训次数多的带头人扶贫意愿强。

表 1.7　参加培训次数与扶贫意愿分析

单位：人，%

| | | | 参加培训次数 | | 合计 |
|---|---|---|---|---|---|
| | | | 1 次 | 多次 | |
| 扶贫意愿 | 愿意 | 数量 | 51 | 131 | 182 |
| | | 占比 | 62.2 | 78.0 | 72.8 |
| | 不愿意 | 数量 | 18 | 20 | 38 |
| | | 占比 | 22.0 | 11.9 | 15.2 |
| | 说不清 | 数量 | 13 | 17 | 30 |
| | | 占比 | 15.9 | 10.1 | 12.0 |
| 合计 | | 数量 | 82 | 168 | 250 |
| | | 占比 | 100 | 100 | 100 |

---

① 接受调查访谈的创业致富带头人至少参加过一次培训，即海南省贫困村扶贫创业致富带头人培训，在此处不存在没有参加培训的情况。

### (二）产业规模特征与扶贫能力

尽管农村贫困地区产业发展具有天然的脆弱性特点，但从可持续性的维度来看，一、二、三次产业的发展对于区域整体发展具有重要的作用。事实上，因地制宜扶持当地特色产业壮大仍然是各地政府通常的做法。产业扶贫是实现长期稳定脱贫的根本之策，也是海南省脱贫攻坚中的难点问题和薄弱环节。① 创业致富带头人所从事的产业规模大小、市场适应能力大小，都会影响到自身致富发展与扶贫的能力。为了便于统计分析，在此部分产业经营规模以种植业所使用土地面积大小与养殖业所饲养动物数量多少来表征，带头人扶贫能力以带动贫困户户数或人口多少来表征。

第一，从产业经营类型来看，带头人从事种植业的较多，从事种养混合业的次之。

所调查创业致富带头人所从事的农村产业主要有：种植业，包括种植热带水果、瓜菜等，如橡胶、芒果、槟榔、香蕉、益智、牛大力、地瓜、圣女果、火龙果等；养殖业，包括猪、牛、黑山羊、鸡、鸭、鸽、鱼、蚕、蜜蜂等动物饲养；种养混合业，是前两者的结合；其他产业，包括休闲旅游、承包项目工程、农产品收购销售、建筑等。调查情况表明，按人数来统计，在 250 名带头人中，从事单纯种植业的有 112 人，占比为44.8%；从事种养混合业的有 93 人，占比为 37.2%；从事单纯养殖业与其他产业的分别为 31 人、14 人，占比分别为 12.4%、5.6%。具体可以参见图 1.2。显然，带头人从事单纯种植业的较多，从事种养混合业的次之。

第二，从产业经营规模来看，种植规模在 20 亩至 50 亩之间的最多，养殖规模在 100 只以内的最多。②

按照种植业所利用土地规模来看，20~50 亩的种植规模最多，有 65 人，占比为 26.0%，10 亩以内较小种植规模次之，有 51 人，占比为 20.4%，种

---

① 金昌波：《聚焦产业扶贫 助推脱贫攻坚》，《海南日报》2018 年 8 月 5 日，第 1 版。
② 为了便于统计分析，在此种植业规模包括单纯种植业与种养结合中的种植业规模，养殖业规模同理。

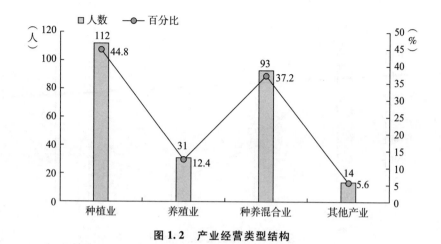

**图1.2 产业经营类型结构**

植规模在50亩以上的有46人，占比为18.4%。具体可参见图1.3。

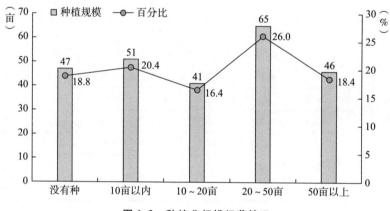

**图1.3 种植业规模经营情况**

从养殖业所饲养的动物数量来看，养殖规模在100只以内的最多，有52人，占比为20.8%，养殖规模在200只以上的次之，有38人，占比为15.2%，而100~200只规模的最少，有19人，占比为7.6%。具体可参见图1.4。

第三，从产业经营规模来看，种植规模在50亩以上的带头人带动贫困户比较多，养殖规模为100~200只的带头人带动贫困户比较多。

从带头人的种植规模调查数据来看，种植规模在50亩以上的带头人带动贫困户的占比最高，为67.4%，而种植规模在10亩以内、10~20亩、20~50亩的，占比分别为43.1%、41.5%、36.9%。具体可参见表1.8。

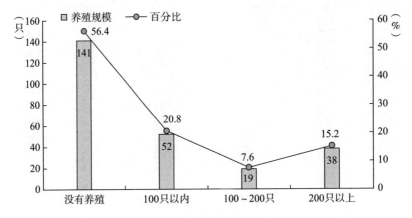

图 1.4 养殖业规模经营情况

表 1.8 种植规模与带动贫困户情况分析

单位：人，%

| | | | 种植规模 | | | | | 合计 |
|---|---|---|---|---|---|---|---|---|
| | | | 没有种 | 10 亩以内 | 10～20 亩 | 20～50 亩 | 50 亩以上 | |
| 有没有带动贫困户 | 有 | 数量 | 23 | 22 | 17 | 24 | 31 | 117 |
| | | 占比 | 48.9 | 43.1 | 41.5 | 36.9 | 67.4 | 46.8 |
| | 没有 | 数量 | 24 | 29 | 24 | 41 | 15 | 133 |
| | | 占比 | 51.1 | 56.9 | 58.5 | 63.1 | 32.6 | 53.2 |
| 合计 | | 数量 | 47 | 51 | 41 | 65 | 46 | 250 |
| | | 占比 | 100 | 100 | 100 | 100 | 100 | 100 |

从带头人的养殖规模调查数据来看，养殖规模为 100～200 只的带头人带动贫困户的占比最高，为 73.7%，养殖规模在 200 只以上的带头人次之，占比为 60.5%，而养殖规模在 100 只以内的带头人最少，占比为 40.4%。具体可参见表 1.9。

第四，从产业类型角度来看扶贫能力，种植业与种养混合业带动贫困户的规模较小，养殖业带动贫困户的规模相对大一点。

从调查数据来看，从事种植业与种养混合业的带头人带动贫困户为 1～5 户这一区间的占比最高，分别为 40.4% 与 48.9%；而从事养殖业的带头人带动贫困户为 1～5 户、20 户以上的占比一样，为 37.5%；从事其他产业的带头人带动贫困户为 1～5 户、6～10 户、20 户以上的占比也一样，为

28.6%。由此可见,从事种植业与种养混合业的带头人带动贫困户的规模较小,而从事养殖业的带头人带动贫困户的规模相对大一点。具体可参见表1.10。

**表1.9 养殖规模与带动贫困户情况分析**

单位:人,%

| | | | 养殖规模 | | | | 合计 |
|---|---|---|---|---|---|---|---|
| | | | 没有养殖 | 100 只以内 | 100~200 只 | 200 只以上 | |
| 有没有带动贫困户 | 有 | 数量 | 59 | 21 | 14 | 23 | 117 |
| | | 占比 | 41.8 | 40.4 | 73.7 | 60.5 | 46.8 |
| | 没有 | 数量 | 82 | 31 | 5 | 15 | 133 |
| | | 占比 | 58.2 | 59.6 | 26.3 | 39.5 | 53.2 |
| 合计 | | 数量 | 141 | 52 | 19 | 38 | 250 |
| | | 占比 | 100 | 100 | 100 | 100 | 100 |

**表1.10 产业类型与扶贫能力分析**

单位:%

| 扶贫能力 | 产业分类 | | | | 合计 |
|---|---|---|---|---|---|
| | 种植业 | 养殖业 | 种养混合业 | 其他产业 | |
| 1~5 户 | 40.4 | 37.5 | 48.9 | 28.6 | 42.7 |
| 6~10 户 | 31.9 | 18.8 | 8.5 | 28.6 | 20.5 |
| 11~20 户 | 8.5 | 6.3 | 10.6 | 14.3 | 9.4 |
| 20 户以上 | 19.1 | 37.5 | 31.9 | 28.6 | 27.4 |
| 合计 | 100 | 100 | 100 | 100 | 100 |

第五,从种植与养殖规模来看,种植规模较大的带头人的扶贫能力比较强,养殖规模较大的带头人的扶贫能力也较强。

从调查数据来看,种植规模在10亩以内的,带动贫困户为1~5户的最多,恰好达到一半,即50%;种植规模在10~20亩的,带动贫困户为1~5户的最多,占52.9%;种植规模在20~50亩的,带动贫困户为1~5户的最多,占45.8%;而种植规模在50亩以上的,即规模较大的,带动贫困户20户以上的最多,占38.7%。具体可参见表1.11。由此可见,种植规模较大的带头人的扶贫能力较强。

表 1.11　种植规模与扶贫能力分析

单位：%

| 扶贫能力 | 种植规模 | | | | | 合计 |
|---|---|---|---|---|---|---|
| | 没有种植 | 10 亩以内 | 10~20 亩 | 20~50 亩 | 50 亩以上 | |
| 1~5 户 | 34.8 | 50.0 | 52.9 | 45.8 | 35.5 | 42.7 |
| 6~10 户 | 21.7 | 22.7 | 17.6 | 25.0 | 16.1 | 20.5 |
| 11~20 户 | 8.7 | 9.1 | 5.9 | 12.5 | 9.7 | 9.4 |
| 20 户以上 | 34.8 | 18.2 | 23.5 | 16.7 | 38.7 | 27.4 |
| 合计 | 100 | 100 | 100 | 100 | 100 | 100 |

从调查数据来看，养殖规模在 100 只以内的带头人，带动贫困户为 1
~5 户的最多，占 57.1%；养殖规模在 100~200 只的带头人，带动贫困户
为 1~5 户的最多，占 42.9%；而养殖规模在 200 只以上的带头人，带动
贫困户 20 户以上的最多，占 47.8%。具体可参见表 1.12。由此可见，养
殖规模较大的带头人的扶贫能力也较强。

表 1.12　养殖规模与扶贫能力分析

单位：%

| 扶贫能力 | 养殖规模 | | | | 合计 |
|---|---|---|---|---|---|
| | 没有养殖 | 100 只以内 | 100~200 只 | 200 只以上 | |
| 1~5 户 | 44.1 | 57.1 | 42.9 | 26.1 | 42.7 |
| 6~10 户 | 28.8 | 14.3 | 7.1 | 13.0 | 20.5 |
| 11~20 户 | 6.8 | 4.8 | 21.4 | 13.0 | 9.4 |
| 20 户以上 | 20.3 | 23.8 | 28.6 | 47.8 | 27.4 |
| 合计 | 100 | 100 | 100 | 100 | 100 |

## （三）政府支持特征与扶贫效果

习近平总书记要求："言必信，行必果。农村贫困人口如期脱贫、贫
困县全部摘帽、解决区域性整体贫困，是全面建成小康社会的底线任务，

是我们作出的庄严承诺。"① 《"十三五"脱贫攻坚规划》要求："充分发挥政治优势和制度优势，强化政府在脱贫攻坚中的主体责任，创新扶贫考评体系，加强脱贫成效考核。按照中央统筹、省负总责、市县抓落实的工作机制，坚持问题导向和目标导向，压实责任、强力推进。"② 党和国家对按期完成贫困地区脱贫攻坚任务高度重视，地方各级政府积极落实中央政策。在压力型体制下，"脱贫攻坚是必须坚决完成的政治任务，是中央立下的军令状，要强化考核问责，树导向、严规矩、压责任"。③ 在脱贫攻坚期间，各级政府对扶贫工作空前重视，对扶贫项目、扶贫组织、建档立卡贫困户的支持力度也空前加大。

同时，政府重视当地特色产业扶贫，对产业带头人实施了一系列的激励措施，如扶贫能力培育、扶贫项目支持、扶贫政策优惠等。如此多的政府部门在精神与物质方面加大投入，在短期内效果比较明显，如产业带头人吸纳建档立卡贫困户就业，接受政府扶贫资金入股以增加贫困户财产性收益等。但容易形成产业带头人对政府支持的路径依赖，可能会出现如果政府抽身，那么扶贫工作就会停摆的现象。

在此部分，政府政策对创业致富带头人的支持要素主要体现为资金、技术、信息、用地、设施、销售等，并且常常以项目制的形式执行落实。扶贫效果主要表现在政策供给是否符合现实需求、带动多少贫困户脱贫等方面。

第一，从对外部支持的需求来看，在扶贫过程中带头人对政府政策支持的需求程度很高。

调查数据表明，带头人在扶贫过程中对政府政策支持的需求程度很高。在带领贫困户脱贫致富的 117 名带头人中，有 114 人，即 97.4% 的人明确表示，他们需要政府政策提供帮助，以助力他们带领贫困户脱贫致富。仅有 3 名带头人明确表示不需要政府提供支持帮助。具体可以参见图 1.5。

---

① 杨文全：《习近平开年首谈扶贫"七个强化"指引攻坚方略》，中国共产党新闻网，http://cpc.people.com.cn/xuexi/n1/2017/0223/c385474-29103292.html，2017 年 2 月 24 日。

② 《国务院关于印发"十三五"脱贫攻坚规划的通知》（国发〔2016〕64 号），2016 年 11 月 23 日。

③ 《刘赐贵：强化考核问责 做好长远谋划 以严和实的作风高质量推进脱贫攻坚》，南海网，http://www.hinews.cn/news/system/2018/03/23/031431188.shtml，2018 年 3 月 23 日。

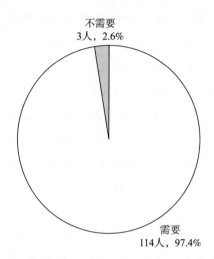

不需要
3人，2.6%

需要
114人，97.4%

**图 1.5 扶贫过程中带头人对政府政策支持的需求**

第二，从支持要素的类型来看，带头人得到政府支持最多的是资金，其次为技术，得到支持最少的是用地。

从调查情况来看，在资金、技术、用地、设施、信息、销售等众多政府支持要素中，带头人从政府方面获得支持最多的是资金，有 109 人次获得，占比为 95.6%，次之为技术，占比为 76.3%。具体可参见表 1.13。

**表 1.13 政府政策对带头人扶贫支持要素分类**

单位：人，%

| 支持要素类型 | 有没有获得支持 | 人数 | 百分比 |
|---|---|---|---|
| 资金 | 没有 | 5 | 4.4 |
| | 有 | 109 | 95.6 |
| 技术 | 没有 | 27 | 23.7 |
| | 有 | 87 | 76.3 |
| 用地 | 没有 | 81 | 71.1 |
| | 有 | 33 | 28.9 |
| 设施 | 没有 | 64 | 56.1 |
| | 有 | 50 | 43.9 |
| 信息 | 没有 | 53 | 46.5 |
| | 有 | 61 | 53.5 |

续表

| 支持要素类型 | 有没有获得支持 | 人数 | 百分比 |
|---|---|---|---|
| 销售 | 没有 | 39 | 34.2 |
| | 有 | 75 | 65.8 |
| 合计 | | 114 | 100 |

注：总人数为117人，缺失值为3。

这些政府政策支持要素的重要程度，可以按照带头人实际获得要素的多少来排序，依次为：资金、技术、销售、信息、设施、用地，占比分别为95.6%、76.3%、65.8%、53.5%、43.9%、28.9%。具体情况可以参见图1.6。这反映出现实扶贫过程中政府支持的侧重方面。

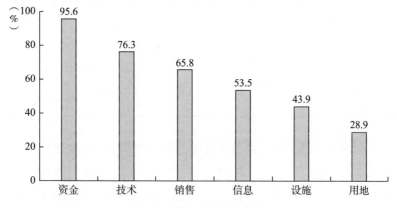

图 1.6 政府支持要素排序

第三，从支持要素需求程度来看，资金仍是带头人最需要的政府支持要素，技术需求次之，用地需求最小。政策供给与需求比较匹配，这反映了政府扶贫支持政策是符合实际需要的。

从调查情况来看，当问及带头人对今后扶贫工作需要政府哪些方面的支持时，带头人需求最大的还是资金，有234人选择，占比为93.6%；其次是技术需求，有190人选择，占比为76.0%；而销售方面的需求有141人选择，占比为56.4%；信息需求有131人选择，占比为52.4%；设施需求有100人选择，占比为40.0%；用地需求最小，有75人选择，占比为30.0%。具体可参见表1.14。这种情形与政府已经提供的支持要素排序相同。

表 1.14　政府支持要素需求分类

单位：人，%

| 支持要素类型 | 有无需求 | 人数 | 百分比 |
| --- | --- | --- | --- |
| 资金 | 无需求 | 16 | 6.4 |
| | 有需求 | 234 | 93.6 |
| 技术 | 无需求 | 60 | 24.0 |
| | 有需求 | 190 | 76.0 |
| 用地 | 无需求 | 175 | 70.0 |
| | 有需求 | 75 | 30.0 |
| 设施 | 无需求 | 150 | 60.0 |
| | 有需求 | 100 | 40.0 |
| 信息 | 无需求 | 119 | 47.6 |
| | 有需求 | 131 | 52.4 |
| 销售 | 无需求 | 109 | 43.6 |
| | 有需求 | 141 | 56.4 |
| 合计 | | 250 | 100 |

再考察政府政策支持要素需求程度的重要性顺序，依次为资金、技术、销售、信息、设施、用地，占比分别为 93.6%、76.0%、56.4%、52.4%、40.0%、30.0%。具体可以参见图 1.7。这与政府在现实扶贫过程中提供的要素支持优先顺序保持一致，仅个别要素需求程度发生较小改变，反映了政府对带头人的扶贫支持政策是符合实际需要的。

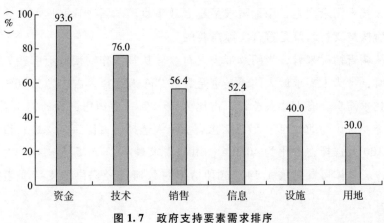

图 1.7　政府支持要素需求排序

第四，从政府支持需求情况来看，需要政府支持的带头人中，带动贫困户规模较小的最多，带动贫困户规模较大的次之。

根据样本调查情况，在带动贫困户规模分档中，带动 1 ~ 5 户的可视为带动规模较小，带动 20 户以上可视为带动规模较大，其他两档可视为居中。在需要政府支持的带头人中，带动 1 ~ 5 户贫困户的最多，占比为 42.1%；带动 20 户以上的次之，占比为 28.1%；带动 6 ~ 10 户、11 ~ 20 户的占比分别为 21.1%、8.8%。具体可参见表 1.15。因此，在需要政府政策支持的带头人中，带动贫困户 1 ~ 5 户的最多，带动贫困户 20 户以上的次之，其他带动规模的居中。

**表 1.15 带动规模与需要政府支持情况分析**

单位：人，%

| 带动贫困户规模 | | 需要政府支持与否 | | 合计 |
| --- | --- | --- | --- | --- |
| | | 需要 | 不需要 | |
| 没有带动 | 人数 | 0 | 133 | 133 |
| | 占比 | 0 | 97.8 | 53.2 |
| 1 ~ 5 户 | 人数 | 48 | 2 | 50 |
| | 占比 | 42.1 | 1.5 | 20 |
| 6 ~ 10 户 | 人数 | 24 | 0 | 24 |
| | 占比 | 21.1 | 0 | 9.6 |
| 11 ~ 20 户 | 人数 | 10 | 1 | 11 |
| | 占比 | 8.8 | 0.7 | 4.4 |
| 20 户以上 | 人数 | 32 | 0 | 32 |
| | 占比 | 28.1 | 0 | 12.8 |
| 合计 | 人数 | 114 | 136 | 250 |
| | 占比 | 100 | 100 | 100 |

第五，从政府支持结构来看，获得政府资金支持的带头人带动贫困户规模较小的最多，获得技术支持的次之；获得政府信息支持的带头人带动贫困户规模较大的最多，获得销售支持的次之。

从调查情况来看，政府支持要素结构与带动贫困户规模有关联。具体来说，就是资金、技术、用地、设施、信息、销售等要素支持与带动贫困户规模有关联。总体上，获得政府以上要素支持的带头人中，带动贫困户 1~5 户的最多，带动贫困户 20 户以上的次之，这与前面的分析保持一致。获得政府资金支持的带头人带动贫困户规模较小的最多，占40.4%；获得技术支持的次之，占 39.1%；获得信息、销售、用地与设施支持的大体差不多，分别为 37.7%、37.3%、36.4%、36%。

而获得政府信息支持的带头人带动贫困户规模较大的最多，占比为32.8%；获得销售支持的次之，占比为 32%；获得技术支持、设施支持与资金支持的分别占 31%、30%、28.4%；获得用地支持的最少，占比为27.3%。具体可参见表 1.16。

表 1.16　政府支持要素结构与带动贫困户规模分析

单位：人，%

| 带动规模 | | 资金支持 | | 技术支持 | | 用地支持 | | 设施支持 | | 信息支持 | | 销售支持 | | 合计 |
|---|---|---|---|---|---|---|---|---|---|---|---|---|---|---|
| | | 没有 | 有 | 没有 | 有 | 没有 | 有 | 没有 | 有 | 没有 | 有 | 没有 | 有 | |
| 没有带动 | 人数 | 133 | 0 | 133 | 0 | 133 | 0 | 133 | 0 | 133 | 0 | 133 | 0 | 133 |
| | 占比 | 96.4 | 0 | 83.1 | 0 | 62.1 | 0 | 67.5 | 0 | 71.5 | 0 | 77.3 | 0 | 53.8 |
| 1~5户 | 人数 | 4 | 44 | 14 | 34 | 36 | 12 | 30 | 18 | 25 | 23 | 20 | 28 | 48 |
| | 占比 | 2.9 | 40.4 | 8.8 | 39.1 | 16.8 | 36.4 | 15.2 | 36 | 13.4 | 37.7 | 11.6 | 37.3 | 19.4 |
| 6~10户 | 人数 | 0 | 24 | 3 | 21 | 16 | 8 | 11 | 13 | 10 | 14 | 6 | 18 | 24 |
| | 占比 | 0 | 22.0 | 1.9 | 24.1 | 7.5 | 24.2 | 5.6 | 26 | 5.4 | 23.0 | 3.5 | 24 | 9.7 |
| 11~20户 | 人数 | 0 | 10 | 5 | 5 | 6 | 4 | 6 | 4 | 6 | 4 | 5 | 5 | 10 |
| | 占比 | 0 | 9.2 | 3.1 | 5.7 | 2.8 | 12.1 | 3.0 | 8 | 3.2 | 6.6 | 2.9 | 6.7 | 4.0 |
| 20户以上 | 人数 | 1 | 31 | 5 | 27 | 23 | 9 | 17 | 15 | 12 | 20 | 8 | 24 | 32 |
| | 占比 | 0.7 | 28.4 | 3.1 | 31.0 | 10.7 | 27.3 | 8.6 | 30 | 6.5 | 32.8 | 4.7 | 32 | 13.0 |
| 合计 | 人数 | 138 | 109 | 160 | 87 | 214 | 33 | 197 | 50 | 186 | 61 | 172 | 75 | 247 |
| | 占比 | 100 | 100 | 100 | 100 | 100 | 100 | 100 | 100 | 100 | 100 | 100 | 100 | 100 |

# 三　创业致富带头人治理贫困的模式与成效

从 20 世纪 90 年代开始，"治理"一词成为西方社会科学的流行术语，进入 21 世纪后它也成为中国学术界的重要术语。近 30 年来，为了应对社会问题日益复杂和政府资金短缺所带来的挑战，政府、企业、非政府组织、公民之间跨部门协同的相关实践在世界各国非常普遍。[①] 治理并不完全是去中心的，而是以政府为主导的、多主体并存的网络关系。作为社会问题的贫困，也因多方主体参与，改变了治理形态，逐步由政府部门治理转向包括政府部门在内的多主体广泛参与的治理。创业致富带头人为治理贫困的主体，其贫困治理依托个人和各类经济组织。贫困治理的主体是多元化的，有政府、带头人及其依托的经济组织，如农民专业合作社、企业、家庭农场等，贫困户虽为治贫脱贫对象，但也应纳入治理主体范畴，因为贫困的有效治理需要其积极参与。

在此部分，主要利用海南省实地调查数据与个案访谈资料，先对治理贫困依托载体进行描述以及统计和分析。在此基础上，再以贫困治理多主体之间的互动关系来对创业致富带头人治理贫困的模式进行概括与分析，并总结其治理成效。

### （一）创业致富带头人：治理贫困依托载体及其治理效果

从调查情况来看，创业致富带头人从事产业类型有种植业、养殖业、种养混合业、加工业及服务业等，他们基本上为贫困村的种养大户能手或者党员干部、农民合作社领办人、企业主要负责人、家庭农场主、经济组织创始人等。贫困治理的依托载体有农民专业合作社、个体种养大户、党员干部、企业、家庭农场、混合类经济组织等其他载体。

第一，从治贫组织载体来看，贫困治理依托的主要载体为农民专业合作社。

调查表明，在 250 名带头人中有 117 名带动贫困户脱贫致富，有 63 人依托农民专业合作社，占比超过一半，为 53.8%；其次依托个体种养大户或者党员干部等个人的有 33 人，占比为 28.2%；依托企业、家庭农场、混合类经济组织等其他载体的，分别为 5.1%、6.0%、6.8%。具体可以参见图 1.8。

第二，从治理贫困的规模来看，农民专业合作社平均带动的贫困户数与人口数最多，企业带动的次之，家庭农场带动的为最少。

---

① 田培杰：《协同治理概念考辨》，《上海大学学报》（社会科学版）2014 年第 1 期。

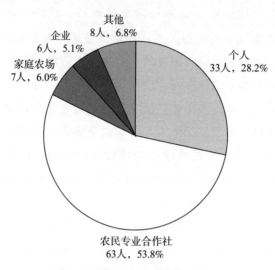

**图 1.8　带头人治理贫困依托载体**

从图 1.9 可以看出，农民专业合作社平均带动贫困户数为 31.37 户，为最多，约超过各类组织平均带动户数 10 户；次之为企业，平均带动 24.67 户；再者，混合类经济组织等其他载体，平均带动 23.88 户；种养大户能手或者党员干部等个人平均带动 6.42 户；带动最少的为家庭农场，仅平均带动 5.14 户。

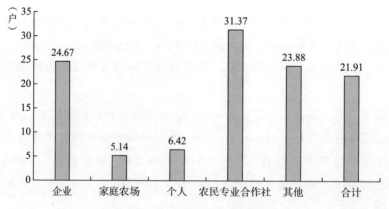

**图 1.9　带动贫困户平均值统计**

从图 1.10 可以看出，农民专业合作社平均带动的贫困人口数为最多，平均每个合作社带动贫困人口 133.05 人，比各类组织带动的平均值 85.38 人多出 47.67 人；其次为企业，平均带动人口数为 97.83 人，多出各类组织平均值 12.45 人；混合类经济组织等其他载体，平均带动 35.86 人；种养大户能手或者党员干部等个人平均带动 14.87 人；带动最少的为家庭农场，仅平均带动 6.50 人。

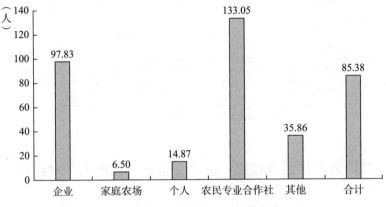

**图 1.10　带动贫困人口平均值统计**

第三，从治贫效果情况来看，农民专业合作社带动平均脱贫户数和人口数最多，小微企业与合作社等混合类经济组织平均带动脱贫人口与户数次之。

在脱贫攻坚期间，创业致富带头人依托各类经济组织带动贫困户脱贫，取得了一定的成效。从调查情况来看，农民专业合作社带动平均脱贫户数和人口数最多，均值分别为 14.56 户和 58.18 人；混合类经济组织等其他载体平均带动脱贫户数与人口数次之，分别为 13.25 户和 33.71 人；再者，企业平均带动脱贫户数与人口数为 7 户与 24 人，个人与家庭农场平均带动贫困户脱贫户数与人口数较少，分别为 4.12 户和 6.09 人、3.57 户和 5 人。具体可以参见表 1.17。

**表 1.17　组织载体与治贫效果分析**

单位：户，人

|  |  | 有效样本 | 极小值 | 极大值 | 和 | 均值 |
|---|---|---|---|---|---|---|
| 个人 | 脱贫户数 | 33 | 0 | 85 | 136 | 4.12 |
|  | 脱贫人口数 | 32 | 0 | 30 | 195 | 6.09 |
| 农民专业合作社 | 脱贫户数 | 63 | 0 | 150 | 917 | 14.56 |
|  | 脱贫人口数 | 60 | 0 | 589 | 3491 | 58.18 |

续表

|  |  | 有效样本 | 极小值 | 极大值 | 和 | 均值 |
|---|---|---|---|---|---|---|
| 家庭农场 | 脱贫户数 | 7 | 0 | 15 | 25 | 3.57 |
|  | 脱贫人口数 | 6 | 0 | 8 | 30 | 5 |
| 企业 | 脱贫户数 | 6 | 0 | 21 | 42 | 7 |
|  | 脱贫人口数 | 6 | 0 | 84 | 144 | 24 |
| 其他 | 脱贫户数 | 8 | 0 | 40 | 106 | 13.25 |
|  | 脱贫人口数 | 7 | 0 | 170 | 236 | 33.71 |

注：以有效样本计算，在计算均值时缺失值没有纳入统计。

## （二）合作社治理模式：政府＋合作社领办人＋贫困户

在海南省贫困村治理贫困的过程中，"政府＋合作社领办人＋贫困户"的治理模式，即为政府以项目形式将扶贫物资、资金交给合作社托管或入股，在合作社领办人即创业致富带头人的经营管理下，贫困户要么在合作社就业，要么按股份分红，政府监督合作社治理贫困结果，政府、合作社领办人与贫困户之间存在着互动关系的一种治理贫困的模式。在这里以及下面的部分，政府主要指省市县各级政府、扶贫部门、农业部门、科技部门、教育部门等各个职能部门。我们以个案形式来呈现合作社治理模式。

案例一：三亚惠农东山羊养殖农民专业合作社的做法与成效

（1）合作社简况

三亚惠农东山羊养殖农民专业合作社，位于吉阳区革命老区罗蓬村，往南距离吉阳区政府 15 千米，北邻保亭县，交通便利。合作社所在的罗蓬村共 487 户，总人口 2345 人，耕地面积 1680 亩，坡地面积 7000 亩。牧草栽培养殖资源和人力资源充足。合作社由吉阳区农技员吉立斌和罗蓬村 4 位农民于 2013 年 1 月投资兴办，注册资金 300 万元。在各级领导和相关部门的大力支持下，基地已初具规模。① 合作社圈养黑山羊种羊 600 只，年出栏 280 多只商品羊，年出栏商品老鹅 2000 多只，年出栏商品山鸡 6000

---

① 资料来源于实地调查及吉立斌个人提供的材料《扶贫带动产业 发展促进致富》。

多只。商品种植园年产槟榔鲜果 5 万多斤、芒果 3 万多斤，合作社基地年产值在 50 万元以上。[①] 2016 年度被三亚市政府评为"脱贫攻坚优秀爱心帮扶合作社"。

（2）领办人简介

吉立斌，男，中共党员，黎族，农技师，为三亚市吉阳区农技员。1995 年中专毕业以来，一直在家乡从事农业生产，同时担任村级农技员；1999 年至 2002 年在华南热带农业大学（现海南大学）进修；2007 年被吉阳区农林局聘为编外农技员。2013 年吉立斌被农业部评为"农民满意的农技员"；2014 年被海南省委、省政府评为"海南省劳动模范"；2015 年荣获神内基金农技推广奖；2016 年被国务院农民工工作领导小组评为"全国优秀农民工"；2017 年被共青团海南省委、海南省农业厅评为"海南省农村青年致富带头人"；[②] 2018 年入围农业农村部"全国十佳农民"（30 名人选）。

（3）主要做法

一是发挥农技员的技术优势，走上规模化种养道路。农业发展，一靠政策，二靠科技。吉立斌利用自己的技术优势，先后养殖了五指山野鸡、东山羊，种植了冬季瓜果蔬菜，并发起成立合作社，有黑山羊养殖场、皇草鹅养殖场、山鸡养殖场。利用优化养殖技术，建立牧草示范区 10 亩，牧草栽培场 10 亩，牧草绿肥利用种植园 30 亩。[③]

二是采取政府采购、合作社托养、领办人经营、贫困户分红的形式，满足贫困户生产与生活需要。建档立卡贫困户把政府分批采购给他们的 607 只种羊——其中 577 只母羊和 30 只公羊，公羊作为配种使用——交给合作社托管养殖，按每人 6 只黑山羊的标准，以黑山羊入股，每年保底分红 500 元/只，并逐年按 5% 递增，可连续享受分红五年，五年后贫困户可以自由选择，是否继续合作由他们自己根据需要确定，退出时合作社将全额返还股本。[④]

---

① 杨洋：《三亚惠农东山羊养殖农民专业合作社负责人吉立斌——脱贫致富的"领头雁"》，《三亚日报》2017 年 7 月 18 日，第 5 版。
② 资料来源于实地调查及吉立斌个人提供的材料《扶贫带动产业 发展促进致富》。
③ 资料来源于实地调查及吉立斌个人提供的材料《扶贫带动产业 发展促进致富》。
④ 杨洋：《三亚惠农东山羊养殖农民专业合作社负责人吉立斌——脱贫致富的"领头雁"》，《三亚日报》2017 年 7 月 18 日，第 5 版。

三是安排贫困户到基地务工，学习养殖技术，挣取工资。合作社将原有的养殖基地升级建设为精准扶贫参观考察示范基地，将三亚市新型职业农民培育工程的教学实践基地建设成为当地农民学习饲养技术场所。更重要的是激发起贫困户脱贫致富的内生动力，帮助他们掌握养殖技术，[①] 走上创业致富之路。

（4）政府支持

一是物资投入。政府分批采购 607 只种羊，不直接交给建档立卡贫困户饲养，而是以入股形式投入合作社，贫困户再按股分红。二是精神鼓励。合作社的领办人吉立斌获得一系列政府部门给予的荣誉称号，如 2017年，被共青团海南省委、海南省农业厅评为"海南省农村青年致富带头人"等。

（5）主要成效

一是整村脱贫。在 2016 年率先在全三亚市实现整村 87 户 349 人脱贫。二是贫困户脱贫，并培育了一批致富能手。合作社带动蓝德冲等典型致富代表，他们现在已买了私家车、建了小洋房。蓝德冲说："他家依靠合作社养殖的 30 只羊，去年获得分红 1.5 万元，加上光伏发电和他家开办的电商服务站，以及其他务工收入，年收入不低于 6 万元。"[②] 还帮助吴武全、陈运雄等十多户农户发展黑山羊养殖业。吴武全、陈运雄成了村里的山羊养殖专业大户。三是贫困户得到实惠。例如，合作社首次分红 4.14 万元，人均获得分红 900 元，而 4.14 万元分红仅占村民加入合作社分红总额的 30%。[③] 后续再按每年增加 5%，给贫困户实惠。截至 2017 年 8 月，蓝德冲等 14 户获得分红总额为 138000 元，户均 9857元。具体可参见表 1.18。此外，合作社还为贫困户提供市场帮助，拓展他们农产品的销路。

---

① 易宗平、谢宛峯：《三亚罗蓬村脱贫新模式：45 名党员亮明身份扛起扶贫责任》，《海南日报》2018 年 6 月 22 日，第 2 版。

② 易宗平、谢宛峯：《三亚罗蓬村脱贫新模式：45 名党员亮明身份扛起扶贫责任》，《海南日报》2018 年 6 月 22 日，第 2 版。

③ 杨洋：《三亚惠农东山羊养殖农民专业合作社负责人吉立斌——脱贫致富的"领头雁"》，《三亚日报》2017 年 7 月 18 日，第 5 版。

表 1.18 三亚惠农东山羊养殖农民专业合作社贫困户分红统计

单位：元

| 姓名 | 托管时间 | 分红时间 | 分红金额 |
|------|----------|----------|----------|
| 1 | 2016 年 10 月 | 2016 年 12 月 | 15000 |
| 2 | 2016 年 10 月 | 2017 年 4 月 | 15000 |
| 3 | 2016 年 10 月 | 2017 年 4 月 | 9000 |
| 4 | 2016 年 10 月 | 2017 年 4 月 | 9000 |
| 5 | 2016 年 10 月 | 2017 年 8 月 | 12000 |
| 6 | 2016 年 10 月 | 2017 年 8 月 | 9000 |
| 7 | 2016 年 10 月 | 2017 年 8 月 | 12000 |
| 8 | 2016 年 10 月 | 2016 年 12 月 | 9000 |
| 9 | 2016 年 10 月 | 2016 年 12 月 | 12000 |
| 10 | 2016 年 10 月 | 2017 年 4 月 | 6000 |
| 11 | 2016 年 10 月 | 2017 年 8 月 | 6000 |
| 12 | 2016 年 10 月 | 2017 年 6 月 | 6000 |
| 13 | 2016 年 10 月 | 2017 年 6 月 | 15000 |
| 14 | 2016 年 10 月 | 2017 年 6 月 | 3000 |
| 合计 | | | 138000 |

注：贫困户姓名以序号代替。

资料来源：吉立斌提供的材料。

案例二：儋州鸽王养殖农民专业合作社的做法与成效

（1）合作社简况

儋州鸽王养殖农民专业合作社位于儋州市排浦镇昌王村委会昌王老村，领办人为黎新亮，合作社于 2016 年 10 月 17 日成立，合作社成员出资总额为 144000 元，主要经营范围为养鸽及牲畜、家禽养殖、销售、加工、运输、信息服务。其中，一般经营项目自主经营，许可经营项目凭相关许可证或者批准文件经营，依法须经批准的项目，经相关部门批准后方可开展经营活动。在国家扶贫政策指引下，以合作社为依托成立了排浦镇扶贫养鸽基地，位于排浦镇昌王村老村，占地面积 6 亩，合约 4000 平方米，在镇政府支持下，扩大至 10000 平方米。养鸽 1.6 万只，其中鸽种 7000 对，每月总产量 6000 只。[①]

（2）领办人简介

儋州鸽王养殖农民专业合作社领办人黎新亮，为排浦镇昌王村委会老村村主任。他是 20 世纪 90 年代的大学生，毕业后先是在广东工作，后来返乡创业种植桉树，然后重返广东闯荡多年。后来，30 多岁的黎新亮再次下决心返乡创业，最初养猪，后来才养殖鸽子，如今养殖鸽子已初见成效，他也成了远近闻名的"鸽子王"。黎新亮打工返乡之后，利用几年来的积蓄办起了养猪场，养殖最高峰时肉猪有 120 多头。后来，从网上发现养殖鸽子成本低、效益更高。经过思量与考察，黎新亮放弃养猪，改养鸽子。2013 年 6 月，黎新亮先后从儋州长坡、红岭和白沙邦溪等地引进了 500 对种鸽。[②]

刚开始养鸽子时，黎新亮不懂养鸽技术，唯一的办法便是看书，从书本上学习养鸽技术。第一年经常是手忙脚乱，从饲料配方到雏鸽防疫、成年鸽子防病等技术，每一项他都要学习，现在从鸽子粪的颜色、稠稀程度和气味等，就能判断鸽子的健康状况，从而及时预防疾病发生与传染，保证了雏鸽健康生长。[③]

（3）主要做法

一是在政府推动下进行扶贫帮困。在国家扶贫政策激励下，同时，在排浦镇政府养殖设施投入与资金投入的支持下，成立了养鸽合作社并建立养鸽基地，将其作为排浦镇示范扶贫基地，吸纳 44 户镇内贫困户入股与就业。

二是合作社与政府采用合股合作经营的形式。排浦镇政府从镇级扶贫资金中划出扶贫专款作为贫困户加入合作社的初始资金，贫困户以入股资金与劳动推动鸽子养殖产业的发展，合股合作经营年限为五年，风险共同承担；合作社建立起全镇示范扶贫基地，发展鸽子养殖产业；镇政府有权介绍贫困户加入合作社，贫困户有在合作社参与劳动的优先权；镇政府有权监督合作社养殖经营情况，如合作社的收成、效益、财会管理等，合作

---

① 资料来源于黎新亮提供的材料。

② 王全印：《儋州排浦肉鸽养殖带动 61 户贫困户脱贫 入股既能领工资又能分红》，南海网，http：//a. hinews. cn/page. php？id＝031460576，2018 年 6 月 1 日。

③ 羊文彪、卓彩芹：《黎新亮："一人富不算富，大家富才是真的富"》，《今日儋州》2018 年 7 月 27 日。

社有了收成之后，必须事前通知镇政府，以便政府派员监督。①

三是采取分成式的收益分配形式。合作社产生利润后，除去成本和入社资金之后，产业产生的纯利润按7∶3分成，贫困户分成为七，合作社分成为三；贫困户退出合作社必须经过镇政府同意，当初入社资金合作社不得擅自退给贫困户，仍作为来年发展产业资金。②

四是合作社要做出收益承诺。镇政府出资后，合作社除了接受政府财务管理等监督之外，还需要做出收益承诺。比如，在2017年7月9日，排浦镇政府与合作社签订的协议中规定，合作社承诺2017年7月开始产生效益，利润分红周期为两个月，按成活率65%计算，每个周期出售1720只左右，纯利润为每只9元，总利润为15480元，此价格按当时实际市场价格确定。③

（4）政府支持

一是设施投入。2016年，排浦镇政府投入镇级资金25万元，建设养鸽基地基础设施。随着加入鸽王养殖合作社贫困户的增多，2018年，排浦镇政府又投入20万元，将基地鸽舍扩建了1000平方米。④ 二是资金投入。2016年，投入扶贫资金20万元，作为10户贫困户的入股资金，2017年，投入扶贫资金68万元，作为34户贫困户入股资金，其中14户为昌王村委会贫困户，20户为镇内其他各村贫困户。⑤

（5）主要成效

一是合作社得到政府资金注入后，入社贫困户按股分红。例如，2017年1月至3月，赵会良等10户贫困户每户分红2100元。具体可参见表1.19。2017年12月，春花村委会黄新坚等19户每户分红890元。⑥ 二是安排贫困户至合作社就业，以工资形式帮扶贫困户。贫困户可以在养殖合作社打工赚钱，每日能赚到70~80元不等的工资，按月计算能赚到2100~2400元。三是带领贫困户走上致富路。鸽王养殖农民专业合作社已经帮助

---

① 资料来源于黎新亮提供的材料。
② 资料来源于黎新亮提供的材料。
③ 资料来源于黎新亮提供的材料。
④ 羊文彪、卓彩芹：《黎新亮："一人富不算富，大家富才是真的富"》，《今日儋州》2018年7月27日。
⑤ 资料来源于黎新亮提供的材料。
⑥ 资料来源于黎新亮提供的材料。

排浦镇昌王、南华两个村委会 61 户贫困户圆了致富梦。春花村委会也有贫困户在合作社带领下走上脱贫致富之路。

表 1.19　儋州鸽王养殖农民专业合作社分红发放情况

单位：元

| 姓名 | 分红金额 | 分红时段 | 备注 |
|---|---|---|---|
| 1 | 9000 | 2017 年 1～3 月 | 合作社领办人 |
| 2 | 2100 | 2017 年 1～3 月 | 贫困户社员 |
| 3 | 2100 | 2017 年 1～3 月 | 贫困户社员 |
| 4 | 2100 | 2017 年 1～3 月 | 贫困户社员 |
| 5 | 2100 | 2017 年 1～3 月 | 贫困户社员 |
| 6 | 2100 | 2017 年 1～3 月 | 贫困户社员 |
| 7 | 2100 | 2017 年 1～3 月 | 贫困户社员 |
| 8 | 2100 | 2017 年 1～3 月 | 贫困户社员 |
| 9 | 2100 | 2017 年 1～3 月 | 贫困户社员 |
| 10 | 2100 | 2017 年 1～3 月 | 贫困户社员 |
| 11 | 2100 | 2017 年 1～3 月 | 贫困户社员 |
| 合计 | 30000 | | |

注：贫困户姓名以序号代替。

资料来源：黎新亮提供的材料。

案例三：五指山仁家隆种养专业合作社的做法与成效

（1）合作社简况

2012 年 12 月 13 日，五指山仁家隆种养专业合作社注册成立，领办人为王明轩。合作社成立之初，王永丰、王文胜加入了合作社，到 2014 年底，有 50 户村民入社，整理土地 26 亩，作为入社股份。该合作社是一家集豪猪特种养殖、生产于一体的综合性创新型农民专业合作社，占地 200 亩，是五指山市政府重点扶贫项目单位。合作社经营的产品主要有豪猪生猪及豪猪肉成品。豪猪经济价值很高，肉质非常细腻，味道鲜美可口，并且富含钙、磷矿物质等多种营养成分，被人们誉为"动物人参"，是一种珍稀动物。[①]

---

① 资料来源于金丹《创业扶贫：从带头富到带领富》，研究报告，2017。

（2）领办人简介

王明轩，男，革命老区五指山市毛阳镇毛贵村委会唐干村人，2010年开始担任唐干村民小组长，2012年开始担任五指山仁家隆种养专业合作社领办人。有外出打工经历，1997～2008年，先后在省内洋浦、定安等打工。外出打工10余年的王明轩，对打工生活有了倦意，决定返回家乡自己创业。2008年，王明轩返乡，利用自有土地，并承包了其他村民20多亩土地种植芭蕉。刚开始种植时，不懂科学管理，不能及时到位地防治病虫害，只能摸索着前进，向同村人学习经验和管理技术，之后慢慢学会了自己种植和管理。2010年9月，由于王明轩在村里务农做得有声有色，又经过在外打工的锻炼与提升，在村民大选中王明轩以400票胜出，被选为唐干村民小组长。2012年，去佛山学习豪猪养殖技术，并以联保的方式向农业银行贷款30万元，向邮政储蓄银行贷款30万元，共计60万元，有了前期启动资金，开始走上了豪猪特种养殖产业发家致富之路。①

（3）主要做法

一是向贫困户传授养殖技术。自2012年开始，王明轩一直在从事特种豪猪饲养工作，在佛山的学习给他提供了养殖技术方面的"原始积累"，在之后的摸爬滚打中，他不断积累技术和管理经验，使得豪猪养殖业蒸蒸日上。从商业角度来讲，"垄断"特种养殖技术也情有可原，但想到周边还有很多贫困农户，同时产业发展也得到政府大力支持，王明轩决定不再将技术锁定在自己的脑袋里，而是公开地、无保留地、自愿地传授给周边贫困户，主动带领他们走上脱贫之路。2016年，王明轩的豪猪养殖基地，可供贫困户参观学习，参观学习时间安排为每天一次，每次5人，可持续学习1～3个月，进入豪猪基地前首先消毒，养殖技术主要包括豪猪的疾病防控、常用兽药的合理使用、豪猪的饲养技术等。

二是向贫困户出借养殖场地。由于豪猪养殖对卫生、环境条件有一定的标准要求，王明轩自愿将扩建后的猪舍拿出12间专门饲养贫困户的猪苗。2016年6月，政府出资购买610头豪猪苗，分属73个建档立卡贫困户，政府与贫困户协商过后，将全部猪苗放在王明轩的基地统一管理、统一饲养、统一经营。在饲养和管理中，王明轩免费提供饲料和水电费、人

---

① 资料来源于金丹《创业扶贫：从带头富到带领富》，研究报告，2017。

工管理等，一年后，王明轩和贫困户按照 20% 和 80% 的比例分配利润。在基地里有明确的指示牌标明豪猪的主人，豪猪的主人可随时到基地里看望自己的猪苗和学习养殖技术。

三是向贫困户教授管理经验。管理经验，主要包括猪舍建造技术、猪舍卫生管控技术、成品猪销售知识。根据每个人学习的进度和结果，王明轩会组织专人对学习的情况进行考核和验收，视学员的能力和意愿来提供技术支持和后期跟踪服务，如果学员确实学到了研制技术和管理技术，考核过关 1~2 年，可提供猪苗、猪舍建造技术、豪猪饲养技术、疾病防控技术等方面的后期跟踪服务，这样贫困户在养殖方面就无后顾之忧。

四是向贫困户提供销售服务。王明轩负责的仁家隆种养专业合作社，截至 2016 年，聘请专职经理一名，专职营销人员两名，后两人均为返乡大学生。经过前期的市场开拓和探索，已经成功地在海口、三亚、儋州设立实体店，专门销售合作社自己的品牌豪猪。由于豪猪肉质鲜美，属于野猪系列，深受消费者喜爱，价格维持在每斤 80~110 元的水平，市场前景广阔。贫困户的豪猪长成成品猪后，统一销售，销售后将属于贫困户的 80% 利润分配给贫困户。①

（4）政府支持

一是资金投入。2015 年下半年在原有规模的基础上扩大猪舍规模，扩建之后可容纳豪猪 2000 头，成本共计 80 万元左右，省农业厅补贴 56 万元。政府提供部分场地扩建资金，合作社提供猪舍、水电、技术指导，负责防疫、销售工作，农户提供自留空地作为扩建基地，带动贫困户加入到合作社中来。

二是物资投入。2016 年 6 月，政府出资购买了 610 头豪猪苗，分属 73 户建档立卡贫困户。政府与贫困户协商过后，将全部猪苗放在王明轩的基地统一管理、统一饲养、统一经营。

三是精神鼓励。创业取得一定成效的王明轩，受到了政府与社会的关注。时任海南省省长刘赐贵、省委副书记李军分别于 2016 年 5 月和 2016 年 11 月，到王明轩的豪猪基地调研与指导。五指山市政府领导对王明轩取得的成绩表示高度认可，以其为典型人物，示范带动更多贫困户脱贫。

---

① 资料来源于金丹《创业扶贫：从带头富到带领富》，研究报告，2017。

2016 年，王明轩成为海南省脱贫致富电视夜校第一课主讲人之一，向全省观众讲述了创业成功的经历及带动贫困户致富的做法。①

此外，合作社的成立得到了当地政府的大力支持，到工商行政管理部门办证登记时，政府为其开辟了绿色通道。②

（5）主要成效

一是在合作社的带领下，贫困户取得收益。截至 2016 年底，扶持带动当地少数民族农户 194 户，其中建档立卡贫困户 73 户 146 人。每个少数民族贫困户社员都能领到 2000 元人民币，政策惠及毛阳镇毛贵、毛兴、什益、毛旦、毛路五个少数民族村委会，共计发放 14.6 万元。③ 二是教授贫困户养殖技术。合作社带动的贫困户大多学习到了养殖技术，增加了脱贫的信心，走上了脱贫致富道路。

## （三）企业治理模式：政府 + 企业负责人 + 贫困户

企业是治理贫困的重要社会力量。海南陵水县开展"一企帮一村"结对帮扶活动，引导 24 家驻陵企业与 25 个行政村建立长期帮扶关系，力争让每个深度贫困村和建档立卡户较多的村庄都有企业参与精准扶贫行动。24 家企业中有 22 家民营企业，其中不乏雅居乐、碧桂园、海航等知名企业以及中铁建、中电科等央企。企业有资金充裕、擅长经营、帮扶形式灵活等优势，引导和鼓励企业关注、参与和支持扶贫事业，有利于陵水县的精准扶贫工作提质增效。④

在创业致富带头人治理贫困模式中，"政府 + 企业负责人 + 贫困户"企业治理模式的目标是实现企业自身发展、社会责任履行与贫困户脱贫致富。政府在此扮演中介者角色，激励以上目标的实现。企业负责人担当经营管理与多种形式吸纳贫困户脱贫致富的角色。贫困户则充当积极配合互动者的角色。

---

① 资料来源于金丹《创业扶贫：从带头富到带领富》，研究报告，2017。
② 资料来源于金丹《创业扶贫：从带头富到带领富》，研究报告，2017。
③ 贾磊、容炜俊：《五指山毛阳镇贫困户喜领养殖红利》，《海南日报》2017 年 1 月 15 日，第 3 版。
④ 陈冰、符宗瀚：《陵水 24 家企业结对帮扶贫困村》，人民网海南频道，http://hi.people. com.cn/n2/2018/0614/c231190 - 31706485.html，2018 年 6 月 14 日。

企业治理模式，并不同于陵水"一企帮一村"这种外源型的帮扶模式。此处的企业是当地内源型特色产业经营管理组织，是不会撤退的企业，其治理也有深厚的社会基础，因而，对于贫困治理具有长期性、可持续性作用。

案例一：海南助村公社现代农业科技有限公司的做法与成效

（1）公司简况

海南助村公社现代农业科技有限公司，注册资本 500 万元整，成立日期为 2016 年 8 月 3 日，经营范围：利用互联网经营农产品、种苗、肥料销售，农产品包装，农产品代购代销、加工、运输，提供农业技术信息咨询服务；农庄建设、农业旅游；农业种植、畜牧养殖、产业扶贫；电商培训。办公面积 500 余平方米，实际建筑面积 100 余平方米。企业理念：一切为了农民增收致富。通过搭建电子商务平台，破解传统农业困境，解决农产品销售难问题，实施电商精准扶贫，促进创业增收。①

（2）负责人简介

吉昌超，男，海南省东方市三家镇乐安村人。早在 2015 年上大学时，他就听说东方甜玉米滞销，农户看着烂在地里的甜玉米焦急不已，他想方设法找到一个四川老板收购了一批，但并不能完全解决滞销问题。农业产销信息不对称，盲目跟风种养问题严重，经不起市场波动。此事让他动了毕业回农村创业的念头，希望能引导农户抱团发展，助力农业农村农民发展。②

吉昌超所在的家庭是典型的种养混合类大户，主要饲养阉鸡、肉猪、罗非鱼等，同时种植近百亩的果蔬。但受限于文化程度，其父母以及全村农户没有科学种养知识，种养全靠祖上传下来的经验，完全处于粗放型的状态。遇到较恶劣天气，如高温或者连续降雨，由于没有及时预防消毒，病毒四处传播，养殖的动物生病染疫，最终造成惨重的损失。③

吉昌超通过不断地学习，提升自己的养殖技术以及经营管理能力。特别是在各类职业农民培训中深受启发，老师的精心讲解、理论与实践的有机结合，让他更加开阔了思路。④

---

① 资料来源于调查，吉昌超提供材料。
② 资料来源于调查，吉昌超提供材料。
③ 资料来源于调查，吉昌超提供材料。
④ 资料来源于调查，吉昌超提供材料。

2016年5月，吉昌超注册了东方远拓种养农民专业合作社并担任理事长；2016年6月3日，经村民推选进入三家镇乐安村村民委员会，任团支书一职；2016年8月3日，注册了海南助村公社现代农业科技有限公司；2016年11月5日，注册了区域农业品牌"助村公社"，自此公司步入了快速发展的轨道。[①]

（3）主要做法

一是自建电商平台，带动贫困户农产品销售。2016年6月以来，依托"助村公社"电商平台，深入三家镇各村收购贫困户农产品，将农产品进行包装设计后，凭借助村公社电商平台销售出去，全年销售额43万余元，受益贫困户累计达56户283人。[②]

二是做优种养产业，基地示范带领贫困户。2017年1月，通过流转100亩土地，引进台湾红芭乐新品种进行示范推广种植，引导农户发展高效农业，将长短效农业有机结合，让农民利益最大化，达到增收致富目的。

三是构建村企合作服务站，共同带动贫困户脱贫。2017年起，助村公社通过"村企"合作，搭建村点联盟，以"助村公社"电商平台为依托，铺设"一村一点"服务站，负责统筹收购各村贫困户优质农产品，服务内容包括"产品包装、品牌建设、电商培训、农技服务"等，让农产品走上"互联网＋品牌农业"的快车道，让农户特别是建档立卡的贫困户增收致富。

四是创新扶贫举措。2018年1月，吉昌超还通过新开发的市民乡村生活体验营项目，以互联网为基础，将乡村生活体验和认养果树扶贫有机结合在一起，推出了"互联网＋果树认养"活动，认养者交168元可获得1株果树一年的果实采摘权和挂牌权。截至8月，乐安村已有30余亩果园的2037株果树被认养，也就是说，贫困户的果树所结的果实产品提前预订销售出去了，认养后所得资金将全部用于贫困户分红。[③]

---

① 资料来源于调查，吉昌超提供材料。
② 资料来源于调查，吉昌超提供材料。
③ 文东雅、汤思辉：《吉昌超：返乡创业不忘扶贫 让贫困户共享发展成果》，东方市人民政府网，http://dongfang.hainan.gov.cn/jrdf/201808/t20180810_2724067.html，2018年8月10日。

（4）政府支持

一是公司扶贫得到政府奖补。政府提供优惠支持政策，主要是通过以奖代补的形式，对公司进行资金投入。2017 年，三家镇政府奖励 7 万元，东方市工科信局奖励 5 万元。①

二是公司与政府合作，共同带领贫困户脱贫致富。2017 年与 2018 年东方市扶贫办以贫困户入股形式拨付专款，共同合作进行生产与扶贫，每年投入 11.4 万元，带动建档立卡贫困户 20 户 93 人，合作时间为 2018 年至 2020 年，公司要将资金分三年返还。②

三是政府对公司扶贫的鼓励与宣传。政府通过各类新闻媒体对助村公社以及吉昌超个人事迹进行了宣传推介，有助于提高助村公社的知名度和品牌价值，有助于产业做大做强，也有助于贫困户早日脱贫致富。

（5）主要成效

一是公司产业逐步壮大，带动更多贫困户脱贫致富。助村公社经过一年多的发展，社员增加到 73 户，辐射三家镇 7 个村庄，截至 2017 年 11 月，已带动全镇 56 户贫困户增收 43 万余元。其中引导三家镇乐安村 21 户贫困户 100 人发展扶贫鸭产业，已累计销售 7 批次商品鸭，销售额达 23 万元，存栏量为 3000 余只，全年销售额达 33 万余元。③

二是解决贫困户销售农产品的难题。2017 年通过助村公社电商平台收购销售农产品，覆盖全镇，有花生、鸡蛋、鸭蛋、地瓜、土鸡等，销售额为 69 万元，纯利润为 21.5 万元，其中帮贫困户销售农产品收入 36.5 万元，纯利润 2.5 万元直接分到贫困户手上。帮贫困户销售农产品的利润返还比例标准分为三档，销售额 1000 元以内返还 5%，1001～3000 元返还 8%，3001～5000 元及 5000 元以上返还 10%。④

三是根据与政府的合作协议，按期给贫困户分红。2017 年带动建档立卡贫困人口 100 人，每人分红 421 元，共计分红 42100 元。按同样的比例和额度，给贫困户分红一直持续到 2020 年。⑤

---

① 资料来源于调查，吉昌超提供材料。
② 资料来源于调查，吉昌超提供材料。
③ 资料来源于调查，吉昌超提供材料。
④ 资料来源于调查，吉昌超提供材料。
⑤ 资料来源于调查，吉昌超提供材料。

四是创新贫困户分红渠道。截至 2018 年 8 月，乐安村已有 30 余亩果园的 2037 株果树被认养，直接获得经济效益 37 万余元，[①] 认养资金将全部作为贫困户的分红。

案例二：海南忆家食品有限公司的做法与成效

（1）公司简况

海南忆家食品有限公司位于儋州市白马井镇学兰村委会学村一队丰头地，总经理为吴少玉。吴氏糖寮项目 2013 年创始，2015 年 2 月成立了海南海源手信食品有限公司，同年注册使用"海儋"商标，2016 年 11 月通过招商新成立了海南忆家食品有限公司。[②] 公司注册资金为 500 万元，主要经营：食品生产、加工、批发与销售，农副产品、传统食品的开发，传统文化、旅游的推广，教育交流、咨询，报务，企业管理人员培训，农业项目开发，蔬菜、水果种植与销售。

（2）负责人简介

海南忆家食品有限公司总经理吴少玉，为了让儋州百年特色传统工艺土糖走向广阔的市场，她和丈夫、父亲等家人共同致力于吴氏糖寮传统产品的打造与"走出去"。其丈夫卖掉上海与老家的资产，专心投入忆家食品有限公司的发展。其父作为吴氏糖寮第五代传承人，从十八岁起开始独立加工制作土糖，能够以古法完整的十八道工序制作土糖。儋州传统土糖过去以大条块状呈现，一块重 800 克，也不注意包装，市场仅仅局限于当地。吴少玉发现传统土糖在全国有一定的市场，她根据消费者的喜好，推出多种规格包装的小块土糖产品，细分为土糖、糖粉和牛粪糖等多个品种类型，扩大了产品销路。[③] 由于制作土糖的主要原料为甘蔗，吴少玉于 2016 年成立了儋州海儋甘蔗种植专业合作社，专业规模种植甘蔗。2016 年 2 月，吴少玉公司的传统制糖技艺被儋州市政府列入第五批市级非物质文化遗产代表性项目；2017 年 1 月，吴氏糖寮重建投产后成为海南省最大的

---

① 文东雅、汤思辉：《吉昌超：返乡创业不忘扶贫 让贫困户共享发展成果》，东方市人民政府网，http://dongfang.hainan.gov.cn/jrdf/201808/t20180810_2724067.html，2018 年 8 月 10 日。

② 周月光、陈栋、舒晓：《精湛技艺传百年 儋州土糖滋味美》，《海南日报》2018 年 3 月 14 日，第 8 版。

③ 周月光、陈栋、舒晓：《精湛技艺传百年 儋州土糖滋味美》，《海南日报》2018 年 3 月 14 日，第 8 版。

传统土糖制作基地；2017 年 3 月，土法制糖技艺被列入海南省省级非物质文化遗产代表性项目。[1]

（3）主要做法

一是公司与政府合作，共同帮扶贫困户脱贫致富。2017 年 6 月，公司与白马井镇政府达成贫困户帮扶合作意向。2017 年 9 月，该公司与贫困户签订帮扶协议，以传统土糖产业短期投资"保底收益 + 年度分红"的形式，带动白马井镇 21 户脱贫户和 223 户巩固提升户脱贫致富。[2]

二是提供就业岗位，吸纳贫困户务工。公司提供贫困户就业岗位 60个，月工资 2000~6000 元不等。由于甘蔗种植的季节性，保证贫困户年工作时间 5 个月以上，此外，根据工作量有加班补助。

三是履行企业社会责任，承担对贫困户的社会托底保障。公司设立了住房改善、教育与医疗三保障基金，2018~2020 年，公司每年提供不低于5 万元的保障资金，用于满足贫困户在住房、医疗和教育等方面的需求，具体帮扶名单由白马井镇政府和公司共同商议确定，优先考虑建档立卡贫困户和学兰村村委会困难党员和群众。

（4）政府支持

一是政府以股金形式向公司投入资金。镇政府以贫困户入股的形式向公司投入 168 万元，共同合作带领贫困户脱贫。公司分四年返还。

二是政府积极助力公司扩大生产规模。2016 年 11 月起，儋州市委组织部，白马井镇党委、镇政府等单位和部门积极为吴氏糖寮找出路、谋发展，带领工作组进村入户发动群众租地给糖寮，助其扩大生产规模，多方联系投资商进行注资，扶持土糖产业发展。[3]

三是纳入政府产业规划。白马井镇围绕"一村一品"定位，以吴氏糖寮传统制糖为支点，规划发展好土糖产业，计划用 5 年时间将学兰村打造成集传统制糖技艺体验、乡村骑行、休闲农庄、主题民宿、亲子乐园和有

---

① 周月光、陈栋、舒晓：《精湛技艺传百年 儋州土糖滋味美》，《海南日报》2018 年 3 月 14日，第 8 版。

② 周月光、陈栋、舒晓：《精湛技艺传百年 儋州土糖滋味美》，《海南日报》2018 年 3 月 14日，第 8 版。

③ 周月光、陈栋、舒晓：《精湛技艺传百年 儋州土糖滋味美》，《海南日报》2018 年 3 月 14日，第 8 版。

机甘蔗基地等于一体的土糖产业村，带动更多群众致富奔小康。①

四是政府将之确定为党建扶贫产业示范点。2017 年 6 月，镇委、镇政府充分发挥学兰村党支部扶贫攻坚的战斗堡垒作用，将老党员、老书记一家的吴氏糖寮打造成白马井镇党建促扶贫产业示范点。

（5）主要成效

一是公司糖业产生效益，贫困户按股分红。2017 年 9 月公司与政府签订合作扶贫协议，公司带动白马井镇 21 户建档立卡贫困户及 223 户巩固提升户。截至 2017 年 12 月，依靠公司土糖生产、销售规模扩大与发展，贫困户已领取分红 43.3 万元。其中，21 户来自学兰、旧地、南庄行政村的建档立卡贫困户，户均分红 5000 元，共计 105000 元；来自学兰、旧地、南城、南庄、英丰等九个行政村的 223 户巩固提升户，户均分红 1470.9元，共计 328000 元。具体可参见表 1.20 和表 1.21。

表 1.20　白马井 21 户建档立卡贫困户 2017 年分红发放情况

单位：元

| 姓名 | 行政村 | 分红金额 | 姓名 | 行政村 | 分红金额 |
|---|---|---|---|---|---|
| 1 | 学兰 | 5000 | 12 | 学兰 | 5000 |
| 2 | 学兰 | 5000 | 13 | 学兰 | 5000 |
| 3 | 学兰 | 5000 | 14 | 学兰 | 5000 |
| 4 | 学兰 | 5000 | 15 | 学兰 | 5000 |
| 5 | 学兰 | 5000 | 16 | 学兰 | 5000 |
| 6 | 学兰 | 5000 | 17 | 旧地 | 5000 |
| 7 | 学兰 | 5000 | 18 | 旧地 | 5000 |
| 8 | 学兰 | 5000 | 19 | 旧地 | 5000 |
| 9 | 学兰 | 5000 | 20 | 南庄 | 5000 |
| 10 | 学兰 | 5000 | 21 | 南庄 | 5000 |
| 11 | 学兰 | 5000 | 合计 | | 105000 |

注：贫困户姓名以序号代替，分红时间为 2017 年 12 月 1 日。
资料来源：吴少玉提供的材料。

---

① 盘悦华：《念活"土"字经 主打特色牌 白马井镇：做好扶贫产业大文章》，儋州市人民政府网，http://www.danzhou.gov.cn/ywdt/jrdz/201807/t20180725_2709158.html，2018 年7 月 25 日。

表 1.21　白马井 223 户巩固提升户 2017 年分红发放情况

单位：元

| 行政村 | 户数 | 户均金额 | 总金额 | 分红时间 |
|---|---|---|---|---|
| 学兰 | 53 | 2509.4 | 133000 | 2017 年 12 月 31 日 |
| 旧地 | 30 | 1500 | 45000 | 2017 年 12 月 31 日 |
| 南庄 | 5 | 3000 | 15000 | 2017 年 12 月 31 日 |
| 兰城 | 121 | 1000 | 121000 | 2017 年 12 月 31 日 |
| 东山 | 1 | 1000 | 1000 | 2017 年 12 月 31 日 |
| 松鸣 | 4 | 1000 | 4000 | 2017 年 12 月 31 日 |
| 藤根 | 2 | 1000 | 2000 | 2017 年 12 月 31 日 |
| 英丰 | 5 | 1000 | 5000 | 2017 年 12 月 31 日 |
| 寨基 | 2 | 1000 | 2000 | 2017 年 12 月 31 日 |
| 合计 | 223 | 1470.9 | 328000 | |

资料来源：吴少玉提供的材料。

二是为贫困户提供工作岗位。在分红的同时，公司还为周边村民提供了 100 多个就业岗位，其中为贫困户提供就业岗位 60 个，每年工作时间在 5 个月以上，每月工资为 2000 元至 6000 元不等。

三是公司传承了非物质文化遗产，为当地特色产业发展做出贡献，为贫困户脱贫致富提供了一条路径。随着现代机器大工业的兴起，传统作坊式制糖技艺逐渐被人们遗忘与几近失传，真正拥有全部技艺的人越来越少。吴少玉家族的吴氏糖寮的兴起，加之市场化的运作管理方式，为儋州特色产业的发展做出了贡献，也为贫困户脱贫致富提供了一条途径。

### （四）　两种典型贫困治理模式的比较分析

以上是在调查访谈过程中，创业致富带头人从事贫困治理的两种模式。尽管也有带头人依托个人以及家庭农场带领贫困户脱贫的，但企业治理模式与合作社治理模式治理效果比较精准，也具有区域典型性，因而，本研究重点对这两种典型模式的做法与成效，特别是政府、带头人、贫困户各自发挥什么功能做了描述，进而对这两种治理模式进行比较与评价。

1. 两种治理模式的相同之处

第一，治理贫困具有内源型特点，带动脱贫示范性强。不管是企业治理模式还是合作社治理模式，带头人及其合作社、企业都是当地的，对当地产业、环境以及贫困户致贫情况比较熟悉，贫困户也对带头人比较了解，因而贫困治理具有深厚的社会基础。与外源型治理贫困模式相比较，在贫困村内部积聚脱贫能量，能够形成永不撤退的治理贫困与带动发展的队伍，更具有成效性与可持续性，也有较强脱贫致富示范性。

第二，有适合当地的特色产业，有利于产业结构改善。贫困地区产业往往具有脆弱性，抵抗风险能力差。但从调查情况来看，贫困村带头人从事产业主要集中在种养产业、产品销售、加工制造业、旅游服务业，产业能够在当地生存并做大，并不一定是最优的产业，但一定是最适合当地的特色产业，能够改善当地产业结构。如吴少玉的吴氏糖寮制糖产业的壮大，就与当地传统有关，也与当地适合大量种甘蔗有关。同时，国内市场消费者对传统手工农产品的青睐，也成就了产业的发展。又如，吉立斌规模养殖黑山羊，也与当地土壤适合种植牧草有关联。

第三，治理贫困过程中政府主导作用明显。脱贫攻坚是地方政府的政治任务，从开发式扶贫到精准扶贫，政府对贫困的治理一直在线。企业治理模式与合作社治理模式的成形与运作，离不开政府自始至终的推动，从治理贫困的企业、合作社及带头人的甄别遴选，物资、资金、精神嘉奖等各种方式的投入，贫困户的选择与退出，吸纳贫困户的方式，收益分配，到整个过程的监督等，无不有政府的参与和推动，政府始终发挥着主导作用。

第四，带头人发挥着主要的治贫"造血"功能。企业负责人、合作社领办人不仅是政府扶持与联通的重点，而且在现实中发挥着主要治贫"造血"功能。带头人以经营管理与产业发展带动贫困户就业与取得收入，其治理能力大小及功能发挥程度与贫困问题缓解程度相关。比如，贫困户进入企业工作或者入股企业，带头人就要按照市场规律保证企业赢利，进而才能保证收益分配，这就需要带头人有相当的经营管理能力，同时这也体现了治理贫困功能的发挥。

第五，治理过程中贫困户角色具有被动性、依赖性。从调查情况来看，治理贫困的对象——贫困户在两种治理模式中，具有一定的被动性。

从现有治理态势看，贫困户脱贫致富不仅是自己的事，而且是政府、带头人与社会的事。将贫困户纳入治理行动中，一方面是政府动员的结果，另一方面是带头人吸纳的结果，主观上进入政府预设脱贫轨道的意愿，总不及政府推动强烈。贫困户被动角色的转化与合作程度的提高，是在利益联结分享机制建立之后。

2. 两种治理模式的不同之处

第一，贫困治理所依托的组织性质不同。农民专业合作社是弱势群体、弱势产业结成的互助性经济组织，企业是竞争性、营利性的风险组织。组织性质决定了其目的不同，合作社组织起来是给成员提供服务的，企业的存在则是为了赢利。管理方式不一样，企业是职业经理式管理，合作社是自我管理、自我服务。从组织性质来看，合作社在带动贫困户生产致富方面，是自然的事情。而企业则不然，常常是外力介入启动或者社会责任感推动。

第二，两者具有的优势劣势不一样。合作社有土地等自然资源、劳动力资源优势，能够将"资源变资产、资金变股份、贫困户变股民"，组织起来后能在一定程度上提高抵抗市场风险能力。同时，在一般劳动力吸引上有优势，劳动密集性明显，贫困户参与程度比较高，贫困户也能学习到实用技术与管理方法，治理贫困具有明显人口带动效应。但是劣势也很明显，那就是大多数合作社运行难以规范化、制度化，带头人随意式的管理较多，生产农产品的同质化现象明显，市场风险抵御能力不够，如果没有走好或者建好农业生产的上下游服务渠道，合作社将面临生存与发展困境，治理贫困也会连带地出现以点损面的现象。

相比较而言，企业具有物资、人力资本、生产组织、市场竞争优势，具有资源综合利用优势，具有比较成熟的技术、管理与产品质量保证，抵御市场风险能力强，对于培育形成"一村一品"特色产业品牌有直接的现实意义。劣势在于融资方面，企业自有资金已经投入前期运营，后期往往还需要周转资金，只要政府优惠政策到位，其壮大发展与带动贫困户能力是显而易见的。

第三，政府权衡两种模式之后，更倾向于选择企业治理模式。原因在于企业比合作社具有更大的抗风险能力，带动贫困户能力更强。虽然，企业带动贫困户数量不一定多于合作社，但是，其更具有发展性与持续性。

# 四　创业致富带头人治理贫困的问题分析

在海南省各级政府的努力下，海南省农村创业致富带头人在治理贫困过程中取得了一些成效，如带领大量贫困户就业以及脱贫，又如形成了比较适合当地的贫困治理模式等。但也存在一些问题，主要表现在产业发展有一些困难之处、带头人经营管理能力存在短板、农产品销售难、贫困户思想问题难以处理、贫困治理效果困境等方面，这些问题的出现有其深刻的原因。本部分着重对创业致富带头人治理贫困的问题及其成因进行分析。

## （一）产业发展缺资金，融资渠道少

产业扶贫是海南扶贫重大举措，是实现长期稳定脱贫的根本之策，也是海南省脱贫攻坚中的难点问题和薄弱环节。[1] 如何结合当地资源禀赋，发展特色产业，带动贫困户脱贫，是扶贫工作的重点。本土特色产业自身发展中存在的问题也要引起高度重视，否则将会影响当地经济发展以及扶贫成效。

从在海南各市县实地调查的情况来看，存在资金短缺问题。一是创业致富带头人在产业发展中存在的最大困难是缺资金，反映这种情况的带头人有 193 人，占比达到 77.2%；其次为选择缺技术的，有 32 人，占比为 12.8%；相比较而言，缺管理、价格风险、成本加大等困难，均占比较小。具体可以参见图 1.11。

二是从要素需求程度来看，资金仍是带头人最需要的政府支持要素，有 234 人需要，占比为 93.6%；其次是技术需求，有 190 人需要，占比为 76.0%；而产品销售方面的需求有 141 人需要，占比为 56.4%；市场信息需求有 131 人需要，占比为 52.4%；农业设施需求有 100 人需要，占比为 40%；用地需求依然最小，有 75 人需要，占比为 30%。具体可参见表 1.14。

三是从要素供给情况来看，在资金、技术、用地、设施、信息、销售等众多政府对带头人的支持要素中，带头人从政府方面获得最多的支持是资金，获得资金支持的带头人有 109 人，占到全部人数的 95.6%。具体可参见表 1.13。按照带头人实际获得要素多少来排序，依次为：资金、技术、

---

[1]　金昌波：《聚焦产业扶贫 助推脱贫攻坚》，《海南日报》2018 年 8 月 5 日，第 1 版。

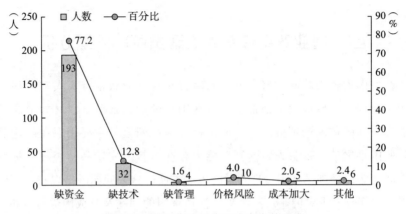

图 1.11　带头人产业发展中存在的困难

销售、信息、设施、用地，占比分别为 95.6%、76.3%、65.8%、53.5%、43.9%、28.9%。具体情况可以参见图 1.6。

　　显然，海南在脱贫攻坚过程中扶贫产业发展缺少资金的问题比较迫切。这一问题的存在也有其原因。

　　在我国，中小企业融资难、融资贵，是当下一个突出的经济社会问题。同样，在相当长的时期内，农村融资更难，主要原因在于农民缺少抵押品，很难从正规金融部门融到资金。农村信贷存在着信息不对称、诚信体系及信用镇村建设滞后，特别是海南风灾等自然灾害较多，农业生产风险较大，更存在着市场价格风险、农产品滞销风险，这些都约束着农村创业致富带头人融通资金渠道与途径。

　　尽管在海南农村集体产权改革与农村土地确权后，政策允许林权、耕地承包权和经营权等权利抵押融资，原先也有涉农小额贷款，例如，比较成功的海南农信社"一小通"模式为农民产业发展提供了融资渠道，同时省农业厅早在 2013 年成立了农业投融资服务处专司农业金融服务，也取得了一定成效，但是融资规模、次数有限，不能满足农业企业与农民专业合作社带头人扩大生产、吸纳更多的贫困户走上富裕之路的需求。

　　农民融资问题仍然需要采取多种多样的措施进一步解决，需要改革创新和构建现代农业投融资体系，形成全方位、多层次、多渠道、多方式的农业投融资格局。[1] 只有这样，才能从根本上解决当下农村融资难题。

---

① 周晓梦：《海南农业如何闯关投融资》，《海南日报》2017 年 1 月 15 日，第 1 版。

### （二）能力短板需补齐，经营水平需提高

创业致富带头人的经营管理能力不足，是农业产业扩大与扶贫能力提高最突出的短板。经营能力体现为带头人协调外部的能力，即从外部获得各类资源如资金、土地、信息、技术等，应对市场情况变化，打通产品销售渠道等外部联通能力；而管理能力体现为带头人协调内部的能力，即对产业组织（如企业、合作社）制度建设、人事激励、财务管理、产品品质等的内部控制能力。

带头人经营管理能力的欠缺，直接反映在生产销售与扶贫效果上。在白沙县某镇调查时，本研究调研组发现当地镇政府依托合作社治理贫困时遇到一些问题，其中最严重的是个别农民专业合作社领办人能力不足，发展思路不清晰，合作社管理不到位，制度未建立健全，产品品质不强，市场前景不好，社员合作层次与积极性均不高，服务性不强，完全依靠政府帮扶，镇政府"帮一下，动一下"，"不扶就不动"，没有形成规模化经营效果，政府召集领办人开协调促进会，个别能力欠缺的领办人也不参加，政府投入资金以及干部做大量工作也很难让合作社发展起来，发挥其应有的经济与社会效果。

根据调查情况来看，部分创业致富带头人承认自身能力条件存在问题而不愿意扶贫。数据表明，创业致富带头人不愿意扶贫的主要原因是认为自己没有能力和条件带领贫困户脱贫。在不愿意扶贫的38人中有22人认为自己条件有限带不了。具体可参见表1.1。

带头人之所以出现能力与经营水平的问题，原因有主客观诸多种。从客观上看，在于贫困地区脆弱性，产业本身小、弱、散，这制约着带头人的可获得资源能力与可行动能力，随着国家扶贫政策的多样化入村，这种脆弱状况将会有所改善。从主观上看，根本原因在于个人学习程度与能力以及开拓性性格方面，与市场经济不相适应。调查发现，带头人能力短板与经营水平欠佳的主观方面原因主要表现在文化程度与继续教育方面。

一般而言，文化程度与后续学习能力有一定关联，文化程度偏低接受新知识、新技能的速度要慢一些，程度要低一些。只有"富脑袋"才能"富口袋"，知识存量对增量有重要助推作用。调查表明，带头人主要集中在初中文化程度，接近一半即48.4%，高中或中专文化程度的为34.4%，

而接受过大学教育的仅占 17.2%（见图 1.12）。这种文化程度结构分布状况影响了一些带头人进一步提升技能与管理水平的能力。

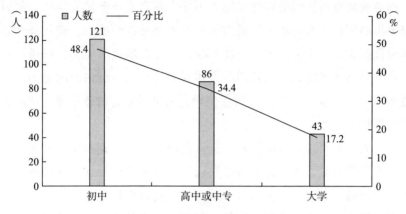

图 1.12 带头人文化程度情况

继续教育能反映出带头人人力资本增加情况，可用带动人参加各类长短期技能培训的次数来表示人力资本变化情况，参加培训次数增多表示人力资本在增加。调查表明，带头人参加 1 次培训的最多，有 82 人，占比为 32.8%；其次，参加 2 次的有 49 人，占比为 19.6%；再次，参加 7 次及以上的合计有 44 人，占比为 17.6%；参加 3 次的有 34 人，占比为 13.6%；参加 4 次、5 次、6 次的占比均低于 10%，分别为 4.8%、7.2%、4.4%（见图 1.13）。有 60% 多的带头人参加培训次数少于 4 次，即年均少于 2 次。这影响了带头人提升水平与能力。

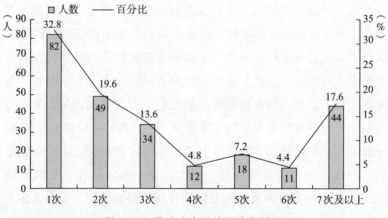

图 1.13 带头人参加培训次数情况

从带头人在培训中主要获得的技能来看，习得种植或养殖技术的带头人最多，比例达到 92.4%，而对经营管理能力提升最重要的内容如，市场经营能力、与人打交道能力、使用互联网能力的比例分别为 39.6%、53.6%、20.4%，都低于对种养技术学习的比例（见图 1.14）。这也进一步表明带头人在经营管理能力与水平提升上的不足。

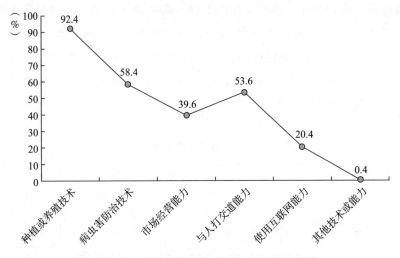

**图 1.14　带头人参加培训所获得知识技能分布情况**

## （三）规模化程度不高，营销渠道难拓宽

调查中发现，创业致富带头人生产经营规模化程度较低，产品同质化比较严重，而且营销渠道较窄。此部分可从两个方面来展开描述与解释。

一方面，创业致富带头人生产经营规模化程度较低。带头人所从事的生产经营规模化程度高低、市场适应能力大小，都会影响到自身致富发展与带领扶贫的能力。产业生产经营规模化程度可以用种植业所使用土地面积大小与养殖业所饲养动物数量多少来表征。

第一，从种植业所利用土地规模来看，20～50 亩的种植规模最多，有65 人，占比为 26.0%；10 亩以内较小种植规模次之，有 51 人，占比为20.4%；种植规模较大的，在 50 亩以上的有 46 人，占比为 18.4%。具体可参见图 1.3。

第二，从养殖业所饲养的动物数量来看，养殖规模在 100 只以内的最多，有 52 人，占比为 20.8%，养殖规模在 200 只以上的次之，有 38 人，占比为 15.2%，100～200 只规模的占比最小，有 19 人，占比为 7.6%。具体可参见图 1.4。

第三，农产品同质化程度较高而规模化程度不高。比如主要养殖鸡、羊、鱼、猪等，种植橡胶与槟榔的比较多，特别是槟榔种植，产品同质化程度较高，但特色化、规模化程度不高。调查表明，带头人种植橡胶的平均规模为 25.3 亩，种植规模在 50 亩以内的最多，平均规模为 18.9 亩，占比 90.7%，50 亩以上规模的占比不到 10%，为 9.3%。同样，带头人种植槟榔的平均规模为 17.4 亩，92.9% 的带头人种植规模在 50 亩以内，50 亩以上的只占 7.1%。具体可以参见表 1.22。

表 1.22　橡胶槟榔种植与规模化情况

| | 规模化水平 | 人数（人） | 百分比（%） | 均值（亩） | 总量（亩） |
|---|---|---|---|---|---|
| 橡胶 | 50 亩以内 | 97 | 90.7 | 18.9 | 1837.6 |
| | 50 亩以上 | 10 | 9.3 | 86.8 | 868 |
| 小计 | | 107 | 100 | 25.3 | 2705.6 |
| 槟榔 | 50 亩以内 | 78 | 92.9 | 10.5 | 818.5 |
| | 50 亩以上 | 6 | 7.1 | 106.7 | 640 |
| 小计 | | 84 | 100 | 17.4 | 1458.5 |

由上可见，大部分带头人种养规模化程度比较低，产品同质化程度较高，缺乏市场谈判力与竞争力，为农产品有效营销增加了难度。

受访的带头人之所以出现种植规模化程度不高的情况，首要原因在于资源要素的约束，如土地资源不足、资金缺乏等，如白沙县打安镇全镇农业人口为 14972 人，耕地面积为 10896 亩，人均 0.73 亩。其次在于产业的路径依赖性，传统产业难以转型升级。如打安镇主要传统产业为橡胶，共有 70803.29 亩，开割 34775.5 亩，人均 4.7 亩；其他产业为槟榔 2495 亩，益智 4946 亩。① 橡胶价格受市场风险冲击较大，其波动性影响了带头人种植管理的积极性，很难转型升级。再次在于受耕作经验传统影响，许多农

---

① 《打安镇 2017 年扶贫工作总结》，白沙县打安镇人民政府，2017 年 12 月 28 日。

民相信自己祖辈传下来的经验，不愿意接受科学技术，这抑制了产业规模的扩大。最后在于带头人个人能力与生产动力的不足，林下经济有助于弥补橡胶、槟榔价格波动带来的损失，比如，在橡胶林、槟榔林种植益智，每亩收获干果约 50 斤，按市场价每斤 30 元计算，每亩收益约为 1500 元。实际上有很多人怕辛苦懒得去做或者没有能力管理好大片经济林。

另一方面，农产品营销渠道单一且比较难拓宽，带头人对产品销售需求较大。调查也表明，在获得政府帮助方面带头人对农产品销售的需求仅次于对资金、技术的需求。具体而言，带头人需求最大的是资金，有 234 人，占比为 93.6%；有技术需求的，有 190 人，占比为 76%；对农产品销售方面的需求有 141 人，占比为 56.4%。具体可参见表 1.14。

从调查访谈来看，许多带头人"只问耕耘，不问销售"，坐等收购商到田间地头来收购他们的农产品，销售渠道非常单一，很容易造成产品滞销。脱贫攻坚期间，助力农产品销售是重要举措。例如，海南助村公社现代农业科技有限公司负责人看到老家东方市甜玉米滞销，农户焦急万分，他想方设法找到一个四川老板收购了一批，但并不能完全解决滞销问题，必须拓宽营销渠道。2016 年成立了海南助村公社现代农业科技有限公司，利用互联网经营农产品、种苗、肥料销售，农产品包装，农产品代购代销、加工、运输等，建立助村公社电商平台，让农产品"走出去"。

白沙打安镇通过加快建设互联网农业小镇、农村淘宝服务站，开展众筹活动、旅游销售等方式，打造网购站点、淘宝、微信等线上线下同步的销售平台，将农业品牌推广出去，拓宽农产品销售渠道。①

长尾理论告诉我们，只要存储和流通的渠道足够多，需求不旺或销量不佳的产品共同占据的市场份额就可以和那些数量不多的热卖品所占据的市场份额相匹敌甚至更大。② 根据长尾理论，电子商务平台能将农产品销往全国各地甚至国外，线上以零售为主，但许多农产品特别是热带水果存储期较短，如果冷链物流系统没有跟上，农产品没有大批量快速分销出去

① 《打安镇 2017 年扶贫工作总结》，白沙县打安镇人民政府，2017 年 12 月 28 日。

② "长尾理论"，MBA 智库百科，http://wiki.mbalib.com/wiki/%E9%95%BF%E5%B0%BE%E7%90%86%E8%AE%BA。

的话，电商销售也解决不了应季农产品大量聚集问题。因而，农产品销售的单一渠道很难解决产品大量滞销问题，需要发挥农业龙头企业、大型农产品批发市场、大型商场超市、物流企业、食品加工企业等市场流通主体的作用，拓展特色优质农产品营销渠道。

之所以出现农产品销售难、营销渠道难以拓宽的现象，主要原因在于五个方面。一是产业规模上不去，标准化就难以执行，成本也降不下来，产品品质得不到应有保证，产品同质化严重，特色优质化不强，导致产品市场竞争力不强。二是农业产销信息不对称，带头人很难了解全国农产品需求情况，盲目跟风种养问题严重，"谋事靠人、成事靠天"，农产品经不起市场波动冲击。三是海南农产品上市时间与内地或海外撞车，作为热带作物产品供应地，如果农产品与内地或国外同类产品同时上市，价格跳水就会比较厉害。比如，因前期气候反常，降雨量增加，出现暖冬，加上果农盲目催熟，万宁菠萝上市时间提前，与广东雷州半岛地区菠萝同时上市，导致万宁菠萝价格低迷，每斤约 0.5 元。尽管政府进行过补贴，按每吨 120 元给予运费补贴，补贴金额总数约 250 万元，价格回升到 0.8～0.9 元每斤，但种植户仍处于亏损状态。[①] 四是虽然有冬交会，也建设了互联网小镇，但还是缺少大批量采购商的参与，未形成多元的产品销售渠道。五是农业保险体系建设滞后，农产品在品质、包装与地方特色品牌建设方面跟不上，与其他地区产品同时上市的时候很难脱颖而出，影响了农产品销售渠道的拓宽。

### （四）思想贫困难治好，需要志与智双扶

从收入贫困到能力贫困，再到权利贫困的认知发展，将贫困的外延由物质扩展到社会、环境、精神文化方面。贫困不只是生产力落后，不只是物质的稀缺不能满足生产生活需求，它与特定的历史文化有关，包含着丰富的社会内涵和心理因素。[②] 思想贫困则是穷根，需要政府、社会对志与智进行双扶持。

---

① 王忠新：《万宁投 250 万元补贴应对菠萝滞销 农户望打造品牌》，南海网，http://www.hinews.cn/news/system/2017/02/13/030970874.shtml，2017 年 2 月 13 日。
② 李雪萍：《反脆弱发展：连片特困地区贫困治理的新范式》，《华中师范大学学报》（人文社会科学版）2016 年第 3 期。

在调查中发现，有的地方出现部分群众争当贫困户的现象，"等靠要"思想仍未有效转变，家庭劳动力较多却游手好闲，不愿意务工，只愿享受政策红利，坐等产业分红和政府帮扶。[①] 有一部分贫困群众"等靠要"思想严重，甚至把党的扶贫好政策错误地当成了养懒人的政策，争着当贫困户、低保户。[②]

比如，保亭县什玲镇水尾村创业致富带头人郑文跃向调查组介绍道，该村建档立卡贫困户52户，共计169人，采用直接发放猪苗、羊苗、牛苗的形式，以家庭为单位按照每人3000元的标准发放。有一户建档立卡贫困户有两个小孩，他们均患有地中海贫血症，政府在脱贫攻坚的过程中给其发放猪苗和羊苗，即使饲料是政府免费提供的，该夫妇也不想饲养管理，技术能力也有限，完全依靠政府提供的技术员，在养了3个月后还是将猪苗和羊苗全部卖掉，来获取现金回报，于是村两委干部对夫妇两人进行思想帮扶，但效果不是很理想。又如，儋州市茶山村钟志仁对调查组说，有些贫困户好吃懒做、怕吃苦，对自己的产业不好好管理，有地不种全部抛荒，看到利益就心动，总想成为低保户后从政府那里拿到补贴。再如，保亭县加茂镇石建村黄亚云认为贫困户的思想很保守、胆子小，没有钱投入，更不敢投入，最理想的状态就是每年种1~2亩冬季瓜菜，自己管理，如遇到好价格，就能卖上1万至2万元。但这一切完全是在市场价格非常好的情况下，也就是靠运气。即使在有资金的情况下，有些贫困户也懒得经营，更不可能会大面积去管理，只会等收购商自己到地里去摘菜，虽然这样他们省力了，但是价格也降下来了，收入也减少了。[③]

在带头人带领贫困户脱贫过程中，就有超过40%的贫困户不愿意脱贫，有47名带头人对不愿意脱贫的贫困户进行过思想帮扶，占比达到90.4%（见表1.23）。从调查实际情况来看，思想上的贫困远比物质贫困难治，创业致富带头人反映部分贫困户不听劝，不相信他们，也不愿意与他们合作生产，村干部与乡镇干部都去做过思想工作，但成效并不太好。

---

① 《打安镇2017年扶贫工作总结》，白沙县打安镇人民政府，2017年12月28日。

② 胡光辉：《扶贫先扶志 扶贫必扶智——谈谈如何深入推进脱贫攻坚工作》，《人民日报》2017年1月23日，第16版。

③ 资料来源于郑文跃、钟志仁、黄亚云。

表 1.23　不愿脱贫与思想帮扶情况统计

单位：次，%

| | | | 频率 | 百分比 | 有效百分比 | 累积百分比 |
|---|---|---|---|---|---|---|
| 不愿脱贫 | 有效 | 有 | 52 | 20.8 | 44.4 | 44.4 |
| | | 没有 | 65 | 26 | 55.6 | 100 |
| | | 小计 | 117 | 46.8 | 100 | |
| | 缺失 | 系统 | 133 | 53.2 | | |
| 合计 | | | 250 | 100 | | |
| 思想帮扶 | 有效 | 有 | 47 | 18.8 | 90.4 | 90.4 |
| | | 没有 | 5 | 2 | 9.6 | 100 |
| | | 小计 | 52 | 20.8 | 100 | |
| | 缺失 | 系统 | 198 | 79.2 | | |
| 合计 | | | 250 | 100 | | |

　　贫困户思想问题的出现有许多成因，首先在于政府及村委会的贫困户思想教育和扶贫宣教工作没有做到位，往往是给村组干部开会传达了事，在村里宣传栏发布通知告示完事，使得许多人对政府扶贫政策认识不足甚至歪曲理解，存在"等靠要"倾向，认为发财就靠政府扶贫。其次在于贫困户本身知识水平有限，在传统习惯、生活生产思路、个人综合素质方面存在问题，不能脱贫；跟踪市场能力与信心不足，不愿脱贫。再次在于一部分贫困户懒字当头，百事不管，生活上得过且过，怕劳动、怕吃苦，因而需要帮助他们树立"勤劳光荣、懒惰可耻"的正确生活观念。

　　治好思想贫困，需要志智双扶。习近平总书记提出"扶贫先扶志"，"扶贫必扶智"。扶贫先扶志，一定要把扶贫与扶志有机地结合起来，既要送温暖，更要送志气、送信心；扶贫必扶智，摆脱贫困需要有智慧，需要知识、教育。[1] 扶志就是扶思想、扶观念、扶信心，帮助贫困群众产生摆脱困境的斗志和勇气；扶智就是扶知识、扶技术、扶思路，帮助和指导贫困群众着力提升脱贫致富的综合素质。[2]

---

[1]　张艳玲：《习近平扶贫新论断：扶贫先扶志、扶贫必扶智和精准扶贫》，中国网，http:// news.china.com.cn/txt/2016-01/03/content_37442180.htm，2016 年 1 月 3 日。

[2]　胡光辉：《扶贫先扶志　扶贫必扶智——谈谈如何深入推进脱贫攻坚工作》，《人民日报》2017 年 1 月 23 日，第 16 版。

## （五）激励措施需完善，合作机制需创新

在产业扶贫过程中，激励对象主要为带头人和贫困户，政府以项目、奖励补贴等政策措施对带头人给予激励，而对贫困户的激励则表现在吸纳就业、分配红利、发放物资等措施上。这些本是多赢的政策措施，但在实际工作中却出现偏差甚至变异，激励措施不仅没有起到积极作用，还起到了负作用。政府、带头人、贫困户之间的合作机制也不顺畅，影响了脱贫致富的进程和效果。

政府将产业扶贫作为贫困地区脱贫的重要举措，选择当地有实力或产业有特色的创业致富带头人，将国家扶贫政策分解为具体项目或者奖励补助的方式。扶贫资金就转化为扶贫项目运营资金，并落实到合作社、企业等产业组织负责人的经营管理中。通过政府与合作社、企业签订合作入股协议的激励约束，吸纳贫困户与带头人共同合作生产，约定按入股资金一定比例保底分配。贫困户与带头人获得利润回报，政府完成扶贫政策目标，从而实现多方共赢。

地方政府高度重视产业扶贫，以资金入股企业或合作社等经济组织，来激励带头人扶贫与产业发展。但急于使政策措施短期内见效果，在政策实际运作过程中，侧重产业扶贫项目的社会效益而未充分考评该扶贫项目是否产生和达到预期的经济效益，要求分红的比例较高，超过了10%，有的甚至达到20%，同时，分红周期比较短，有的要求当年入股资金到账后一两个月就要分红，这与农业生产周期及规律有点相背离，加重了企业或合作社的经济负担，影响了创业带头人扶贫的积极性和主动性，情况严重的话，会给产业发展带来更大困难，使扶贫变得不可持续。带头人也表示，这些分配要求不太合理，但是也没有办法，他们没有太多的资金来源，太需要政府资金加快周转，也只好按政府要求分红，即使没有产生利润。

下面是某政府与带头人 2017 年 7 月 18 日签订的合股经营协议的一部分，属于利润分配规定条款。

*利润分成：除去成本和入股资金后，产业产生的纯利润按照七三分成，甲方（政府）扶贫户分成七，乙方（产业组织带头人）分成*

三，乙方承诺以 2017 年 8 月份开始产生效益，每两个月作为利润分红周期，按照成活率 65% 计算，每个周期出售 1300 只左右，纯利润 9 元/只，总利润 11700 元（以实际市场价定），以后每年产生分红待双方协商后再定。

在政府实行激励措施过程中，贫困户角色具有被动性、依赖性。从调查情况来看，治理贫困的对象——贫困户具有一定的被动性，并且有些人还具有依赖性。从治理态势看，贫困户脱贫致富不仅是自己的事，而且是政府、带头人与社会的事。将贫困户纳入治理行动中，一方面是政府动员的结果，另一方面是带头人吸纳的结果，主观上进入政府预设的脱贫轨道的意愿并不及政府推动强烈。贫困户被动角色的转化与合作程度的提高，是在利益联结分享机制建立之后。

在有些地方，政府为了完成贫困户全覆盖的扶贫任务，在与带头人、贫困户之间的合作中，政府主导性太强，存在对带头人下扶贫任务指标的情况，也缺乏吸引贫困户主动参与的合作机制，这些都需要进一步改善。脱贫攻坚是地方政府的政治任务，从开发式扶贫到精准扶贫，政府对贫困的治理一直在线。企业治理贫困模式与合作社治理贫困模式的成形与运作，离不开政府自始至终的推动，从治理贫困的企业、合作社及带头人的甄别遴选，以物资、资金、精神嘉奖等各种方式的投入，贫困户选择与退出，吸纳贫困户的方式，收益分配，到对整个过程的监督，甚至有政府直接推动专业合作社、特色企业创建过程，这些无不有政府的参与和推动，并且政府在其中发挥着主导作用。

出现这些激励与合作问题，主要原因有三。一是扶贫是一项重大政治任务，举措虽然多种多样，但产业扶贫具有内生性、可持续性，并能带动当地经济发展，地方政府也将产业扶贫列为重要措施之一。政府需要产业扶贫快速产生效益，以完成扶贫指标任务，因而在激励与合作中出现了过度干预的现象。

二是当地产业组织如合作社、企业，运行较好的是凤毛麟角，有些是刚成立不久，各项制度尚未建立健全，运行也不规范，市场竞争力弱，合作层次普遍偏低，这些扶贫经济组织自身建设与经济效率问题直接导致内部都没有理顺合作机制，政府为了推进扶贫项目进度，也不得不进行帮助指导。西方经典理论认为，有效率的经济组织是经济增长的关键，一个有效率的经济组织在西方的发展是西方兴起的原因所在。[①] 因而，合作社、企业等的经济效率提高，对于扶贫脱贫及发展至关重要。

三是受教育条件约束，一些农民文化水平偏低，传统一家一户耕作的小农意识并没有完全退出，一些贫困户只顾眼前现实利益，加入企业或参与合作社之后，难以做到共同创业、共担风险，热衷于坐享其成，不愿意与带头人、政府合作与付出劳动。比如，在调查中就有带头人反映，有贫困户不愿意与他们合作，在帮扶贫困户的 117 名带头人中，就有 12% 的带头人反映有这种贫困户不合作的情况发生。

# 五　创业致富带头人治理贫困的模式
# 及对乡村产业振兴的启示

## （一）　创业致富带头人精准治理贫困模式的总结

习近平总书记强调，发展产业是实现脱贫的根本之策，要因地制宜，分类施策，把培育产业作为推动脱贫攻坚的根本出路。[②] 立足贫困地区资源禀赋，以市场为导向，充分发挥农民合作组织、龙头企业、家庭农场、专业大户等市场主体作用，建立健全产业到户到人的精准扶持机制，每个贫困县建成一批脱贫带动能力强的特色产业，每个贫困乡、村形成特色拳头产品，贫困人口劳动技能得到提升，贫困户经营性、财产性收入稳定增加。[③] 海南贫困地区特色产业扶贫，需要结合当地具有比较优势的产业，充分发挥产业带头人及其依托的企业、合作社、共享农庄、家庭农场等经济组织的带动功能，以规模化促进农产品标准化，以标准化促进农产品提升品质，以品质促进产品营销渠道畅通，做强扶优特色产业，走上稳脱贫与振兴之路。

---

① 〔美〕道格拉斯·诺斯、罗伯斯·托马斯：《西方世界的兴起》，厉以平、蔡磊译，北京：华夏出版社，1999，第 5 页。

② 李锐：《张玉香：产业扶贫要做好四篇文章发力四个链条》，中国农业新闻网，http://www.farmer.com.cn/xwpd/jjsn/201808/t20180830_1402152.htm，2018 年 8 月 30 日。

③ 《国务院关于印发"十三五"脱贫攻坚规划的通知》（国发〔2016〕64 号），2016 年 11 月 23 日。

　　精准治理贫困，贵在"精"，重在"准"，落在"治"，即如何治、怎样治更有效。构建海南创业致富带头人精准治理贫困模式，就是抓牢特色优势产业，加大对产业带头人能力提升培训，抓好贫困户职业技能培训与思想教育，促进农业提质增效，建好农产品产销对接体系，建立健全政府与产业带头人、贫困户的激励机制与合作机制，创建地方特色产业品牌，做优做强地方特色优势产业，构建"政府 + 产业带头人 + 贫困户（农户）"三位一体的精准治贫与振兴发展的基本模式，走上脱贫致富与乡村振兴之路。具体模式参见图 1.15。

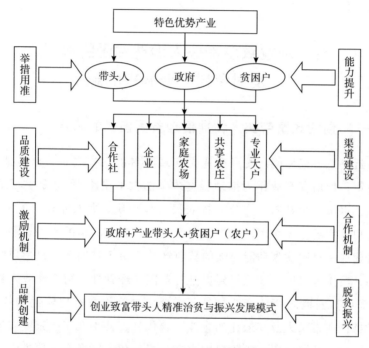

**图 1.15　带头人精准治贫与振兴发展的基本模式**

　　此精准治贫与振兴发展模式，抓住贫困地区经营管理人才——产业带头人这一关键，强调发挥人的积极性与创造性，强调政府在贫困治理过程中的主导作用，突出政府、带头人、贫困户或农户在这一基本模式中的互动机制，是一种内源型治理贫困的模式。其具体可以根据地方资源产业特点演变为合作社发展模式、企业发展模式、共享农庄发展模式、家庭农场发展模式、专业大户发展模式等。

## （二）创业致富带头人治理贫困的模式与经验对乡村产业振兴的启示

脱贫攻坚与乡村振兴相辅相成、一脉相承，具有深刻的内在关联。对于贫困地区来说，全面脱贫是乡村振兴的前提和基础，是实施乡村振兴战略初期优先任务和必须攻克的堡垒，也是乡村振兴的最大短板；实施乡村振兴战略则是巩固脱贫成果，使已经摆脱绝对贫困的人口不返贫，进而实现人民共同富裕的根本路径。[①] 当贫困户脱贫之后，创业致富带头人治理贫困模式还可以承续发展，由"政府＋产业带头人＋贫困户"的模式变为"政府＋产业带头人＋农户"的乡村振兴模式，这为乡村产业振兴和乡村建设提供了以下启示。

1. 创建特色产业品牌，走稳脱贫振兴之路

习近平总书记 2013 年考察海南时指出，独特的地理位置、丰富的作物资源、优越的自然环境，为海南发展热带特色农业提供了得天独厚的条件，要加快农业发展方式转变，促进农业结构优化，推动传统农业向标准化、品牌化、产业化的现代农业转型升级，做强做精做优热带特色农业，使热带特色农业真正成为优势产业和海南经济的一张王牌。[②] 海南贫困地区已消除绝对贫困，现已走上乡村振兴之路，可继续抓牢特色产业带头人，做好特色农产品品牌建设，发展热带特色高效农业。一是建立健全农产品品牌发展规划，加大海南特色农产品品牌创建、整合、提升力度，支持产业带头人增加海南农产品品牌数量，利用支农政策支持企业加强品牌宣传、渠道开拓和产品促销，[③] 提升海南品牌的全国影响力。二是打造、维护海南公共品牌，产业带头人要加强农资采购、种养、包装、运销等各个环节的建设，以产品质量、专业化反映品牌价值；维护好海南公共品牌，如琼中绿橙、澄迈福橙、三亚芒果、桥头地瓜、文昌鸡、东山羊、白莲鹅、霸王岭鸡、屯昌阉鸡、海南黑猪等，建立健全品牌创建激励保护机

---

① 魏后凯、董伟俊主编《新发展阶段农业农村现代化研究》，北京：社会科学文献出版社，2021，第 98 页。

② 孙慧：《海南热带特色高效农业发展正当时》，《海南日报》2017 年 4 月 18 日，第 1 版。

③ 李锐：《张玉香：产业扶贫要做好四篇文章发力四个链条》，中国农业新闻网，http://www.farmer.com.cn/xwpd/jjsn/201808/t20180830_1402152.htm，2018 年 8 月 30 日。

制，建立健全监管机制，完善品牌诚信体系，构建社会监督体系。① 三是产业带头人每年积极参加全国各地农产品博览会、中国（海南）国际热带农产品冬季交易会、海南国际旅游博览会等，利用网络平台、网红产品，推介海南特色产品，提升海南产品在全国的知名度。四是统筹衔接，走稳脱贫振兴之路。农业农村优先发展，政策更要优先向脱贫地区倾斜，补齐基础设施和基本公共服务短板，② 政府、带头人、农户共同发展特色产业，以乡村产业振兴巩固脱贫成果，走上农村共同富裕之路。

**2. 用好政策措施，壮大乡村特色产业**

在脱贫攻坚期间，海南抓住特色产业带头人、热带特色产业助力脱贫致富。脱贫后要用好各类政策举措，继续发挥带头人、特色产业的作用，促进乡村产业发展。一是按照《海南省"十四五"推进农业农村现代化规划》（琼府办〔2021〕27号）等政策文件，海南地方政府应从规划执行角度提出在资金、技术等方面支持特色产业及带头人发展的建议。二是地方政府从资金、技术、销售、信息、用地、公共服务等方面支持产业带头人及其领办的经济组织，做优做强热带特色高效农业。比如，加强槟榔标准化基地建设，推进槟榔产品安全性确认，加强槟榔深加工产品的海外拓展；稳定椰子种植面积、优化品种结构，大力发展林下经济；加快发展菠萝蜜、莲雾、火龙果、百香果、番荔枝、红毛丹等特色水果品种，扩大新优品种种植面积；扩大南药、沉香、山柚、咖啡、胡椒和可可等热带作物种植面积。三是深度挖掘海南农业生态、旅游、文化、健康养生等多种功能，寻找第一、二、三产业融合发展路径，使"产区变景区""产品变商品""农房变客房"，开发新产业、培育新业态，加快形成农村多功能的现代特色产业体系。

**3. 提高经营管理能力，培养乡村产业带头人**

产业带头人的经营管理能力不足是脱贫攻坚期间的主要问题，也是乡村振兴时期必须引起重视的问题。能力不足直接反映在生产销售、产业与发展效果上。首先，政府应该继续扶持产业带头人。乡村建设、产业振兴

---

① 李锐：《张玉香：产业扶贫要做好四篇文章发力四个链条》，中国农业新闻网，http://www.farmer.com.cn/xwpd/jjsn/201808/t20180830_1402152.htm，2018年8月30日。

② 《中共中央国务院关于打赢脱贫攻坚战三年行动的指导意见》，2018年6月15日。

离不开政府，政府政策扶持带头人要有重点，不能"撒胡椒面"。政府对发展态势较好的产业组织主体及其带头人，要给予必要政策扶持，比如资金、技术、用地、免费管理培训等方面。对产业组织及其带头人要以"扶强不扶弱"为原则，对于经营管理能力较强的带头人、市场行情看好的产业，政府应加大政策支持力度，对农户带动效果就会好，更能发挥以点带面的效果，可以避免出现因产业组织及带头人自身问题而以点损面的现象。其次，政府应选准产业带头人。带头人所从事产业要有特色，要符合当地政府产业规划与条件；带头人要有实力和有效载体，要有如农民合作社、企业、家庭农场、共享农庄、种养专业大户等载体；带头人要有能力，即经营能力、领导能力、开拓能力，要有人格魅力，更要有传帮带的能力。最后，政府应培育产业带头人。加强对带头人的各类职业技术与能力继续教育培训，重点实施创业致富带头人培育工程计划，切实提升带头人经营管理能力。经营能力体现为带头人协调外部的能力，即从外部获得各类资源如资金、土地、信息、技术等，应对市场情况变化，打通产品销售渠道等外部联通能力；管理能力体现在带头人协调内部的能力，即对产业组织如企业、合作社的制度建设、人事激励、财务管理、产品品质控制等内部控制能力。

4. 提升农民的主体性，培育新型职业农民

在脱贫攻坚期间，有的地方出现部分群众争当贫困户的现象，"等靠要"思想仍未有效转变，家庭劳动力较多却游手好闲，不愿意务工，只愿享受政策红利，坐等产业分红和政府帮扶，[1] 甚至把党的扶贫好政策错误地当成了养懒人的政策，争着当贫困户、低保户。[2] 地方政府及其领导干部早已意识到问题的严重性，在不同场合强调了农民主体性、主动性，重在增强内生动力，持续做好贫困群众的教育引导工作。[3] 调查发现，在政府推进实施乡村振兴战略进程中，"政府干、农民看"，农民不参与或者被动式参与现象普遍存在。因此，一要按照海南自贸港建设对农民的高素质的要求，广泛开展高素质农民培训，以海南省农民科技教育培训中心即海

---

① 白沙县打安镇人民政府：《打安镇2017年扶贫工作总结》，2017年12月28日。
② 胡光辉：《扶贫先扶志 扶贫必扶智》，《人民日报》2017年1月23日，第16版。
③ 彭青林：《努力建设产业兴旺、生态宜居、乡风文明、治理有效、生活富裕的海南乡村》，《海南日报》2018年7月31日，第1版。

南省农业广播电视学校为基础，建立完善省、市（县）、乡镇三级培训与推广体系。二要办好海南乡村振兴大学和乡村振兴电视夜校，利用互联网技术，加强"云上智农"推广应用，推动线上线下融合培训，切实完成高素质农民年培训任务量，培育新型职业农民。三要实施"双学历"教育工程，对符合条件的农民开展大学专科学历教育和中等职业学历教育。①四要创新乡村振兴政策宣传贯彻形式，完善工作责任与利益机制，结合乡村治理与加强组织中介作用来提高农民参与积极性。

5. 提高农产品品质，优化生产与销售对接方式

在产业扶贫中，农业高质量发展是基础，农产品产销对接是重要环节，两者在推动产业扶贫中具有关键作用。②同样，在乡村产业振兴中，农业高质量发展，农产品产销有效对接，始终需要引起重视。

一是科技先行，让农产品提质升品。引导支持科技人员特别是科技特派员与产业带头人结成利益共同体，提供多种方式如线上线下、点对点、面对面的节本增效、优质安全、绿色环保等技术的培训，保证动植物生长过程与结果的科技含量，提高农产品产量与品质。

二是用好海南的生态优势，发挥产业带头人在农产品绿色增产增效中的重要作用，推行绿色生产，加快农产品推进追溯体系建设，实施生产全程管控，保证农产品质量安全。

三是政府提供优惠政策，在资金、用地、设施等方面提供支持，推进带头人从事规模化生产经营，改变一家一户的小农、小作坊的生产方式。以生产规模化带动产品标准化，以标准化促进品质化，以优质化保证特色化。

四是加强农产品营销渠道建设，做好生产与销售有效对接。推进农业信息化建设，为产业带头人提供农产品流通数据服务，提供实时的、准确的供销信息，避免出现与内地农产品上市撞车的现象；改变"只问耕耘、不问销售"的观念，改变坐等收购商到田间地头来收购的方式，要以农产品批发市场为主渠道，提高农产品流通效率，降低生产经营成本；创新短

---

① 《海南省"十四五"推进农业农村现代化规划》（琼府办〔2021〕27 号），2021 年 3 月。

② 李锐：《张玉香：产业扶贫要做好四篇文章发力四个链条》，中国农业新闻网，http:∥www.farmer.com.cn/xwpd/jjsn/201808/t20180830_1402152.htm，2018 年 8 月 30 日。

链流通方式，推进产业带头人与超市、学校、社区等消费渠道的建设；利用互联网小镇网购站点、淘宝、微信等平台，发展农产品网上交易渠道。

五是加强供应链建设，利用多种方式对接农产品产销。实施"快递下乡"工程，加强特色优势农产品生产基地冷链设施建设。完善农产品直销，农产品与批发市场、大型卖场等产销对接模式；推进电子商务平台建设，利用"线上"与"线下"销售互补优势，推进产销多形式的高效对接；利用海南农产品冬交会、展销会、博览会、网络促销等产销对接方式。

6. 建立激励相容机制，共促乡村产业振兴事业

哈维茨创立的机制设计理论中的"激励相容"告诉我们：在市场经济中，每个理性经济人都会有自利的一面，其个人行为会按自利的规则进行；如果能有一种制度安排，使行为人追求个人利益的行为正好与企业实现集体价值最大化的目标相吻合，这一制度安排就是"激励相容"。① 在海南乡村振兴与建设过程中，政府政策激励对象主要为产业带头人和广大农户，政府以项目、奖励等政策措施对带头人给予激励，而对农户的激励主要表现在吸纳就业、参与合作企业等措施。首先，完善产业组织及其带头人扶持制度，突出激励相容机制，提供与落实政策，比如落实资金、技术、销售等优惠政策，同时提升政府合同管理能力，用合同约束产业组织及其带头人行为，避免随意的、经济上的约束。其次，利益是合作的基础和核心，建立利益联结机制，实现政府、带头人、农户三方合作发展产业的机制，同时，政府、带头人、农户结成紧密的利益共同体，实现乡村产业发展的稳定性与长效性。最后，通过产业组织及带头人中介作用，将小农户纳入市场体系，可以实行股份合作、生产托管、订单帮扶、土地托管等方式，做到共同创业、共担风险，合力推动乡村产业振兴。

# 六 小结与探讨

根据相关研究可知以下几点：一是海南创业致富带头人在扶贫过程中取得一定的成效，如带领贫困户通过就业获得工资性收入，通过政府资金

---

① "激励相容"，MBA 智库百科，http://wiki.mbalib.com/wiki/% E6% BF% 80% E5% 8A% B1% E7% 9B% B8% E5% AE% B9。

入股获得资产性收入，通过参与种养获得经营性收入，通过土地流转获得租金收入，其中一些贫困户已经致富。二是在产业扶贫过程中，具有政治身份的带头人更愿意扶贫，带头人治理贫困依托载体主要为合作社，带头人对资金需求比较大，带头人产业规模化、组织化程度不高，带头人依托合作社带动脱贫的为最多。三是尽管有的带头人依托个人以及家庭农场带领贫困户脱贫，但企业治理模式与合作社治理模式治理效果比较精准，也具有区域典型性；政府权衡两种模式之后，更倾向于选择企业治理模式。四是带头人扶贫也存在一些问题，带头人从事的产业缺乏资金，融资渠道少，融资难；带头人能力短板需补齐，经营水平需提高；产业规模化程度不高，营销渠道难拓宽；贫困户角色具有被动性、依赖性，部分贫困农户思想贫困难治好，需要志与智双扶；政府激励措施需完善，三方合作机制需创新。

基本结论：一是在贫困村内部积聚脱贫能量，能够形成永不撤退的治理贫困的队伍，更具有成效性与可持续性，也有较强的脱贫致富示范性。二是在农村脱贫攻坚期，人才扶贫依靠产业，产业发展与扶贫的关键在于带头人，带头人要有治贫的有效载体，如农民合作社、企业、种养专业大户、共享农庄、家庭农林场等。三是产业带头人要有能力，即经营能力、领导能力、开拓能力、传帮带的能力要有人格魅力。四是政府对扶贫组织及其带头人要以"扶强不扶弱"为原则，对于经营管理能力较强的带头人、市场行情看好的产业，政府应加大政策支持力度。

创业致富带头人治理贫困的模式与经验对乡村产业振兴与乡村建设的几点启示：一是当贫困户脱贫之后，由"政府＋产业带头人＋贫困户"的模式变为"政府＋产业带头人＋农户"的模式，同样乡村产业振兴要重视产业带头人的作用。二是创建特色产业品牌，走稳脱贫振兴之路；用好政策措施，壮大特色产业；提高经营管理能力，培养乡村产业带头人；提升农民的主体性，培育新型职业农民；提高农产品品质，优化生产与销售对接方式；建立激励相容机制，共促乡村产业振兴事业。

进一步探讨：脱贫攻坚与乡村振兴衔接时乡村产业发展问题，乡村特色产业带头人发展产业的模式、存在的问题等有跟踪调查的价值。

# 第二章

## 科技支农：农业科技 110 服务现状、问题与转型升级[①]

习近平总书记曾指出，农业现代化关键在科技，要把发展农业科技放在更加突出的位置，大力推进农业智能化，给农业现代化插上科技的翅膀。[②] 这是新时代海南农业科技 110 服务体系再发展的重要机遇。海南农业科技 110 曾为全国学习的典型，得到党和国家领导人充分肯定，为海南农业农村发展贡献了科技力量。当前，海南农业科技 110 遭遇转型发展困境，需要适应新形势，重振昔日雄风。特别是农业科技 110 要为海南乡村建设提供科技支撑，为海南农业农村农民现代化做出科技贡献。

## 一 引言

中国现代化离不开农业现代化，农业现代化关键在科技，要把发展农业科技放在更加突出的位置，大力推进农业机械化、智能化，给农业现代化插上科技的翅膀。[③] 有人将农业农村发展总结为：一靠科技，二靠政策。因而，研究农业科技如何推进农业农村现代化具有重要的现实意义。

### （一）问题的提出

党的十八大以来，农业科技工作不断取得新突破，农业科技进步贡献

① 本研究得到海南省重点研发计划软科学方向项目"海南农业科技 110 服务体系转型升级及其精准扶贫模式研究"（ZDYF2018188）的支持。
② 《习近平在东北三省考察并主持召开深入推进东北振兴座谈会》，中国政府网，http://www.gov.cn/xinwen/2018-09/28/content_5326563.htm，2018 年 9 月 28 日。
③ 于石：《为农业插上科技翅膀》，《人民日报》2019 年 3 月 25 日，第 9 版。

率已由 2012 年的 53.5% 提高到 2017 年的 57.5%，同时，农业科技推广服务方式也不断创新。[①] 农业科技 110 是服务"三农"的农业科技推广与产业发展服务模式，2002 年海南省创办了农业科技 110 服务体系，在省域范围内得以迅速推广实施，并成为全国学习典型，也得到了党和国家领导人的充分肯定。农业科技 110 是为适应现代农业对科技服务的需求，借鉴公安部门报警服务的准确、快速反应机制，利用互联网技术、信息服务平台，整合农业科技资源和科技服务，提供技术、农资、信息、农产品销售、小额信贷、气象等服务的农业服务模式。[②] 海南农业科技 110 为海南热带农业发展贡献了不可忽视的科技力量，然而，经过 10 多年发展，海南农业科技 110 服务体系出现了适应新形势的能力需要提高、基层服务站服务水平参差不齐、基层人员整体专业性不强、运营经费紧张、管理职能交叉等问题。甚至有人发问：昔日叫响全国，如今却面临人才不足、经费匮乏、管理交叉混乱的困境，海南农业科技 110 如何重振雄风？[③]

基于此，本研究认为要立足新时代中国特色社会主义阶段，依托农业供给侧结构性改革、乡村振兴、海南自由贸易港建设等国家与海南重大政策背景，在研究过程中深入当前海南省农业科技 110 服务实践一线，通过对海南农业科技 110 服务站与接受科技服务的农户的调查访问，以海南省农业科技 110 服务体系运行现状与存在的实际问题为基础，总结与分析农业科技 110 服务背景、服务主体激励机制、服务对象需求、服务体制机制以及市场化经营情况等，并对新形势下农业科技 110 服务职能转型方向、体系整合升级进行研究。

### （二）文献回顾与研究的必要性

近些年来，学者们从不同的角度对农业科技推广与应用及其模式（农业科技 110）、农村科技扶贫等方面进行了理论研究，研究成果较丰，归纳如下。

---

① 金丹、赵松林：《海南农业科技 110 服务体系发展特征及其转型升级》，《热带农业科学》2019 年第 1 期。
② 陈竹：《海南省农业科技推广模式及其绩效评价研究——以海南省农业科技 110 为例》，硕士学位论文，海南大学，2012。
③ 王玉洁：《"农业科技 110"如何重振雄风？》，《海南日报》2016 年 4 月 13 日，第 5 版。

1. 关于农业科技推广方面的研究

农业科技推广是以试验、示范、培训、宣传等方式向农民传授先进技术的过程。① 学者们对农业科技推广研究颇丰，归集起来如下。

第一，农业推广机制、体系与模式研究。有研究者认为，农业科技推广服务机制创新必须恪守"政府主导、社会介入，市场决定、民办公助，资源协同、系统集成"的原则，建立"政府 + 服务中心 + 专家 + 协会 + 农户"的农业科技推广新模式。② 有研究者研究农业推广激励机制后指出，农业科技推广者收入与推广效益挂钩的收入分配制度、农业科技应用者岗位技术工资与科技培训挂钩的培训制度，能发挥正向激励机制作用。③ 有研究者认为，农业科技推广服务体系由政府农技服务机构、专业协会与专业经济合作组织、示范园区基地、农业龙头企业和农业科技信息网组成，其中政府在体系中起主导作用。④ 有研究者认为，我国农业科技推广已经从过去以政府行政管理为主的"单核心模式"转变为企业管理与行政管理并存的"双核心模式"。⑤ 类似研究比较多，比如有研究者在分析农业科技推广体系存在的问题的基础上，提出了农业科技推广体系建设的纲领性思路。⑥

第二，农业推广历程、成效与评价研究。有研究者总结了我国农业推广体制发展历程，改革开放前，我国形成了自上而下的、政府包揽的、行政命令推动的农业科技推广体制；改革开放后，确立了以政府农业技术推广机构为主体的农业科技推广体制；21 世纪以来，我国推动了农业科技推广体制从公营性向公益性的变革。⑦ 有研究者认为，我国农业科技推广系统建设已在发展状态、系统模式、运行机制、职能发挥等多方面取得了丰硕成果。⑧

① 王学文：《海南省农业科技推广信息系统研究》，硕士学位论文，海南大学，2011。
② 高道才、林志强：《农业科技推广服务体制和运行机制创新研究》，《中国海洋大学学报》（社会科学版）2015 年第 1 期。
③ 张国玉、王珍、郭宁：《农业科技推广模式中的激励机制研究——以新疆生产建设兵团为例》，《科技与经济》2009 年第 3 期。
④ 罗树明、徐巧丹：《新中国农业科技推广服务体系的兴衰及其启示》，《农业考古》2013 年第 3 期。
⑤ 揭筱纹、顾兴树：《农业科技推广体系的"双核心模式"研究》，《求索》2009 年第 2 期。
⑥ 邵喜武、郭庆海：《农业科技推广体系建设论纲》，《农业经济》2009 年第 1 期。
⑦ 田闻笛：《我国农业科技推广体制的演变与现状研究》，《东南大学学报》（哲学社会科学版）2016 年第 S1 期。
⑧ 段莉：《建国以来我国农业科技推广系统成效评估》，《农村经济》2011 年第 4 期。

有研究者认为，广东农业基层科技推广人员素质取得了提高，掌握现代信息化技术及先进农业技术的专业人员结构基本形成。① 有研究者对推广机构主导型、政府科技项目带动型（包括农业科技 110）、市场引导型、第三方主导型四大类型 14 种模式的特点、运行情况和存在问题进行了评价。②

第三，农业推广经验、比较与借鉴研究。有研究者将以大学为依托的农业科技推广新模式概括为"农林科大模式"，并认为是大学农业科技推广的典型经验，它是以"试验示范站"为载体的农业技术推广模式。③ 有研究者在对美国、法国、日本农业科学技术进行对比分析的基础上，结合中国农业科技推广面临的主要问题，提出了政府要充分承担农业科技推广的公益性职能、加强农业技术人才队伍建设的建议。④ 有研究者指出，美国建立了以大学为基础的农业科技推广体系，实现了农业教育、科研、推广的紧密结合，促进了科研成果的迅速转化，具有一定的借鉴意义。⑤ 也有研究者选取美国、日本等国家的农业科技推广模式进行比较研究，总结其农业科技推广的先进做法与经验，并在此基础上提出完善我国农业科技发展体系的建议。⑥

2. 关于农业科技 110 方面的研究

学者们一般认为农业科技 110 是农业科技推广的模式之一。农业科技 110 于 1998 年发端于浙江衢州，但在后来发展中海南农业科技 110 的社会影响力远远超过发源地。对海南省农业科技 110 的研究主要集中在以下几个方面。

第一，农业科技 110 运行状况研究。有研究者搜集了 2006 年至 2011 年数据资料，对海南省农业科技 110 服务站数量，技术培训班次，培训人员数，农业科技 110 示范基地、面积、推广的新技术新品种、总投入等进行了实证分析，认为服务站总数逐年增加，政府对于农业科技的投入也在不断扩大，

① 梁镜财等：《新型农业科技推广体系构建与成效践行研究》，《科技管理研究》2011 年第 24 期。
② 王济民等：《我国农业科技推广体系主要模式评价》，《农业经济问题》2009 年第 2 期。
③ 何得桂：《"农林科大模式"：大学农业科技推广的典型经验》，《农业经济》2013 年第 9 期。
④ 孟莉娟：《美国、法国、日本农业科技推广模式及其经验借鉴》，《世界农业》2016 年第 2 期。
⑤ 余学军：《美国农业科技推广经验与中国的创新——以浙江农林大学科技特派员实践为例》，《世界农业》2012 年第 3 期。
⑥ 刘钦、孙洪武：《国外农业科技推广体系的分析与借鉴》，《广东农业科学》2011 年第 17 期。

海南农业科技110 各方面发展迅速。[1] 有研究者指出，经过 10 多年的建设发展，海南农业科技110 服务网络建设充分整合资源，调动多方力量参与，服务网络迅速壮大，服务范围覆盖全省乡镇，服务领域覆盖种植业、林业、水产、畜牧业等多个产业，服务形式扩展到产前、产中、产后的农业生产全过程，被农民誉为"脱贫致富的好帮手"、农业生产的"保护神"。[2] 有研究者通过对海南农业科技110 服务站状况进行研究，认为部分服务站管理不善，缺少复合型信息员，需要整合各项资源，加强人才队伍建设，拓展服务功能，提高农民信息化意识等，以促进海南农业科技110 服务站建设。[3]

第二，农业科技110 运行模式研究。有研究者认为，海南省农业科技110 的运作模式主要是：政府搭台，整合多方资源；专家参与，科技支撑；企业运作，技物结合；区域布局，统筹规划。[4] 也有研究者认为，海南省农业科技110 主要采用以下模式运作：政府领导，科技部门牵头，其他各部门共同配合；企业加盟运作，可有效地改善运作经费困难、运作效益低的局面；专家能人的参与，吸纳一些熟悉情况的中央企业或专业户加入，通过培训，使其成为农业科技推广的骨干，带动服务效益。[5] 有研究者认为，海南农业科技110 服务站点的创立有以下三种模式：一是由政府出资，改造原来的市县农技推广站；二是农技部门与公司合作，成立既提供农业技术又销售农药化肥等农业生产资料的农业科技服务站；三是由公司或者具有丰富农业生产知识的科技人员独立建立。[6]

第三，农业科技110 绩效评价研究。有研究者通过实地调查和采用国内处于前沿的绩效评价分析方法 DEA 方法，对海南各市县农业科技绩效进行了评价，2011 年全省农业科技绩效从劣到优的顺序为五指山、乐东、屯

[1] 陈竹：《海南省农业科技推广模式及其绩效评价研究——以海南省农业科技110 为例》，硕士学位论文，海南大学，2012。

[2] 郑维全、庄辉发、朱自慧：《农业科技110 在热作产业技术推广中的作用探析》，《热带农业工程》2013 年第 5 期。

[3] 邓春梅、李茂芬、谢铮辉、姚伟：《海南农业科技110 服务站的现状分析及发展思考》，《湖南农业科学》2015 年第 7 期。

[4] 陈竹：《海南省农业科技推广模式及其绩效评价研究——以海南省农业科技110 为例》，硕士学位论文，海南大学，2012。

[5] 王学文：《海南省农业科技推广信息系统研究》，硕士学位论文，海南大学，2011。

[6] 刘时容：《湖南省农村科技信息化服务体系构建研究》，硕士学位论文，湖南农业大学，2010，第 18 页。

昌、昌江、临高、陵水、澄迈、定安、琼海、万宁、儋州、琼中、白沙、东方、文昌、海口、三亚。① 也有研究者指出，海南省农业科技 110 作为海南省农业科技推广的主要模式，有效促进了海南省农民增收，农业增效及农村富裕，在服务"三农"的工作中发挥了积极作用，具有显著的经济效益以及良好的社会效益。② 有研究者认为，海南农业科技 110 以"技物结合"引入市场机制，提供可靠、快速的技术咨询、技术指导和技术培训等服务，取得农民信任，通过农资经营服务获得合理利润，同时以技术推广服务扩大经营规模和提高农业科技服务水平，取得了显著的成效。③ 有研究者对农业科技 110 的服务成效和实践价值做了归纳总结。④

第四，农业科技 110 服务创新研究。有研究者从创新角度对农业科技 110 进行了分析：创新体制，将农业科技成果推广的四大要素（即推广者、推广内容、推广渠道、受传者）有机结合，产生以企业运作为主的新的农业科技推广机构，把原有的农村农业科技推广机构变成技术服务经营实体；创新机制，采取政府搭台，企业运作机制；创新模式，采取技物结合方式，将农业科技推广服务的政府行为、组织行为转变为市场行为、企业行为；创新手段，运用高新技术、信息技术提高农业科技 110 的科技含量，改善服务方式。⑤ 有研究者认为，海南建设农业科技 110 的同时，将农业科技 110 工作与科技特派员工作紧密结合，创新性地将两种机制有机融合，必将更加有利于海南省科技成果的转化及推广，为农业增效、农民增收和新农村建设做出积极贡献。⑥

以上关于农业科技推广与应用及其模式农业科技 110 的研究成果，从不同角度提出了各自理论与观点、建议，为本研究提供了丰富的理论基础与成果借鉴。但是，在经济社会新形势下，这些研究也存在不足，主要是理论与

---

① 陈竹：《海南省农业科技推广模式及其绩效评价研究——以海南省农业科技 110 为例》，硕士学位论文，海南大学，2012。
② 刘学文、王圣俊、陈竹：《农业科技 110 绩效评价分析——以海南省为例》，《绿色科技》2013 年第 9 期。
③ 郑维全、庄辉发、朱自慧：《农业科技 110 在热作产业技术推广中的作用探析》，《热带农业工程》2013 年第 5 期。
④ 潘云洪等：《衢州市农民远程培训的实践和探索》，《农业网络信息》2008 年第 10 期。
⑤ 李成木：《海南省农业科技 110 服务模式研究》，硕士学位论文，海南大学，2008。
⑥ 陈竹、王圣俊、戴珂：《海南省农业科技 110 的实践与思考》，《中国热带农业》2011 年第 5 期。

政策研究需进一步深化与系统展开。对农业科技推广特别是海南省农业科技 110 的研究，王圣俊、陈竹、刘学文等研究者曾系统阐述过农业科技 110 服务体系，但这些研究大多发生在党的十八大之前，近年来的研究则零散而不系统，这亟须对近年来的农业科技 110 实践进行理论阐释与政策分析。另外，海南科技管理部门对农业科技 110 服务体系建设比较重视，同时对于农业科技 110 服务实践的进展也有必要进行跟踪观察，特别是对于近些年来存在的问题也需要认真研究并提出应对办法。因此，这就有必要在已有研究基础上，融入科技服务新实践、新进展，突破原有脉络，提出新思路与新建议。

本研究通过实地调查与分析，了解海南农业科技 110 服务体系运行实态与存在的问题，并提供解决问题的路径，为海南农业科技 110 体系适应经济社会新形势，职能转型升级提供建议；搜集数据资料并进行研究比较，了解海南农业技术推广、农业科技成果转化的整体情况，大力推广科学的、生态的、环保的、安全的、高效的农业生产技术，"做大做强、做精做专"，为海南农业科技 110 服务体系升级创新提供政策建议。

### （三）研究方法与资料来源

1. 研究方法

一是实地调查法。专题调研组到市县科技部门、乡镇、村庄、农业科技 110 服务站，通过面对面问卷调查、座谈专访、参与式观察等多种形式，重点了解海南省农业科技 110 基层服务站、技术人员、科技特派员现状及存在的问题，以及农户对农业科技 110 服务的认识、体验、接受、评价等方面，实地了解农业科技 110 服务体系运行情况。

二是定性定量法。采用定性方法，对海南省农业科技 110 运行现状、问题及其原因等方面进行分析；运用定量方法，对海南省农业科技 110 具体实施情况进行量化研究，具体使用 SPSS 与 EXCEL 工具进行统计分析。

三是文献分析法。依据已有相关文献，特别是关于海南农业科技推广与农业科技 110 服务的研究，了解管理学、经济学等相关学科对这一问题的关注视角、研究前沿及研究程度，这是本研究的基础性工作。

2. 资料来源

一是调查资料。本专题研究通过问卷调查、面对面访谈等方法，对白沙、保亭、昌江、澄迈、儋州、定安、东方、海口、三亚、乐东、临高、陵水、琼中、五指山、万宁、文昌、琼海等市县共 264 位农户进行了问卷调查与访谈，对其中县市 49 个农业科技 110 服务站负责人进行了问卷调查与访谈，也采访了科技部门管理人员，获得了大量一手资料。二是文件报告。搜集整理省市县科技部门政策管理文件、经验材料、总结报告，基层服务站总结材料。三是文献资料。利用中国知网、中国热带农业科学院科技信息研究所图书馆与平台资源，获得相关文献资料。

# 二 农业科技 110 调查样本特征分析

本专题研究利用中国热带农业科学院科技信息研究所平台资源。2018年 6 月至 12 月，调研组实地调查了海南省 49 个农业科技 110 服务站（简称"服务站"）和 264 位农户，涵盖了海南全域各市县，三沙市除外。本部分主要根据调查数据资料来统计描述服务站建设的特征与受访农户的群体特征，这构成了后续分析的基础。

## （一）服务站建设特征

基层服务站是海南农业科技 110 服务体系的重要载体，是农业科技服务供给与农业经济主体需求的重要联结点，在科技服务三农中发挥着重要作用。

1. 建站方式主要依托农资企业，超过 40% 的服务站与科技特派员制度相融合

海南农业科技 110 服务站从建设起步至今，主要依托涉农企业、农技推广部门、专业技术协会、科研院所等载体运营建设。通过"政府指导、企业运作、技物结合"运行机制，服务站实行企业化管理，独立经营，自负盈亏，这样就形成了具有海南特色的"企业加盟型""农技机构改制型""农技协会联合型""科研机构带动型"等服务站设立模式。① 在 49 个样本服务站中，优秀服务站占到近 40%，标准化服务站占到约 60%。海南省科技部门每年度会对运营中的服务站进行考核评估，得分高于 80 分可评为

① 金丹、赵松林：《海南农业科技 110 服务体系发展特征及其转型升级》，《热带农业科学》2019 年第 1 期。

优秀服务站，60 分以上为合格的标准化服务站，60 分以下为不合格服务站，多停业整改或转业。本专题调研考察的为 2017 年参评考核后的服务站，其中标准化服务站 30 个，占总样本的 61.2%，优秀服务站 19 个，占比为 38.8%。[①] 在 49 个样本服务站中，绝大部分服务站依托农资企业建立，占比为 93.9%，由农技站和科研院所建站的分别为 1 和 2 个（见表2.1）。农技协会联合型服务站没有涉及。

表 2.1　服务站建站方式统计

单位：个，%

| 建站方式 | 数量 | 占比 |
|---|---|---|
| 农资企业 | 46 | 93.9 |
| 农技站 | 1 | 2.0 |
| 科研院所 | 2 | 4.1 |
| 合计 | 49 | 100 |

超过 40% 的服务站与科技特派员相融合。农业科技 110 服务体系与科技特派员政策相结合。农业科技 110 服务是海南省农业科技服务体制和机制的重大创新，从一开始就与科技特派员制度、中西部市县科技副乡镇长派遣计划紧密结合在一起。《海南省人民政府办公厅关于深入推行科技特派员制度的实施意见》（琼府办〔2017〕16 号）要求农业科技 110 服务站建成科技特派员工作站，以农业科技 110 专家团和服务站技术人员为科技特派员，以农业科技 110 示范基地为科技特派员创业基地。[②] 调查表明，在 49 个样本服务站中，有 21 个服务站有科技特派员，占比为 42.9%，没有科技特派员的服务站占比达 57.1%（见表2.2）。

表 2.2　服务站与科技特派员制度融合情况

单位：个，%

| 是否有科技特派员 | 数量 | 占比 |
|---|---|---|
| 是 | 21 | 42.9 |

---

① 特别说明：本专题研究数据来源于实地调查，另有注释说明的除外。
② 金丹、赵松林：《海南农业科技 110 服务体系发展特征及其转型升级》，《热带农业科学》2019 年第 1 期。

续表

| 是否有科技特派员 | 数量 | 占比 |
|---|---|---|
| 否 | 28 | 57.1 |
| 合计 | 49 | 100 |

2. 服务站负责人主要为中等文化程度的中年人，超过30%的负责人为中共党员

服务站负责人主要为中专或高中文化程度的中年人。服务站负责人平均年龄为43.8岁，以40岁的为最多，以中年人为主，最小的26岁，最大的74岁，相差48岁（见表2.3）。

服务站负责人接受教育的平均年限为13.3年，以12年的为最多，即服务站负责人的学历主要为高中或中专。其中依托科研院所的1个服务站负责人的文化程度为博士研究生。

表2.3　服务站负责人年龄与受教育年限情况

单位：岁，年

|  | 均值 | 中值 | 众数 | 全距 | 极小值 | 极大值 |
|---|---|---|---|---|---|---|
| 年龄 | 43.8 | 42 | 40 | 48 | 26 | 74 |
| 受教育年限 | 13.3 | 12 | 12 | 13 | 9 | 22 |

经济决定政治，政治反作用于经济，中国独特的政治体系对于经济改革具有重要作用。[①] 身份是社会结构最基础的单位，是对社会个体的政治社会特性进行提炼和界分的结果。[②] 在当前从严治党、依法治国背景下，具有政治身份对政府政策实施与落实，科技服务意识、态度与行为有着重要的影响。在此以中共党员身份来代表政治身份。调查显示，超过30%的服务站负责人为中共党员，即有17名服务站负责人为中共党员，占比为34.7%（见表2.4）。

---

① 付振奇、陈淑云：《政治身份影响农户土地经营权流转意愿及行为吗？——基于28省份3305户农户调查数据的分析》，《中国农村观察》2017年第5期。

② 李海金：《符号下乡：国家整合中的身份建构1946—2006》，博士学位论文，华中师范大学，2008。

**表 2.4 服务站负责人政治身份情况**

单位：人，%

| 是否中共党员 | 人数 | 百分比 | 有效百分比 | 累积百分比 |
|---|---|---|---|---|
| 否 | 32 | 65.3 | 65.3 | 65.3 |
| 是 | 17 | 34.7 | 34.7 | 100 |
| 合计 | 49 | 100 | 100 | |

3. 服务站队伍建设差异较大，技术人员整体素质需要提高

因服务站规模大小、经营水平、业务需求差异，站内的技术人员数量相差也较大。考察发现，样本服务站平均有技术人员 5.2 名，多数服务站的技术人员有 2 名，最少的服务站只有 1 名技术人员，而最多者可达 40 名（见表 2.5）。

**表 2.5 服务站技术人员配备情况**

单位：名

| 样本名称 | 均值 | 众数 | 极小值 | 极大值 | 极差 | 标准差 |
|---|---|---|---|---|---|---|
| 站内技术人员 | 5.2 | 2 | 1 | 40 | 39 | 6.6 |

调查还发现，农业科技 110 服务站技术人员整体素质偏低，知识结构陈旧，缺少系统的培训与学习，当农户出现生产技术困难时不能当场解决，进而影响服务站在农户中的信誉。比如，琼中什运服务站技术人员缺乏种桑养蚕方面的专业知识，无法满足养蚕农户的需求。显然，这些技术人员专业水平不足，不能及时解决农户生产难题。由于对服务站的监管不到位，部分服务站没有积极配合，导致农业科技 110 队伍出现散漫现象。服务站工作人员不思技术上的进取，服务水平跟不上。从海南热带特色产业发展、农民科技需求现实来看，农业科技 110 服务人员的整体素质需要提升。①

4. 服务站硬件设施较齐全，信息化与制度化建设需要加强

服务站的硬件设施比较齐全，但部分设备面临老化。首先考察服务硬件

---

① 金丹、赵松林：《海南农业科技 110 服务体系发展特征及其转型升级》，《热带农业科学》2019 年第 1 期。

设备，在 49 个样本服务站中，有 89.8% 的服务站配备了电脑，有 77.6% 的服务站配有电子显示屏，有 83.7% 的服务站配有摩托车，有 73.5% 的服务站配有专用服务手机，这些用于科技服务的基本的移动网络、办公设备和交通工具大多数服务站都配备了，但只有少数服务站配备有土壤养分测试仪、显微镜等比较专业的、与农业科技相关的设备，拥有这两类设备的服务站都仅有 5 个。具体情况参见表 2.6。需要引起注意的是，有些服务站的服务设备已经老化，更新速度比较慢，比如摩托车、手机、电脑等。

**表 2.6 服务站硬件设备配置情况**

单位：个，%

| 服务站设备 | 响应 | | 个案百分比 |
|---|---|---|---|
| | 数量 | 占比 | |
| 电脑 | 44 | 24.0 | 89.8 |
| 数码相机 | 2 | 1.1 | 4.1 |
| 打印机 | 3 | 1.6 | 6.1 |
| 触摸电脑 | 2 | 1.1 | 4.1 |
| 电子显示屏 | 38 | 20.8 | 77.6 |
| 投影仪 | 2 | 1.1 | 4.1 |
| 汽车 | 5 | 2.7 | 10.2 |
| 摩托车 | 41 | 22.4 | 83.7 |
| 土壤养分测试仪 | 5 | 2.7 | 10.2 |
| 显微镜 | 5 | 2.7 | 10.2 |
| 手机 | 36 | 19.7 | 73.5 |
| 合计 | 183 | 100 | — |

在标准化建设方面，大多数服务站比较重视农资销售服务与技术服务的管理与建设。超过 80% 的服务站建立了技术服务区和农资销售区，比例分别为 87.8%、89.8%，55.1% 的服务站建设有技术培训区，但仅有 16.3% 的服务站建设了土化检测区（见表 2.7）。主要原因在于服务站独立经营，利润来源主要依靠销售服务。

表 2.7 服务站标准化建设情况

单位：个，%

| 标准化建设 | 响应 | | 个案百分比 |
|---|---|---|---|
| | 数量 | 占比 | |
| 技术服务区 | 43 | 35.2 | 87.8 |
| 农资销售区 | 44 | 36.1 | 89.8 |
| 土化检测区 | 8 | 6.6 | 16.3 |
| 技术培训区 | 27 | 22.1 | 55.1 |
| 合计 | 122 | 100 | — |

可见，服务站信息化、制度化建设需要加强。调查中发现，科技部门对于科技 110 服务体系的信息化与网络化比较重视，体现在制度设计与每年考核评估方面，但在基层服务站层面，一些工作人员对电脑、智能手机的使用不多，难以推动服务区域内信息化建设，特别是农博网上线运行后，服务站的信息发布量相对较少，技术员和信息员对农博网的使用仅限于上网浏览新闻信息，参与度较低。制定了工作制度的服务站有 47 个，占比达 95.9%。但有的服务站缺少年度技术培训计划，服务记录内容不够规范。在考核中发现服务站的服务记录多用手写，没有使用电脑记录。[①] 有些服务站的技术指导服务台账是后来统一补记的。

## （二）受访农民个体特征

个体特征对人的行为有一定的影响。本部分主要观察受访农民的年龄、性别、文化程度、种植作物类型、离服务站的距离等特征。

1. 受访农民主要为中年男性

本次抽样中，农民年龄平均为 42.8 岁，最小年龄 22 岁，最大年龄 76 岁（见表 2.8）。36 ~ 45 岁的中青年农民和 46 ~ 50 岁的中老年农民样本数最多，分别占总数的 36.4% 和 33.7%，两者合计达到 70%。35 岁及以下的青年农民占 25.7%，61 岁及以上的老年人占 4.2%（见表 2.9）。由以上分析可得，本次农民样本以中年农民为主。

---

① 文昌市科学技术工业信息化局：《文昌市 2016—2018 年农业科技 110 工作情况》，2018。

表 2.8　受访农民年龄情况 – 1

单位：岁

| 样本名称 | 均值 | 极小值 | 极大值 | 极差 | 标准差 |
|---|---|---|---|---|---|
| 农民年龄 | 42.8 | 22 | 76 | 54 | 9.9 |

表 2.9　受访农民年龄情况 – 2

单位：人，%

| 年龄 | 数量 | 占比 |
|---|---|---|
| 35 岁及以下 | 68 | 25.7 |
| 36 ~ 45 岁 | 96 | 36.4 |
| 46 ~ 60 岁 | 89 | 33.7 |
| 61 岁及以上 | 11 | 4.2 |
| 合计 | 264 | 100 |

本次抽样调查，主要抽样对象为各农户当家人，少数因当家人不在而采访其配偶。当家人多为男性，有 232 人，占样本总数的 87.9%；女性有 32 人，仅占 12.1%（见表 2.10）。

表 2.10　受访农民性别分布

单位：人，%

| 性别 | 数量 | 占比 |
|---|---|---|
| 男 | 232 | 87.9 |
| 女 | 32 | 12.1 |
| 合计 | 264 | 100 |

2. 受访农民初中文化程度的居多

在 264 位受访农民中，初中文化程度的农民为最多，有 110 人，占比为 41.7%；高中或中专的次之，有 85 人，占比为 32.1%。小学、大专及以上学历相差无几，分别为 35 人、34 人，占比分别为 13.3%、12.9%（见图 2.1）。

3. 农民种植热带经济作物的较多

在受访的 264 位农民中，有务农者 249 人，占 94.2%；其次为个体经

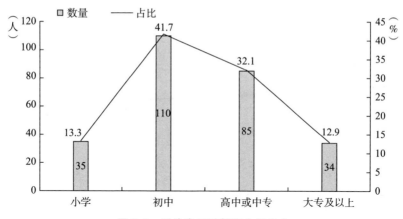

**图 2.1　受访农民受教育水平分布**

营者，有 6 人，占比为 2.3%；其他职业占比为 2.3%；务工者和农村管理者分别有 2 人和 1 人（见表 2.11）。显然，整个样本中依然以务农者为主。

**表 2.11　受访农民职业**

单位：人，%

| 职业 | 数量 | 占比 |
| --- | --- | --- |
| 务农者 | 249 | 94.3 |
| 务工者 | 2 | 0.8 |
| 个体经营者 | 6 | 2.3 |
| 农村管理者 | 1 | 0.4 |
| 其他 | 6 | 2.3 |
| 合计 | 264 | 100 |

　　海南从事种植业的农民主要种植热带农作物、热带经济作物、热带水果和冬季瓜菜等热带特色农作物。从调查情况来看，种植热带经济作物的农户为最多，有 123 人次，个案百分比为 46.6%；次之为种植热带水果的农户，有 88 人次，个案百分比为 33.3%；热带粮食作物、冬季瓜菜的种植者分别占 12.9% 和 18.2%（见表 2.12）。

　　4. 接近 70% 的受访农民对农业科技 110 服务的可及性强

　　以农户居住地离最近的服务站的距离来表示农户对农业科技 110 服务的可及性，距离越近表明越易获得农业科技 110 服务。按农户常用交通工

表 2.12　受访农民种植作物类型

单位：人，%

| 种植类型 | 响应 | | 个案百分比 |
|---|---|---|---|
| | 数量 | 占比 | |
| 热带经济作物 | 123 | 42.0 | 46.6 |
| 热带粮食作物 | 34 | 11.6 | 12.9 |
| 热带水果 | 88 | 30.0 | 33.3 |
| 冬季瓜菜 | 48 | 16.4 | 18.2 |
| 合计 | 293 | 100 | — |

具摩托车在农村道路平均时速 30 千米折算，10 分钟车程约为 5 千米。将农户居住地与服务站的距离分为五类：1 千米以内、1~3 千米、4~5 千米、6~10 千米、10 千米以外，分别代表"非常容易""比较容易""容易""不太容易""不容易"获得农业科技 110 服务。调查显示，68.1% 的农户距离最近服务站在 5 千米以内，表明他们对农业科技 110 服务的可及性强；6~10 千米、10 千米以外的农户分别占 19.9%、12.0%，这些农户对服务的可及性相对弱一些（见表 2.13）。

表 2.13　受访农民居住地与服务站距离

单位：人，%

| | | 数量 | 占比 | 有效百分比 | 累积百分比 |
|---|---|---|---|---|---|
| 有效 | 1 千米以内 | 36 | 13.6 | 15.9 | 15.9 |
| | 1~3 千米 | 64 | 24.2 | 28.3 | 44.2 |
| | 4~5 千米 | 54 | 20.5 | 23.9 | 68.1 |
| | 6~10 千米 | 45 | 17.1 | 19.9 | 88.0 |
| | 10 千米以外 | 27 | 10.2 | 12.0 | 100 |
| | 小计 | 226 | 85.6 | 100 | |
| 缺失 | | 38 | 14.4 | | |
| 合计 | | 264 | 100 | | |

# 三　农业科技 110 服务现状分析

本部分主要从农业科技 110 服务供给与需求角度来考察海南农业科

技 110 服务体系运行状态，从国家政策投入与农民反应的视角出发，重点关注基层服务站服务的供给与农民对农业科技 110 服务的知晓、接受、评价情况。

### （一）对农业科技 110 品牌的知晓情况

尽管农业科技 110 服务在海南已推行近 20 年，每年省政府科技部门对农业科技 110 系统（主要是服务站）进行了动态考核投入，但本研究调研组在调查过程中发现，有一些农户对于农业科技 110 并不知晓或者只是略有了解，没有接受过其服务。因而，调研组将农户对农业科技 110 服务站与品牌的知晓情况考虑进来。

1. 有 85.6% 的农民知晓农业科技 110 服务，知晓途径主要是服务站的宣传

调查数据显示，有 226 位农民知晓自家附近服务站，占比为 85.6%；有 38 位农户不知道服务站的存在，占比为 14.4%（见表 2.14）。

表 2.14　农民对自家附近服务站的知晓情况

单位：人，%

| 是否知晓 | 数量 | 占比 |
|---|---|---|
| 知晓 | 226 | 85.6 |
| 不知晓 | 38 | 14.4 |
| 合计 | 264 | 100 |

农民知晓服务站的途径呈现多样化。调查显示，服务站宣传手册、他人介绍、路过发现及村干部入户宣传是农民知晓服务站的主要途径。首先是通过服务站宣传手册知晓的农民最多，占 30.5%；其次是经由他人介绍知晓，占 24.8%；再次是路过发现或村干部入户宣传，分别占 21.2% 和 18.6%；通过村庄信息公开栏、村庄广播了解的较少（见表 2.15）。以上表明，农民知晓服务站的多样路径中，最主要的是服务站自行开展的市场化宣传路径，其次是日常生活中的自行接触和二次宣传，村庄的宣传起到了一定的作用，但其中一些落后的宣传形式已经式微。

表 2.15　农民知晓服务站的途径

单位：人，%

| 知晓途径 | 数量 | 占比 |
|---|---|---|
| 村干部入户宣传 | 42 | 18.6 |
| 村庄信息公开栏 | 6 | 2.7 |
| 村庄广播 | 1 | 0.4 |
| 服务站宣传手册 | 69 | 30.5 |
| 他人介绍 | 56 | 24.8 |
| 路过发现 | 48 | 21.2 |
| 其他 | 4 | 1.8 |
| 合计 | 226 | 100 |

2. 中老年农民对农业科技 110 知晓程度较高，年轻农民知晓服务站的途径是经由他人介绍

在此，考察了不同年龄阶段农民对服务站服务的知晓情况。调查结果表明，中老年人对服务站的知晓程度明显高于年轻人，46～60 岁、61 岁及以上的农民知晓程度分别达到 91%、90.9%，明显高于平均知晓程度 85.6%，而 35 岁及以下、36～45 岁的农民知晓程度分别为 83.8%、81.3%（见表 2.16）。

表 2.16　年龄与知晓情况交叉分析

单位：人，%

| | | 35 岁及以下 | 36～45 岁 | 46～60 岁 | 61 岁及以上 | 合计 |
|---|---|---|---|---|---|---|
| 知晓 | 数量 | 57 | 78 | 81 | 10 | 226 |
| | 占比 | 83.8 | 81.3 | 91.0 | 90.9 | 85.6 |
| 不知晓 | 数量 | 11 | 18 | 8 | 1 | 38 |
| | 占比 | 16.2 | 18.7 | 9.0 | 9.1 | 14.4 |
| 合计 | 数量 | 68 | 96 | 89 | 11 | 264 |
| | 占比 | 100 | 100 | 100 | 100 | 100 |

调查表明，年轻人对服务站的了解主要是通过他人介绍，老年人则是通过服务站宣传手册。35 岁及以下的人经由他人介绍知晓农业科技 110 服务的占到 31.6%；次之为路过发现的，占到 28.2%；46～60 岁、61 岁及

以上农民通过服务站宣传手册这一途径的占比要高于其他途径（见表2.17）。由此可看出服务站的宣传工作特别重要，特别是对于中老年农户。

表 2.17　年龄与知晓途径的交叉分析

单位：%

| 年龄 | 知晓途径 | | | | | | | 合计 |
| --- | --- | --- | --- | --- | --- | --- | --- | --- |
| | 村干部入户宣传 | 村庄信息公开栏 | 村庄广播 | 服务站宣传手册 | 他人介绍 | 路过发现 | 其他 | |
| 35 岁及以下 | 22.8 | 1.6 | 0 | 15.8 | 31.6 | 28.2 | 0 | 100 |
| 36~45 岁 | 19.2 | 5.1 | 0 | 29.5 | 23.1 | 18 | 5.1 | 100 |
| 46~60 岁 | 13.6 | 1.2 | 1.2 | 40.7 | 23.5 | 19.8 | 0 | 100 |
| 61 岁及以上 | 30 | 0 | 0 | 40 | 10 | 20 | 0 | 100 |

3. 小学文化程度的农民知晓程度最高，知晓途径主要是服务站宣传手册与他人介绍

调查表明，小学文化程度的农民知晓程度最高，占比为 94.3%；其次为大专及以上文化程度的农民，占比为 88.2%，两者均高于平均知晓水平 85.6%；初中、高中或中专文化程度的农民知晓程度大体相当，分别为 83.6%、83.5%（见表 2.18）。

表 2.18　文化程度与知晓情况交叉分析

单位：%

| 文化程度 | 知晓情况 | | 合计 |
| --- | --- | --- | --- |
| | 知晓 | 不知晓 | |
| 小学 | 94.3 | 5.7 | 100 |
| 初中 | 83.6 | 16.4 | 100 |
| 高中或中专 | 83.5 | 16.5 | 100 |
| 大专及以上 | 88.2 | 11.8 | 100 |
| 合计 | 85.6 | 14.4 | 100 |

调查显示，小学文化程度的农民通过服务站宣传手册知晓农业科技 110 服务的为最多，占比为 45.4%；初中文化程度的农民通过服务站宣传手册知晓的占比为 34.8%；高中或中专、大专及以上文化程度的农民路过发现农业科技 110 服务的，占比分别为 31%、30%（见表 2.19）。

表 2.19　文化程度与知晓途径的交叉分析

单位：%

| 文化程度 | 知晓途径 | | | | | | | 合计 |
|---|---|---|---|---|---|---|---|---|
| | 村干部入户宣传 | 村庄信息公开栏 | 村庄广播 | 服务站宣传手册 | 他人介绍 | 路过发现 | 其他 | |
| 小学 | 12.1 | 6.1 | 0 | 45.4 | 27.3 | 9.1 | 0 | 100 |
| 初中 | 18.5 | 1.1 | 1.1 | 34.8 | 27.2 | 15.2 | 2.1 | 100 |
| 高中或中专 | 16.9 | 4.2 | 0 | 25.4 | 19.7 | 31 | 2.8 | 100 |
| 大专及以上 | 30 | 0 | 0 | 13.3 | 26.7 | 30 | 0 | 100 |
| 合计 | 18.6 | 2.7 | 0.4 | 30.5 | 24.8 | 21.2 | 1.8 | 100 |

## （二）农业科技 110 服务的提供

海南农业科技 110 服务主要依托基层各类服务站。本部分就基层服务站服务内容、领域、形式、特色等进行考察分析。

1. 农业科技 110 以技术指导与农资服务为主要服务内容

其一，农业科技 110 的一项重要服务内容是对农户进行集中技术培训指导。根据当地种养产业结构，依托省市专家、服务站技术人员、高校科研院所专家，采取集中培训、基地实践教学等形式多样的培训方式，深入乡镇，组织种养专业户、农场主和科技示范村村民进行各种农业实用技术培训，提高农户科学种养技能和文化素质。许多地方会适时举办冬季瓜菜、橡胶、槟榔等的种植技术培训。除了集中培训之外，有针对性的、零散的技术咨询与指导服务，解决农户生产中的难题，也是技术服务内容之一。其二，向农户提供农用物资，是农业科技 110 服务站主要服务内容之一。服务站将农资销售与技术服务紧密结合在一起，为农民提供有品质保障的化肥、农药、种子等农资，同时提供免费技术服务。其三，农业科技 110 服务站在指导农户技术、农药、化肥使用的同时，开展农产品收购、运销、冷藏，联系大宗农产品收购商等服务，帮助农户解决产销对接的难题。[①] 其四，新品种新技术推广应用。以临高县的服务站为例，"十三五"

---

① 金丹、赵松林：《海南农业科技 110 服务体系发展特征及其转型升级》，《热带农业科学》2019 年第 1 期。

以来，在新品种推广方面，引进 24 个新品种，其中：波莲服务站引进水晶蜜柚品种，推广健康香蕉种苗；盛丰服务站引进诺丽果、番荔枝、火龙果等品种，推广超级水稻；皇桐服务站推广莲雾品种、南瓜新品种汕星、水稻新品种博优 312、线椒品种长线 3 号；南宝服务站推广木瓜和毛豆品种等等。在新技术方面，推广新技术 45 项，其中：皇桐服务站推广的新技术包括旱地水吧一体化技术，水稻因土配方技术，有机肥和枯芽孢杆菌（巧森跟）技术；新盈服务站推广水稻测土配方施肥；宝路服务站研发用玻璃钢桶进行罗非鱼育苗标粗新方法，罗非鱼水循环增氧塑料水箱模型在 2016 年的"中国（海南）国际海洋产业博览会"上成为一大亮点。[①]

2. 农业科技 110 以热带特色农业为主要服务领域

本研究调研组调查发现，农业科技 110 服务领域覆盖种植业、林业、水产、畜牧业、旅游业等多个产业，但服务主要集中在热带特色农业。在样本服务站中，45 个服务站提供种植业服务，占比为 91.8%，其中，41 个服务站提供热带作物和水果种植服务，占比为 83.7%；提供牲畜禽类养殖等类服务占比为 13.9%，只有 1 个服务站提供农业旅游业服务的指导。例如，文昌市农业科技 110 推广应用了辣椒、南瓜、冬瓜、圣女果等的冬季瓜菜栽培技术，荔枝、香蕉、西瓜、木瓜、芒果、椰子、胡椒、橡胶等热带水果和热带作物的种植技术，文昌鸡、锦山鹅、猪、山羊等畜禽的饲养技术，对虾、罗非鱼、东风螺、石斑鱼、鲍鱼、花鳗等的海淡水养殖技术，为农民提供了品种选择、田间管理、病害防治、节水灌溉、设施农业、无公害种养等方面的技术服务。文昌市会文服务站利用当地资源优势，在定大养殖公司建立了对虾育苗基地 400 亩、对虾养殖基地 500 亩、石斑鱼养殖示范基地 200 亩等，促进了科技成果的转化。2018 年，文昌市水产养殖面积有 18 万多亩。[②]

3. 农业科技 110 以电话指导与下基地指导为主要服务形式

服务站提供专业化服务的形式有电话指导、举办技术培训班、下基地指导等。调查显示，样本服务站平均一年电话指导 1153.7 次，平均每天接打 3 次，平均一年举办技术培训班 21.5 次，平均每半个月 1 次；平均一年

---

① 临高县科学技术局：《发挥科技引领　助力脱贫攻坚——临高县"十三五"以来农业科技 110 工作总结》，2018。

② 文昌市科学技术工业信息化局：《文昌市 2016—2018 年农业科技 110 工作情况》，2018。

下基地指导411次，平均一天1次（见表2.20）。观察标准差值可知，不同服务站提供专业化服务的次数差异较大。

**表2.20　服务站提供的专业化服务形式**

单位：次

| 类别 | 平均次数 | 标准差 |
|---|---|---|
| 电话指导 | 1153.7 | 1380.4 |
| 举办技术培训班 | 21.5 | 61.8 |
| 下基地指导 | 411 | 586.3 |

调查表明，年度考核为优秀的服务站提供的服务强度要大。考核评定为优秀的服务站基本除了举办技术培训班这一形式之外，其余服务形式（包括电话指导、下基地指导等）在平均次数上都比标准化服务站多。同样，除了举办技术培训班这一形式外，优秀服务站其余各项服务次数统计的标准差都高于标准化服务站。这反映出，优秀服务站相较标准化服务站总体做出了更多的服务；标准化服务站虽然举办技术培训班平均次数多，但有的服务站培训次数很多，有的很少，服务量参差不齐；从标准差值来看，优秀服务站之间也还有很大的差距（见表2.21）。

**表2.21　服务站与各类服务形式的强度**

单位：次

| 服务形式 | 分析类型 | 服务站 | |
|---|---|---|---|
| | | 标准化服务站 | 优秀服务站 |
| 电话指导 | 均值 | 1017.9 | 1367.9 |
| | 标准差 | 1325 | 1474.2 |
| 举办技术培训班 | 均值 | 24.1 | 17.8 |
| | 标准差 | 76.2 | 28.4 |
| 下基地指导 | 均值 | 346.6 | 512.7 |
| | 标准差 | 405.3 | 796.4 |

4. 农业科技110以与精准扶贫项目和科技人才项目融合为主要服务特色

海南农业科技110服务体系发展的一个特色就是与精准扶贫项目相融

合。农业科技 110 扶贫主要依托服务站及其负责人，有的县按照就近就地原则，安排一个服务站与一个脱贫村结成帮扶对子，明确扶贫目标。服务站与科研院所合作，建立科技示范基地，开发农业新技术新品种，带动农户生产脱贫。如澄迈县就建立了桥沙地瓜、无籽蜜柚等五个科技示范基地，带动与帮扶贫困户。许多县市服务站通过向贫困户赊销农资方式，进行扶贫帮困。①

海南农业科技 110 发展的另一特色就是与中西部科技副乡镇长派遣计划、科技特派员制度等人才计划项目相融合。进一步考察发现，在 21 个有效样本服务站中，科技特派员工作表现在培育科技示范户、培育脱贫致富带头人、技术帮扶等方面，90.5% 的科技特派员培养了科技示范户和脱贫致富带头人，全部科技特派员进行了技术扶持服务，其中有一位还进行了新产品推广。例如，临高县挂职皇桐镇科技副镇长曾祥江创新工作模式，以"科技 + 扶贫"模式，在金波村实施了莲花科技项目；挂职南宝镇副镇长刘少岸创新工作方式，利用微信平台，创建了"南宝镇农业技术服务"微信群，又借用电视夜校平台举办各类农业适用技术培训。② 再如，2017年 1 月儋州市橡胶技术推广服务站羊家滋参加海南省中西部市县科技副乡镇长派遣计划，挂任白沙县阜龙乡科技副乡长，实施榴莲蜜引种、试种和示范项目，由阜龙乡那也村、红岭村 3 户农户参加，种植榴莲蜜 30 亩，羊家滋同时作为乡级帮扶责任人，帮扶阜龙乡打腰村 4 户贫困户。③ 科技特派员工作内容情况如表 2.22 所示。

**表 2.22　科技特派员工作内容**

单位：人，%

| 工作内容 | 响应 | | 个案百分比 |
|---|---|---|---|
| | 数量 | 占比 | |
| 培养科技示范户 | 19 | 31.7 | 90.5 |

①　金丹、赵松林：《海南农业科技 110 服务体系发展特征及其转型升级》，《热带农业科学》2019 年第 1 期。
②　临高县科学技术局：《发挥科技引领　助力脱贫攻坚——临高县"十三五"以来农业科技110 工作总结》，2018。
③　来源于陈李荣提供的资料。

续表

| 工作内容 | 响应 | | 个案百分比 |
| --- | --- | --- | --- |
| | 数量 | 占比 | |
| 培养脱贫致富带头人 | 19 | 31.7 | 90.5 |
| 技术扶持 | 21 | 35 | 100 |
| 新产品推广 | 1 | 1.7 | 4.8 |
| 合计 | 60 | 100 | — |

### （三）对农业科技 110 服务的接受情况

在本部分，主要从农民角度出发，如受访农户有农业生产问题时是否寻求服务站的帮助、得到哪些农业科技 110 服务等方面，来考察受访农户对农业科技 110 服务的接受情况。

1. 当有技术或农资等方面需求时，超过 80% 的农民会选择直接去服务站寻求帮助

当有技术或农资需求时，超过 80% 的农户表示会向服务站求助。在有效调查样本中，有 191 位农民，即 84.5% 的农民表示会选择主动向服务站求助（见表 2.23）。

表 2.23　农民主动寻求服务站帮助情况

单位：人，%

| 是否主动寻求服务站帮助 | 数量 | 占比 |
| --- | --- | --- |
| 是 | 191 | 84.5 |
| 否 | 35 | 15.5 |
| 合计 | 226 | 100 |

进一步考察农民寻求服务站帮助的途径后发现，接近 90% 的农民会选择直接去服务站当面寻求帮助。在有效调查样本中，有 169 人，即占比为 88.5% 的农户会直接去服务站寻求帮助（见表 2.24）。

无论服务站距离自己家近或者是远，直接去服务站都是受访农户最主要的寻求帮助的方式，即便距离自家 10 千米之外也有 95.5% 的农民愿意前往服务站（见表 2.25）。

表 2.24　农民寻求服务站帮助方式

单位：人，%

| 方式 | 数量 | 占比 |
|------|------|------|
| 打热线电话 | 10 | 5.2 |
| 手机上网 | 11 | 5.8 |
| 直接去服务站 | 169 | 88.5 |
| 其他 | 1 | 0.5 |
| 合计 | 191 | 100 |

表 2.25　服务站距离与农民寻求帮助方式交叉分析

单位：%

| 距离 | 农民寻求帮助方式 | | | | 合计 |
|------|------|------|------|------|------|
| | 打热线电话 | 手机上网 | 直接去服务站 | 其他 | |
| 1 千米以内 | 13.3 | 6.7 | 80 | 0 | 100 |
| 1~3 千米 | 1.8 | 5.3 | 92.9 | 0 | 100 |
| 4~5 千米 | 6.5 | 10.9 | 82.6 | 0 | 100 |
| 6~10 千米 | 5.4 | 0 | 91.9 | 2.7 | 100 |
| 10 千米以外 | 0 | 4.5 | 95.5 | 0 | 100 |

调查情况显示，各年龄段农民相比较而言，打热线电话以中年农民为多，手机上网的以 35 岁及以下的青年农民为多，老年人多选择直接去服务站求助，而不选择打热线电话或手机上网（见表 2.26）。

表 2.26　年龄与农民寻求帮助的方式交叉分析

单位：%

| 年龄 | 农民寻求帮助的方式 | | | | 合计 |
|------|------|------|------|------|------|
| | 打热线电话 | 手机上网 | 直接去服务站 | 其他 | |
| 35 岁及以下 | 2.3 | 14 | 83.7 | 0 | 100 |
| 36~45 岁 | 1.5 | 2.9 | 95.6 | 0 | 100 |
| 46~60 岁 | 11.4 | 4.3 | 84.3 | 0 | 100 |
| 61 岁及以上 | 0 | 0 | 90 | 10 | 100 |

2. 80% 多的受访农民接受过技术指导服务但接受专家指导的比较少，近一半的农民没有接受过农业科技 110 技术培训

样本农户中有 80% 多接受过服务站提供的技术指导。实地调查表明，从农民接受角度来看，在 226 个有效样本中，有 181 人曾得到服务站的技术指导，占比为 80.1%，仅有 19.9% 的农户未接受服务站技术指导服务（见表 2.27）。

表 2.27 农民接受技术指导情况

单位：人，%

| 是否接受过技术指导 | 数量 | 占比 |
| --- | --- | --- |
| 是 | 181 | 80.1 |
| 否 | 45 | 19.9 |
| 合计 | 226 | 100 |

西部地区农民接受技术指导的为最多。调研组分地区观察发现，不同地区的技术指导服务覆盖面有显著差距，西部地区覆盖面广，87.9% 的农民接受过服务站的技术指导，超过全省 80.1% 的平均比例；中部地区次之，78.6% 的农民接受过技术指导，东部地区为 65.3% （见表 2.28）。

在此需要说明的是，海南区域分类标准参照海南省统计部门的分类标准；海南省东部地区是指海口、三亚、文昌、琼海、万宁、陵水 6 市县，中部地区是指五指山、定安、屯昌、琼中、保亭、白沙 6 市县，西部地区是指儋州、东方、澄迈、临高、乐东、昌江、洋浦 7 市县；三沙市未纳入统计。

表 2.28 不同地区农民接受技术指导情况

单位：人，%

| | | 是否接受过技术指导 | | 合计 |
| --- | --- | --- | --- | --- |
| | | 是 | 否 | |
| 东部地区 | 数量 | 32 | 17 | 49 |
| | 占比 | 65.3 | 34.7 | 100 |
| 中部地区 | 数量 | 55 | 15 | 70 |
| | 占比 | 78.6 | 21.4 | 100 |

续表

| | | 是否接受过技术指导 | | 合计 |
|---|---|---|---|---|
| | | 是 | 否 | |
| 西部地区 | 数量 | 94 | 13 | 107 |
| | 占比 | 87.9 | 12.1 | 100 |
| 合计 | 数量 | 181 | 45 | 226 |
| | 占比 | 80.1 | 19.9 | 100 |

技术指导来源以服务站工作人员为主。有 97.2% 的农民所接受技术指导的来源为服务站技术人员，样本农户中仅有 1 位农民接受过县市专家的指导，仅有 2 位农民接受过省内专家指导（见表 2.29）。可见，农民接受技术指导的来源尚比较单一。

表 2.29 农民接受技术指导的来源

单位：人，%

| 技术指导提供者 | 数量 | 占比 |
|---|---|---|
| 服务站技术人员 | 176 | 97.2 |
| 县市专家 | 1 | 0.6 |
| 省内专家 | 2 | 1.1 |
| 其他 | 2 | 1.1 |
| 合计 | 181 | 100 |

3. 超过一半的农民没有接受过技术培训服务，受教育水平越高的农民接受技术培训的越少

举办技术培训班对农民进行技术培训是服务站服务的主要内容与重要方式之一，农民接受技术培训服务较少。调查表明，在 226 户农民中，仅有 111 户农民接受过技术培训，占比为 49.1%（见表 2.30），换句话说，超过一半的受访农民没有参加过农业科技 110 技术培训。

受教育水平越高的农民接受培训的越少。本专题调研组考察培训是否与农民的受教育水平有关，发现农民受教育水平越高，接受服务站技术培训的就越少，受教育水平为小学及以下的农民中有 66.7% 的人接受了服务站的培训；受教育水平为初中的农民中接受培训者占比为 55.4%；拥有大

专及以上学历的农民中仅有 33.3% 的人接受过培训（见表 2.31）。

**表 2.30　农民接受技术培训的情况**

单位：人，%

| 是否接受过技术培训 | 数量 | 占比 |
|---|---|---|
| 是 | 111 | 49.1 |
| 否 | 115 | 50.9 |
| 合计 | 226 | 100 |

**表 2.31　不同受教育水平农民接受培训的情况**

单位：人，%

| | | 是否接受过培训 | | 合计 |
|---|---|---|---|---|
| | | 是 | 否 | |
| 小学及以下 | 数量 | 22 | 11 | 33 |
| | 占比 | 66.7 | 33.3 | 100 |
| 初中 | 数量 | 51 | 41 | 92 |
| | 占比 | 55.4 | 44.6 | 100 |
| 高中或中专 | 数量 | 28 | 43 | 71 |
| | 占比 | 39.4 | 60.6 | 100 |
| 大专及以上 | 数量 | 10 | 20 | 30 |
| | 占比 | 33.3 | 66.7 | 100 |
| 合计 | 数量 | 111 | 115 | 226 |
| | 占比 | 49.1 | 50.9 | 100 |

西部地区农民接受培训的较多。从不同地区的农民接受技术培训的情况来看，西部地区农民中接受技术培训的最多，有 56.1% 的农民接受过服务站的技术培训，中部地区与东部地区接受技术培训的农民分别占 44.3%、40.8%（见表 2.32）。

在受访农民中，所有接受培训的农民每年平均参加 3.5 次服务站的技术培训，各个地区的农民接受培训的次数有较大差异，其中，西部地区农户接受培训的次数最多。调查表示，西部地区农民每年平均接受了 4.1 次培训，是唯一超过所有地区平均值的地区。但就其标准差表现看，西部地区内农民接受培训次数的差异也较大；东部地区农民每年平均接受 3.2 次培训，少于各区域平均次数；中部地区农民每年平均接受次数为 2.7 次，为最少，但地区内各农民参加培训次数相差不大（见表 2.33）。

表 2.32　不同区域农民接受技术培训情况

单位：人，%

| | | 是否接受过培训 | | 合计 |
| | | 是 | 否 | |
|---|---|---|---|---|
| 东部地区 | 数量 | 20 | 29 | 49 |
| | 占比 | 40.8 | 59.2 | 100 |
| 中部地区 | 数量 | 31 | 39 | 70 |
| | 占比 | 44.3 | 55.7 | 100 |
| 西部地区 | 数量 | 60 | 47 | 107 |
| | 占比 | 56.1 | 43.9 | 100 |
| 合计 | 数量 | 111 | 115 | 226 |
| | 占比 | 49.1 | 50.9 | 100 |

表 2.33　不同地区农民平均参加培训次数

单位：次，个

| 地区分组 | 均值 | 样本数 | 标准差 |
|---|---|---|---|
| 东部地区 | 3.2 | 20 | 2.1 |
| 中部地区 | 2.7 | 31 | 1.8 |
| 西部地区 | 4.1 | 60 | 3.9 |
| 全部地区 | 3.5 | 111 | 3.2 |

4. 超过 45% 的农民接受过赊购农资服务，西部地区超过 60% 的农民接受过赊购农资服务

赊购农资服务是服务站在技术支持服务外所提供的一项服务，以助力农民生产经营过程中的资金周转。在 226 个农民中，有 102 个农民接受过服务站的农资赊购服务，占比为 45.1%（见表 2.34）。

另外发现，不同地区农民从服务站赊购农资的情况也有显著差异。东部地区服务站为农民提供赊购农资服务的情况最少，仅 22.4% 的农民接受

此项服务；西部地区相反，60.7%的农民在服务站接受过赊购农资服务；中部地区处于中间水准，有37.1%的农民在当地服务站接受过赊购农资服务。

表2.34 不同区域农民接受赊购农资情况

单位：人，%

| | | 是否接受过赊购农资服务 | | 合计 |
|---|---|---|---|---|
| | | 是 | 否 | |
| 东部地区 | 数量 | 11 | 38 | 49 |
| | 占比 | 22.4 | 77.6 | 100 |
| 中部地区 | 数量 | 26 | 44 | 70 |
| | 占比 | 37.1 | 62.9 | 100 |
| 西部地区 | 数量 | 65 | 42 | 107 |
| | 占比 | 60.7 | 39.3 | 100 |
| 合计 | 数量 | 102 | 124 | 226 |
| | 占比 | 45.1 | 54.9 | 100 |

5. 接受销售服务的农民总体上较少，农民接受服务的形式以服务站联系大宗收购商销售为主

当下，农产品销售是一大难题，一些基层服务站利用自己的网络与关系提供了代销农产品的服务。农产品销售也是农民较为关注的问题，直接决定了他们生产的成效。

农户整体上接受销售服务的较少。据226个农户反馈，服务站总体的农产品销售服务供给较少，仅28.3%的农户表示接受过服务站提供的销售服务，仍有超过70%的农民没有接受过该服务（见表2.35）。

表2.35 农民接受农产品销售服务情况

单位：人，%

| 是否接受过农产品销售服务 | 数量 | 占比 |
|---|---|---|
| 是 | 64 | 28.3 |
| 否 | 162 | 71.7 |
| 合计 | 226 | 100 |

西部地区农民接受销售服务的居多。进一步对不同地区加以分析，西部地区的服务站在该项服务供给上做得最好，42.1%的农民接受过农产品销售服务，其余地区远达不到这一水准。其次是东部地区，仅 24.5%的农民接受过该服务，最少的是中部地区农民，接受过农产品销售服务的仅占10%（见表 2.36）。

表 2.36 不同地区农民接受农产品销售服务情况

单位：人，%

| | | 是否接受过农产品销售服务 | | 合计 |
| --- | --- | --- | --- | --- |
| | | 是 | 否 | |
| 东部地区 | 数量 | 12 | 37 | 49 |
| | 占比 | 24.5 | 75.5 | 100 |
| 中部地区 | 数量 | 7 | 63 | 70 |
| | 占比 | 10 | 90 | 100 |
| 西部地区 | 数量 | 45 | 62 | 107 |
| | 占比 | 42.1 | 57.9 | 100 |
| 合计 | 数量 | 64 | 162 | 226 |
| | 占比 | 28.3 | 71.7 | 100 |

如图 2.2 所示，农民接受销售服务的形式以联系大宗收购商为主。根据对接受过销售服务的 28.3% 的农民的调查，服务站会告知农民他们采用的销售渠道。87.5% 的农民表示接受过当地服务站以联系大宗收购商的方

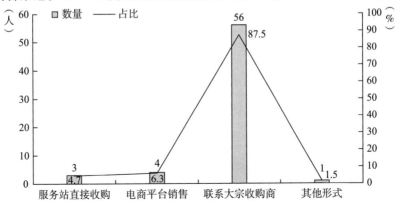

图 2.2 农民接受农产品销售服务的形式

式解决他们销售问题的服务。4 位农户的产品是服务站通过电商平台帮其销售，3 位农民的产品由服务站直接收购。可见，农民可以接受的农产品销售服务形式还比较单一。

## （四）对农业科技 110 服务的评价情况

为适应海南自贸区（港）"三区一中心"建设要求，特别是为适应海南现代高效农业发展，农业科技 110 需要转型升级，科技服务价值体现在降低农业生产成本，提高农产品产量、质量与保障安全方面，海南农业科技 110 服务价值与成效可由服务接受方即农民的评价来体现。本部分主要从农民角度来考察农业科技 110 服务满意与评价情况，以此来反映农业科技 110 服务的成效与价值。

1. 超过 70% 的农民认为服务站科技宣传对他们有较大帮助，中老年农民对宣传作用评价高

科技宣传对于提升农民科技素养特别是实用技术有重要作用。在科技部门的领导下，服务站也重视科技下乡进村宣传。例如，2017 年 1 月至 10 月，儋州橡胶技术推广站全程参与科普集市、科技下乡等系列活动，宣传推广东坡雁、榴莲蜜、蜜柚、莲雾等农业新品种，宣传推广东坡雁健康养殖、榴莲蜜种植、蜜柚种植、莲雾种植及橡胶新割制等实用技术，累计接受农民技术咨询 2300 多人次，其中接受现场咨询 1850 多人次，热线电话咨询 450 多人次，现场发放《蜜柚种植管理技术》《莲雾栽培技术》《东坡雁健康养殖技术》等技术宣传资料 2500 多份。[①]

调查数据表明，服务站的宣传对于他们了解服务站和农业科技信息"非常有帮助"的农民最多，占 40.7%；选择"比较有帮助"的农民占 32.4%，对帮助作用的正面评价总体超过 70%（见表 2.37）。由此可见，农民对于服务站的宣传工作总体认可度较高。

数据分析显示，不同年龄段农民对服务站宣传作用的评价存在显著差异。35 岁及以下的年轻农民对宣传作用的评价为"一般"的为 29.8%，36～45 岁的中青年农民为 21.8%，46～60 岁的中老年农民仅为 13.6%；年轻农民中认为服务站"帮助较小"或"没有帮助"者分别占 10.5% 和

---

① 资料来源于陈李荣。

3.6%，中青年农民为 1.3% 和 6.3%，总体趋势是年龄段越高，负面评价数据越低，61 岁及以上的老年农民对服务站宣传作用无负面评价（见表 2.38）。由此可见，服务站宣传工作普遍获得中老年农民的认可，但并不受部分年轻农民认可，此应与青年农民社交生活方式的变化和服务站信息化建设有效性有关。

表 2.37 农民对服务站科技宣传作用的评价

单位：人，%

| 评价 | 数量 | 有效百分比 | 累积百分比 |
|---|---|---|---|
| 非常有帮助 | 92 | 40.7 | 40.7 |
| 比较有帮助 | 73 | 32.4 | 73.1 |
| 一般 | 45 | 19.9 | 93 |
| 帮助较小 | 8 | 3.5 | 96.5 |
| 没有帮助 | 8 | 3.5 | 100 |
| 合计 | 226 | 100 | |

表 2.38 不同年龄段农民对服务站科技宣传作用的评价

单位：%

| 年龄 | 非常有帮助 | 比较有帮助 | 一般 | 帮助较小 | 没有帮助 | 合计 |
|---|---|---|---|---|---|---|
| 35 岁及以下 | 33.3 | 22.8 | 29.8 | 10.5 | 3.6 | 100 |
| 36～45 岁 | 32.1 | 38.5 | 21.8 | 1.3 | 6.3 | 100 |
| 46～60 岁 | 53.1 | 30.9 | 13.6 | 1.2 | 1.2 | 100 |
| 61 岁及以上 | 50 | 50 | 0 | 0 | 0 | 100 |

2. 农民对服务总体评价为中等偏上，对服务站技术人员田间指导非常满意的最多

本专题调研组将农民对资金支持、技术支持、赊购农资等九大类服务的满意度进行多重响应分析发现，选择中性评价"一般"项的农民为最多，占比为 46.4%，选择"比较满意"的次之，占比为 29.5%，选择"非常满意"的占比为 21.2%；负面评价中，"较不满意"评价占比为 2.7%，"很不满意"评价占比为 0.2%（见表 2.39）。考察可知，农民对服务站各项服务总体给出中等偏上的评价。

表 2.39 农民对服务的总体满意度

单位：人，%

| 满意程度 | 数量 | 占比 |
|---|---|---|
| 非常满意 | 399 | 21.2 |
| 比较满意 | 554 | 29.5 |
| 一般 | 872 | 46.4 |
| 较不满意 | 51 | 2.7 |
| 很不满意 | 4 | 0.2 |
| 合计 | 1880 | 100 |

进一步看服务站各类服务的农民满意度评价情况。值得注意的是：田间指导服务是农民评价"非常满意"最多的服务，农业增收服务是农民评价"比较满意"最多的服务，资金支持服务则是"一般"评价最多的服务，农产品销售服务是"较不满意"评价最多的服务，也是"非常满意"评价最少的服务（见表 2.40）。综合其他服务的评价表现可见：整体上，农民对服务站所提供的田间指导、农业增收服务满意度较高，对赊购农资、无偿帮扶等服务评价中等偏上，对资金支持、农产品销售、扶贫效果和市场信息等服务则满意度不太高。

表 2.40 农民对各服务类型的满意度

单位：人次

| 服务类型 | 非常满意 | 比较满意 | 一般 | 较不满意 | 很不满意 |
|---|---|---|---|---|---|
| 资金支持 | 30 | 33 | 140 | 5 | 1 |
| 技术支持 | 61 | 58 | 86 | 3 | 1 |
| 赊购农资 | 59 | 40 | 109 | 1 | 0 |
| 田间指导 | 83 | 66 | 57 | 3 | 0 |
| 农产品销售 | 21 | 47 | 119 | 21 | 1 |
| 农业增收 | 35 | 93 | 73 | 6 | 1 |
| 无偿帮扶 | 60 | 74 | 71 | 4 | 0 |
| 扶贫效果 | 26 | 71 | 108 | 4 | 0 |
| 市场信息 | 24 | 72 | 109 | 4 | 0 |
| 总计 | 399 | 554 | 872 | 51 | 4 |

### 3. 农民普遍对技术指导服务评价高，西部地区尤为满意

农民对技术指导服务大体满意。49.2%的农民持有"非常满意"评价，将近一半，持有"比较满意"评价的农民占37.5%，两者合计达86.7%；持有"一般满意"和"非常不满意"评价的农民分别占总数的12.2%和1.1%，占比较小（见表2.41）。可知，农民普遍对技术指导服务持满意态度，仅小部分农民不太满意。

表2.41　农民对技术指导服务满意程度

单位：人，%

| 满意程度 | 数量 | 有效百分比 | 累积百分比 |
|---|---|---|---|
| 非常满意 | 89 | 49.2 | 49.2 |
| 比较满意 | 68 | 37.5 | 86.7 |
| 一般满意 | 22 | 12.2 | 98.9 |
| 非常不满意 | 2 | 1.1 | 100 |
| 合计 | 181 | 100 | |

不同地区农民对服务站技术指导的满意度有一定差异，总体来说西部地区农民对技术指导服务满意度高。各个地区持"非常满意""比较满意"两个正面评价的农民占比均超过70%。其中，西部地区整体满意度最高，评价为"非常满意"的农民占比高达64.9%，评价为"比较满意"的农民占比也达27.7%；中部地区和东部地区次之，中部地区评价为"非常满意"的农民占38.2%，另有45.5%的农民认为"比较满意"，但有14.6%的农民认为"一般满意"和1.7%的农民认为"非常不满意"；东部地区评价为"非常满意""比较满意"的农民占比分别为21.9%、53.1%，评价为"一般满意"的农民是各地区中占比最大的，达21.9%（见表2.42）。

表2.42　不同地区农民对技术指导服务满意程度

单位：人，%

| | | 非常满意 | 比较满意 | 一般满意 | 非常不满意 | 合计 |
|---|---|---|---|---|---|---|
| 东部地区 | 数量 | 7 | 17 | 7 | 1 | 32 |
| | 占比 | 21.9 | 53.1 | 21.9 | 3.1 | 100 |

| | | 非常满意 | 比较满意 | 一般满意 | 非常不满意 | 合计 |
|---|---|---|---|---|---|---|
| 中部地区 | 数量 | 21 | 25 | 8 | 1 | 55 |
| | 占比 | 38.2 | 45.5 | 14.6 | 1.7 | 100 |
| 西部地区 | 数量 | 61 | 26 | 7 | 0 | 94 |
| | 占比 | 64.9 | 27.7 | 7.4 | 0 | 100 |
| 合计 | 数量 | 89 | 68 | 22 | 2 | 181 |
| | 占比 | 49.2 | 37.6 | 12.1 | 1.1 | 100 |

4. 农民普遍对技术培训服务评价高，西部地区满意度突出

接受过技术培训的农民，对技术培训服务满意度评价高，认为"非常满意"的农民有 59 位，占总数的 53.2%，超过半数；认为"比较满意"的农民有 47 位，占 42.3%，接近半数，前两者加总为 95.5%；认为"一般满意"的农民有 4 位，认为"不太满意"的农民有 1 位，分别占 3.6% 和 0.9%（见表 2.43）。

表 2.43 农民对技术培训服务满意程度

单位：人，%

| 满意程度 | 数量 | 占比 | 累积百分比 |
|---|---|---|---|
| 非常满意 | 59 | 53.2 | 53.2 |
| 比较满意 | 47 | 42.3 | 95.5 |
| 一般满意 | 4 | 3.6 | 99.1 |
| 不太满意 | 1 | 0.9 | 100 |
| 合计 | 111 | 100 | |

分地域考察发现，不同地区农民对技术培训服务的满意程度稍有区别。其中，西部地区满意度最高，76.6% 的农民对培训"非常满意"，20% 的农民"比较满意"，两者加总为 96.6%，满意程度非常高；中部地区认为"非常满意"的农民占 35.5%，认为"比较满意"的农民占 61.3%；东部地区认为"非常满意"的农民较少，占比为 10%，认为"比较满意"的占比为 80%。总之，三个地区的农民对技术培训服务的正面评价总体上超过了 90%，为 95.5%（见表 2.44）。

表 2.44　不同地区农民对技术培训服务满意程度

单位：人，%

| | | 非常满意 | 比较满意 | 一般满意 | 非常不满意 | 合计 |
|---|---|---|---|---|---|---|
| 东部地区 | 数量 | 2 | 16 | 2 | 0 | 20 |
| | 占比 | 10 | 80 | 10 | 0 | 100 |
| 中部地区 | 数量 | 11 | 19 | 1 | 0 | 31 |
| | 占比 | 35.5 | 61.3 | 3.2 | 0 | 100 |
| 西部地区 | 数量 | 46 | 12 | 1 | 1 | 60 |
| | 占比 | 76.6 | 20 | 1.7 | 1.7 | 100 |
| 合计 | 数量 | 59 | 47 | 4 | 1 | 111 |
| | 占比 | 53.2 | 42.3 | 3.6 | 0.9 | 100 |

5. 除了技术指导与培训之外，农民对服务站其他服务评价总体上较高

除技术指导与培训服务评价之外，还需考察农民对服务站其他服务的评价情况。为便于简洁、清晰地总体把握，将对资金支持、赊购农资、农产品销售等七项服务内容的评价进行赋值计算。"非常满意"赋值为1，"比较满意"赋值为2，"一般满意"赋值为3，"较不满意"赋值为4，"非常不满意"赋值为5。将所有农民的评价进行比较均值计算，单项均值小于3，则认为评价是正面的，数值越小，满意度越高；单项均值大于3，则认为评价是负面的，数值越大，满意度越低。统计分析表明，各项服务单项均值都小于3，农民对服务站提供的七项服务整体上都给予了正面评价。其中，对服务站的无偿帮扶整体满意度最高，对赊购农资、农业增收服务评价也较高，对农产品销售、资金支持的整体满意度较其他服务类型偏低，是日后需要改进的方面（见图2.3）。

# 四　农业科技 110 服务问题分析

海南农业科技 110 在服务农民、助力农业现代化等方面取得了一定成效，也得到了党和国家领导人的肯定。但必须注意到，随着经济社会快速发展，在海南自贸区（港）建设、乡村振兴、农业供给侧结构性改革的新背景下，海南农业科技 110 面临一些问题亟须解决。

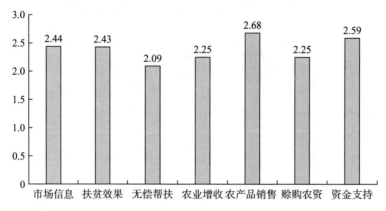

图 2.3 农民对相关服务评价对比

## （一）人才队伍能力建设需要强化，技术服务条件需要改善

数据显示，29.2%的农民认为"缺技术"是他们在农业生产中遇到的最大问题，27.7%的农民认为自己最需要技术方面的帮扶，两项统计均占各自总数的第二高百分比。这说明技术问题仍然是农民的一大难题。尽管农民对服务站技术支持的满意度普遍较高，各个地区的人数占比都在70%以上，但是农民满意并不意味着他们真正获得了需要的技术服务，解决了技术问题，这从侧面显示出服务站技术服务对于农民的助力不足。

1. 技术服务人才短缺

基层服务站缺技术人员是农业科技110体系的一大难点。一是专业技术人员严重不足。调查数据表明，没有技术专家团队的服务站占比为49%，接近所有调查服务站的一半。根据2018年海南省科技厅对农业科技110服务站的管理认定办法文件，拥有3个及以上的技术人员才可获得相关指标考核加分。结合调研数据情况，本专题调研组对服务站人员数量进行分组分析发现，38.8%的服务站技术人员数量为2人及以下，占比最大（见图2.4）。可见，近40%的服务站技术人员数量不合乎考核标准，技术人员缺乏问题严重。

二是技术人员的专业水平不够。除少数与大型企业、科研院所合作的服务站配备有充足的科技专家外，大部分服务站的技术人员都是由站内管理工作人员兼任，97.2%的农民表示，他们接受的技术指导来自站内工作人员而非农业专家。

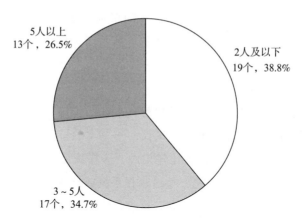

**图 2.4 服务站技术人员配备情况**

三是工作人员专业水平不足，技术扶助精力有限，大多需兼营农资，只在购买农资时给予农民简单指导，指导的准确性也无法保证，还有一些人员由乡镇工作人员兼职。49 家服务站中有 41 家服务站送技术人员外出参加培训，但其中只有 15 家在培训后对技术人员进行了技术考核。由此可见，服务站技术人才的队伍建设也存在一定的不足。

2. 技术服务能力扩展有限

调查发现，服务站提供的技术指导服务内容较为单一，不够丰富，较为传统，缺乏更新。超过 80% 的服务聚焦于热带农作物和水果等常规农产品的种植指导服务，对冬季瓜菜、畜禽类农牧业的指导服务较少，对新型农业、农业旅游等新产业、交叉产业的指导更少。尽管这与各地市场的主要需求有关，但对于当今从事生产越发多元化的农民而言，技术的缺陷正蕴含于这些新型产业之中。因此，在农民对技术指导和技术培训的满意度调查中，相比较而言，年轻农民的满意度普遍低于中老年农民，且越是受教育水平高的农民，越较少地接受服务站的技术服务。这反映出农业技术服务无法满足新市场、新农民的要求。

3. 技术培训的"造血"功能不足

服务站技术扶贫的一个主要方向是与政府科技特派员等多方面力量合作，培养"科技示范户""脱贫致富带头人"等，以营造技术支持多点辐射的基层技术示范与支撑体系。但是调查结果显示：参加培训的农民少，尽管大部分科技特派员在开展这项工作，但是接受技术培训者不足总数的一半；参加培训的农民文化程度低，参加培训的多数为初中学历的农民，大专及以上学历农民中仅有33.3%参加，技术培训如果缺少对农村高文化程度农民的吸纳和教育，就很难成功培养示范户、带头人。

4. 技术服务设备更新较慢

如前所述，大多数服务站除了配备有基本的设施外，缺少科技服务站应有的技术设备，如"土壤养分测试仪"等基本的检测工具只有10.9%的服务站配备了。又如，相关标准化建设中，应搭配专业设备的"土化监测区"只有16.3%的服务站建立，通过远程系统或现场开展的技术培训所需的培训区只有55.1%的服务站建立。这也是影响服务站技术水平升级的一大因素。

### （二）经费投入渠道不宽，服务站经营面临困境

服务站经费投入渠道较窄且不稳定，大多数服务站依靠售卖农资收入，而农资存在赊销现象，这加剧了服务站的经费紧张与经营风险。

1. 政府考核奖励投入偏少，难以发挥杠杆效应

经费投入包括中央财政投入、省财政投入、市县财政投入及农垦系统投入等形式。财政投入部分主要用于农业科技110设施与信息化建设以及考核奖励方面。如临高县2016～2018年县财政共投入135万元建设5个标准化服务站，创建4个农业科技培训中心，核减4个服务站，新增2个服务站，显然，全县每年平均45万元的农业科技110投入太少。当然，这与县财政约束有关，也与县领导重视程度有关。省科技部门以年终考核形式，分别给予合格、优秀、龙头服务站2万至6万元不等的奖励支持。2008年至2012年，农业科技110被列入海南省十大民生工程之一，每年有1000万元经费，从2013年起便无这笔经费，2015年专项经费仅480万元，2016年有530万元，平均分摊到每个服务站不足2万元。[①] 这对于规模较大的、经营效益较好的服务站，激励作用并不大，并且往往会促成部分服务站套取奖金现象，而对经营一般的、科技服务布点需要的服务站，显然这些奖励投入偏少。当然，这与政府政策定位有关，此笔考核奖励资金旨在发挥杠杆效应，引导更多渠道资金投入农业科技110。

---

① 王玉洁：《"农业科技110"如何重振雄风?》，《海南日报》2016年4月13日，第5版。

**2. 服务站经营收入来源单一，增长投入能力不足**

服务站经费投入主要是企业自主投入部分，用于生产经营和免费科技服务。依托农资企业的服务站以售卖农资产品为收入来源，并提供赊购农资、农资入股等服务。收入途径单一，售卖农资成为许多服务站的主要收入来源。农资市场竞争激烈，服务站需要创新经营手段才能胜出，也才能有更多收入保证再投入经营。如昌江有一个服务站，依托农资店投入运营，一开始成为县里宣传学习的典型，后来因经营问题，有名无实，已经停止正常经营。

**3. 因赊销而垫付较多资金，服务站经营风险加大**

赊购农资服务是许多服务站不得不提供的服务。34.5% 的农民认为"缺资金"是他们在生产中遇到的最大问题，40.5% 的农民认为"资金支持"是最急需的帮扶方式。资金问题仍旧是农民在农业生产中面临的大问题。对农民而言，当今农业市场风险远高于以往，为应对资金周转困境，只能找服务站赊购农资。而对大部分以农资企业为依托、以农资经营为主要收入的服务站而言，赊购农资服务成为市场竞争的必要手段，很多服务站基本已经面临经营压力，负责人也不得不自己垫资、融资以为农民提供赊账服务。如果无法提供，客户就会流失，但农民经常无法按期偿还赊账，这又为服务站经营带来更大压力。调查数据表明，在 226 个有效样本中，有 102 人，即占比为 45.1% 的农民接受过服务站赊购农资服务（见表2.45）。服务站提供赊购农资的服务，导致在农作物收获前服务站无法获得其他收入，资金垫付压力较大，对服务站可持续经营产生了影响。如昌江县五联服务站，在农户因市场价格下跌，收益微薄，无力偿还欠款的情况下，损失超过 100 万元。

**表 2.45 农民接受赊购农资服务情况**

单位：人，%

| 是否接受过赊购农资服务 | 数量 | 占比 |
|---|---|---|
| 是 | 102 | 45.1 |
| 否 | 124 | 54.9 |
| 合计 | 226 | 100 |

其背后反映的是农业市场机制与公共服务体系间内在的结构性矛盾。在市场在资源配置中的作用进一步强化的同时，政府公共服务未能及时为农民建立有效抵御市场风险的保护性机制，作为市场化经营体的服务站，不得不在这一特定阶段承担此公共服务职能。实际上，农资赊购是一种具有公共、保障性质的金融服务，在农村金融供给不足的情况下，服务站以市场化形式提供，不但难以建立该服务产品的市场规范，对农民群体而言没有在真正意义上抵御好市场风险，而且也为服务站增加了很多本不属于其公共职能范围内的诸多压力，导致其无法将人财物更好地集中于科技服务。

### （三）科技服务内容创新不足，农业科技 110 服务拓展空间大

2019 年中央一号文件提出，要发展壮大乡村产业，拓宽农民增收渠道，需要打造特色品牌产业、现代农产品加工业，促进农村第一、二、三产业融合。产业发展的新政策反映着农民的新需求，对农业科技 110 服务提出了新要求。但是服务站主要向农民提供的还只是比较初级和基础性的技术服务内容，很难满足产业发展的需要。

1. 农产品销售依靠大宗收购商，互联网科技手段应用不足

"产得多"是基础，"卖得好"才能为农民增收，使小农户生产衔接现代化农业经营体系。调研组考察发现，"销售难"是紧随"缺资金""缺技术"之后的农民的一大难题，有 24.2% 的农民以此为农业生产中遭遇的最大问题，有 25% 的农民认为"农产品销售"是当下最需要的帮扶方式。由于海南省农产品市场受外来市场的冲击竞争，本土农产品的优势被相对消解，市场空间被挤压，农产品面临"找不到市场，卖不到高价"的困境。然而服务站在这方面能提供的帮助比较有限，仅 28.3% 的农民接受过服务站提供的农产品销售服务。在这部分接受销售服务的农民中，87.5% 是服务站帮助联系大宗收购，但大宗收购往往压价严重，无法实现为农民增收，电商平台和服务站直接收购等其他方式尚只占极小部分。在农民对服务站所提供的所有服务的评价中，农产品销售服务是满意度相对而言最低的一项服务。

2. 专业化服务内容需要创新，农业科技 110 服务空间亟待拓宽

农村产业融合需要第二、三产业与第一产业有机衔接，包括生产过程

衔接、技术衔接、农企利益衔接等内容，小农户受限于智识与资源的薄弱很难依靠自身力量完成。服务站有潜力成为一个很好的衔接点，但是服务站显然很少为农户提供相关方面的专业化服务，也缺乏对以上方面的引导。服务站提供的各项服务仍围绕着单一的常规农作物增产、保产开展，难以为农民提供旅游农业、科技农业、农产品加工方面的理念输入、技术输入或资源联结服务。此外，科技为农民生活服务这方面内容还没有展开，如收取水电费、网费等 APP 综合代理平台。这些是服务站建设亟待拓宽的方面。

## （四）服务站信息化建设需要加强，农民信息化能力需要提高

在新媒体高速发展、广泛运用的当下社会，无论是政府还是市场都需加大宣传力度，拓展信息化渠道。但农业科技 110 服务体系在信息化和宣传建设方面稍显不足，调研发现问题主要在于以下两个方面。

### 1. 服务站信息化建设需要加强

海南省农业科技 110 服务体系早期在海南省建立时的主要依托就是信息化建设，通过电话、短信、电脑视频等通信手段实现农业科技与农民的零接触。但随着时间推移，农业科技 110 的信息化建设没有紧随时代步伐加强建设。一方面，设施鲜有更新。各服务站除基本的电脑、电话设备外，并无更专业或更新的信息化设备及相关渠道来源。另一方面，内容鲜有更新。无论是优秀服务站还是标准化服务站，都很少更新农博网、远程问答教育系统等信息化门户的内容和服务站相关动态信息，在信息化宣传方面给社会以"停滞"印象，不太利于后续发展，因而需要加强信息化建设。

另外，为数不多的选择热线电话和手机上网求助的农民大多年纪较小，同时也正是年轻农民较年迈农民更多地认为服务站工作"帮助较小"或"没有帮助"。由此可见，服务站开展的信息化及宣传工作需要强化，搭了平台却没建立好的宣传与经营机制，无法满足农民的需求，尤其无法满足新一代中青年农民的需求，使得服务站与农民乃至市场的沟通成本不降反升。

### 2. 农民信息化能力需要提高

尽管在调研中，服务站方面表示传递出了信息化工作的积极信息，服

务站问卷数据统计显示，各服务站热线电话服务平均一天可提供 2～3 次，部分服务站在访谈和总结材料中还表示建立了微信群、QQ 群等新型网络沟通平台。但从农户调查反馈的情况来看，88.5% 的农民在寻求服务站帮助时选择直接前往服务站，只有 5.2% 的人选择打热线电话，5.8% 的农民选择手机上网求助。即便是服务站距离自家所在地 10 千米以外的农民，选择当面求助的仍占 95.5%。这主要是因为当前农民老龄化、边缘化，从事农业的大多是中老年人，他们的信息接收与处理能力需要进一步提升。

# 五　立足基层服务站，推动农业科技 110 服务转型升级

随着乡村振兴战略与城乡融合发展战略的实施，农业科技 110 迎来发展的新机遇和新使命。作为一项长期运作的服务，其有自身的基础优势，值得政府加大投入，充分利用其助力乡村振兴的作用，但它欲有机嵌入现行农村服务体系，则必须进行转型升级。

## （一）转变发展理念，完善制度顶层设计

要以创新、协调、绿色、开放、共享发展理念为引领，完善农业科技 110 服务体系、制度设计，发挥市场的决定作用，培育服务站适应新形势的能力，推广典型与打造品牌相结合，促进农业科技 110 转型发展。

### 1. 坚持市场化方向，建立资源调配机制

无论是国家大政方针的要求还是地方实践的典型经验，都表明越是充分发挥市场调配功能，越能够释放经济发展活力，加速资源的合理利用和调配，在这一过程中要以做好政府的有力调控和监管为前提。由此，当下以农资企业为依托的服务站应该做到三点：一是坚持市场化运作方式，以当地的产业基础、农民的市场需求为导向开展一系列经营活动，包含市场化的宣传、推出符合农民科技需求的服务产品等等，整个运营体系和模式能在市场竞争中胜出。

二是坦然迎接市场化整合。更新现有农业科技 110 服务站制度，提高服务站准入门槛，政策重点向那些善于经营的、资金雄厚的农业企业办站倾斜，淘汰经营不善的服务站，重新擦亮海南农业科技 110 服务这块金字

招牌。农业科技服务 110 亟须转型升级，但不是每一个服务站都能转型升级，在市场化的有序竞争中必然要淘汰部分体小力薄的服务站，使资源集中于大型的龙头服务站、优秀服务站，让它们升级服务能力，以更好的服务覆盖原有服务站的供给范围。政府可以在这一进程中完善"以奖代补"、项目支持制度设计，引导有序竞争。

三是加强市场化引领，有序竞争不是扩大竞争也并非"零和博弈"，应鼓励龙头服务站和优秀服务站在经营服务中建立站间合作机制，通过资源、技术等多方面的交流互动，"大站带小站，小站助大站"，共同提升经营服务能力，从而更好地为当地农业生产提供有效帮助。

2. 转移过剩公共职能，建立风险保障机制

针对服务站普遍存在的经营压力影响服务转型升级的结构性困境，如赊购农资服务困境、免费技术服务困境等，政府需重新规划相关体制结构，在服务站市场化转型过程中转移它所承载的过多和错位的公共服务职能，为服务站与农业生产群体建立更完善的风险保障机制，更好地释放彼此的市场活力。在具体实施中，一方面，政府可联合县农商行等金融机构，完善当地小额贷款机制，缩短申请周期，延长还贷期限，降低贷款利息，减少贷款抵押，以此为小农户提供农业生产本金，为服务站提供组织运转资金，降低当地服务站赊购农资造成的损失，增加站内经费。

另一方面，政府应与市场建立风险分担机制，降低风险。实施政府基金拉动、财政贴息助力，集结各方资源和优势，政府与保险公司通过测算政府投资、群众受益、保险机构运营、承贷银行受益四笔账，奠定风险分担机制的科学基础，从而形成完善的机制，降低服务站农资入股的风险。

另外，应切实提高服务站工作人员技术水平，增强为民科技服务意识，技术服务应该从免费走向收费，部分实现科技的市场价值，特别是要面向新型经营主体服务。

3. 加强标准化建设，建立规范引导机制

本研究发现，当前服务站考核中存在考核不精细、要求不实际、标准不统一的现象，优秀服务站之间有巨大差距，并不利于农业科技 110 服务的发展。因此，为确保市场化竞争的有序开展，还必须加强对各服务站的考核与监管制度设计。一是要制定硬标准，提高各地服务站准入标准和优秀评定标准，确保服务站能够落实标准化建设，能够在不同的地域和产业

环境中提供有水平、有保证的服务。

二是要开展软引导，加强对服务站工作人员的培训工作，提供更多学习机会，通过线上和线下多渠道的培训学习机制引导各服务站坚持规范经营。

三是要灵活考核，建立有弹性又必要的考核机制，将定期考核与抽检有机结合，既要防止服务站偏离规范路线，又不至于让服务站疲于应付。

四是要严奖惩，完善奖励制度与惩罚制度，严格执行，以制度规范发展。

4. 推广典型与打造品牌相结合，建立活力互促机制

本研究考察发现，根据各地产业基础、地域禀赋或社会底色的不同，不同地区服务站在运营过程中会采取不同的工作路径，取得不同的工作效果。对此应做两个方面的制度设计。一方面是推广典型经验，对在服务过程中诞生的好机制、好案例、好做法，政府职能部门需联合科研院所广调研、善发现、勤总结、助推广。如针对本次研究中所发现的西部地区在市场化程度、服务满意度上皆优于其他地区的事实，就有必要开展调研和总结"西部经验"，提炼一般性机制和做法在全省进行有效推广。用提倡制度建设互促、制度优化竞争的方式，探索和打造制度"品牌"，进一步促进服务站发展活力的释放。

另一方面是打造特色品牌服务站，做"一站一品"建设，规划、引导各服务站根据自身的产业基础和资源禀赋推出精品服务项目，以品牌效应适应市场，立足市场，促进市场百花齐放。

## （二）创新投入机制，激发服务站竞争实力

随着人才振兴和农业科技创新并进，迎来了重新定位农业科技支撑的公共服务的功能，趁政策与时代东风大力发展农业之际。结合已开展研究，本研究建议应从以下方面着手。

1. 加大人才项目投入，强化科技人才队伍建设

针对站内工作人员"一肩多职、业务不精"局面，应改变现有普惠式考核奖励政策，根据服务站服务能力差异性特征，细化投入项目，对服务站进行分类别投入，可以从以下三大方面来改善。

一是加强人才引进项目，促进专业化分工。首先，要"广撒网，精过

滤"，通过政企合力，拓宽人才选拔范围，同时注意主抓涉农专业人才和"懂农业、爱农村、爱农民"人才；其次，要"升待遇，强保障"，通过多个渠道的资金流通和制度设计，在尽量避免经营压力的前提下努力提升人才各方面待遇，并建好针对人才队伍的风险保障机制，提倡"政府补一点，企业扶一点，保障高一点，业绩挣勤点"模式；再次，要"搭平台，增机遇"，以各服务站的优势服务和产业基础为依靠，依事引人，依人设岗，建立专业化人才锻炼平台和未来发展通道，如政府升职锻炼或科研院所深造等。

二是强化人才培育项目，提高专业化程度。通过政府购买、政府组织、企业赞助等专业培训服务，一方面，增加站内科技人才培训机会，将定期培训与不定期培训相结合，保证科技人员的知识更新频率；另一方面，创新人才培育形式，将外聘专家下来传授和人才队伍出去学习相结合，将室内、手边的理论学习和田间地头的实践操作相结合，通过多种形式深化科技人员的知识层次。

三是推行人才帮扶项目，增加专业化合作。比如与科研院所、高校合作帮扶，与"候鸟型专家"长期定点合作，将科研与帮扶相结合，通过高校实习培养方案，将教学与帮扶相结合。又比如与政府部门合作帮扶，通过挂职交流锻炼、嵌入乡村振兴工作体系，使扶智工作与振兴工作的队伍联合行动。

2. 加大基础与能力建设投入，完善科技工作平台与农民农业对接机制

要重塑科技支撑功能，需要以一定的科技工作平台为基础。对于有条件、有实力的服务站，要适当加大基础建设投入，打造科技工作平台。

一是要加强互联网平台建设。响应国家实施数字乡村战略要求，争当农业"互联网＋"的基层推广高地，不但要升级服务站内的信息化设备，并且要加强网络信息化平台的打造，组建、加入农民科技帮扶的微信群、QQ群等网络社交空间，安排专门运营人员，建立快速问答、定期科普等网络宣传机制。

二是要加强服务站技术区、培训区建设。根据当地产业需要，配备相关的专业监测设备和生产设备，为服务站及当地农民提供科技试验与科技操作的平台。

三是要重视农民信息处理能力提升建设。通过对农民开展手机应用技

能和信息化能力培训，提升农民利用现代信息技术，特别是运用手机网络发展生产、便利生活和增收致富的能力。提高农业生产智能化、精细化水平，实现产销精准对接，改进农业信息采集监测方式，为农民提供更加精准的服务，[①] 实现科技信息平台与农民农业的有效对接。

3. 加强服务创新投入，精选科技服务内容并适时更新

要实现科技支农，服务站需在现有服务基础上，继续坚持科技服务的公共性与市场经营机制相结合原则，创新科技服务的内容与形式，而不是将服务局限于农资经营过程中对农民的随口问答，也不能是"花钱请人"的鸡肋式培训服务。就具体实践而言，应强调三个创新方向：一是同一主题内容的科技服务，根据农民群体特点，采取多种服务形式展现，对于新农业技术、新农产品的推广，则可将入户宣传、课堂讲演、网络有奖答题、田间演练等培训与文娱活动形式相结合；二是同一形式科技服务，呈现多种服务内容，如科技培训讲演，可与智慧"党建＋"乡村治安相结合；三是注重农业生产、农民生活、农村生态方面的服务创新，让科技为农民生活服务，搭建水电费、网费、电话费代理服务平台，满足农民多样化需求。

### （三）顺应时代要求，拓展农业科技 110 服务功能

新时代乡村振兴战略和中央一号文件多次突出特色产业助农的作用，地方只有以特色优势产业为依托，才能使当地农产品从增量到提质、农民从温饱到富裕，才能顺应农村农业发展新形势新要求，满足新时代农民对美好生活的向往。这也与地方农业科技 110 服务站发展运营好坏、科技服务贡献多少有关。调查中发现，存在初级农产品销售加工难题和农业技术不到位问题。地方如何发展产业？服务站如何服务产业？农民如何融入产业？针对这些问题，本专题调研组有以下三方面建议。

1. 助农自销，拓展多元销售服务

鉴于服务站提供销售服务少、解决销售问题手段单一，服务站应围绕民生需求，建立专门的服务队伍，申请服务项目经费。服务站要努力拓展多元化的销售途径以升级服务能力，由于联系大宗收购服务价格较为低

---

① 《农业部 提升农民信息化能力》，《农经》2015 年第 12 期。

廉，难以保证农民利益，可考虑转向电商平台收购，与新型的"互联网＋"农业经济体，如农村淘宝、京东等在当地的农资产业销售点建立合作机制；转向新鲜零售体收购，在城乡一体化的物联网系统建设背景下，通过相关合作机制，与新鲜瓜菜店、水果店、社区民生小店等建立直连直销关系，减少中间环节。

2. 助农融产，拓展三产构建服务

乡村振兴战略中提出构建第一、二、三产业发展体系，通过延长产业链、提升价值链、完善利益链让农民享受增值收益。这为服务站创新科技服务内容提供了新契机，也是广大农民的潜在需求。不仅要将科技支撑服务拘泥于传统的农资输入和技术输入，还要有体系输入。一是输入三产融合思维，引导农民接受新农业生产理念；二是输入三产融合体制，服务站通过自身经营转型或市场合作机制，引导农民与相关涉农企业深度合作，以公司化小农、股份合作等方式使农民嵌入产业链；三是输入三产融合技术，在农业技术指导与培训中增加智能农业、农产品加工、品牌包装营销、农业旅游等内容的比重。

3. 助农自助，拓展产业衔接服务

促进小农户与现代农业经营体系有机衔接，统筹兼顾培育新型农业经营主体和扶持小农户。新型农业经营主体培育是衔接工作有机开展的必要基础，而服务站作为农民日常接触较多的、与产业发展密切相关的经营主体，有优势开展与产业衔接相关的主体培育工作。一是加快致富带头人的培养，服务站的科技扶持要切实抓好科技示范户、新型农业经营带头人的培养、发掘工作，优先培养农村中高水平、高能力、高威望的农民，以及科技农业、新型农业的支持者和先行者，提高他们生产技术方面的专业化程度，强化他们的责任与担当意识，依靠他们以身做示范，以理服众，使农民转变观念，学习榜样。

二是加快农业专业组织培育，将服务站作为助力平台，与村集体、专业合作社合作，共同建设服务地方优势产业的专业化服务组织，引导小农户组织起来变成大主体，实现有序与市场对接。

三是实现培育工作的稳定性与长期性，服务站不是把农技知识教完、指导完实践就可以"退场"，要避免培育工作的形式化，在培育新型经营主体和小农户衔接环节中，各地服务站应成立专门的工作队，定期、定时跟踪当地致富带头人、新型经营主体与小农户生产、产业发展的衔接工作，及时扶智，确保衔接发展工作顺利开展。

# 六　小结与探讨

通过相关研究我们可知，一是乡镇基层服务站是海南农业科技 110 服务体系的重要载体，是农业科技服务供给与农业经济主体需求的重要联结点，在科技服务三农中发挥着重要作用。二是农业科技 110 服务站技术人员整体素质偏低，知识结构陈旧，缺少系统的培训与学习，当农户出现生产技术困难时不能当场解决，进而影响服务站在农户中的信誉。三是农业科技 110 以技术指导与农资服务为主要服务内容，以热带特色农业为主要服务领域，以电话指导与下基地指导为主要服务形式。四是超过 70% 的农民认为服务站的科技宣传对他们有较大帮助。五是农业科技 110 服务体系运行现状逐渐与预设目标偏离，出现了农业科技 110 人才能力不足，服务基本条件需改善；农业科技 110 经费投入渠道不宽、力度不大，服务站营收单一，经营面临困境；科技服务内容创新不足，没有关注农民生活服务，服务可拓展空间比较大；服务站信息化建设需加强，农民信息学习处理能力需提高等问题。

因此，要科技兴农需要留意以下四个方面。一是农业科技 110 没有适应外部环境、需求市场变化，转型对接能力不足，农业科技 110 要有机嵌入农村服务体系则必须转型升级，而转型升级重要的是服务载体优化问题。二是基层服务站缺技术人员是农业科技 110 体系的一大难点，这也是政府关注的重点。三是以农资企业为依托的服务站要坚持市场化运作方式，以当地的产业基础、农民的市场需求为导向开展一系列经营活动，包含市场化的宣传、推出符合农民科技需求的服务产品等，整个运营体系和模式能在市场竞争中胜出。四是要改变现有对服务站的普惠式考核奖励政策，根据服务站服务能力差异性特征，细化投入项目，对服务站进行分类别投入。

要立足基层服务站，推动农业科技 110 服务体系转型升级；转变发展理念，完善农业科技 110 服务制度的顶层设计，坚持市场化方向，建立资源调配机制，建立规范引导机制；创新投入机制，激发服务站的竞争实力，加强服务创新投入，雕琢科技服务内容并适时更新；顺应新时代农业农民要求，拓展农业科技 110 综合服务功能，实现生产服务、生活服务与生态服务并重。

农业科技 110 服务体系如何进一步为乡村建设和农业农村农民信息化、现代化提供科技支持方面的内容与路径，特别是农民生活生产方式的信息化、智能化服务等方面，值得进一步研究。

# | 第三章 |

## 科技扶贫：农业科技 110 体系精准扶贫实态与模式①

我国农村发展过程与取得的成就反映了这样一种认识，即农村农业要发展，一靠政策，二靠科技。"科学种田"，这对当时处于绝对贫困的农村来说显得更重要。在脱贫攻坚过程中，海南科技扶贫有哪些举措、成效及工作难点，农业科技 110 体系精准扶贫又有哪些典型经验模式，这是本研究关注的问题。扶贫是补农村短板，是乡村振兴的前提与基础，科技扶贫与脱贫为海南乡村建设与全面振兴发展提供了条件与基础。

## 一 引言

2018 年与 2019 年是脱贫攻坚与乡村振兴战略实施交叠期。习近平总书记在重庆视察扶贫工作时强调：脱贫攻坚战进入决胜的关键阶段，务必一鼓作气、顽强作战，不获全胜决不收兵。贫困县摘帽不摘责任、不摘政策、不摘帮扶、不摘监管。② 海南按照习总书记关于脱贫攻坚工作的重要讲话精神，以"钉钉子精神"做到"三不减、三提高、三加强"，即背水一战的意识不减、脱贫攻坚的力量不减、扶贫的资金措施不减，提高贫困人口识别准确率、提高贫困人口退出准确率、提高群众综合满意度，加强产业扶贫、加强人居环境整治、加强可持续的内生动力，确保一鼓作气打

① 本研究得到海南省重点研发计划软科学方向项目"海南农业科技 110 服务体系转型升级及其精准扶贫模式研究"（ZDYF2018188）的支持。
② 《习近平：统一思想一鼓作气顽强作战越战越勇 着力解决"两不愁三保障"突出问题》，《人民日报》2019 年 4 月 18 日，第 1 版。

赢脱贫攻坚这场硬仗。[①] 近年来，海南省农业科技系统有关专家挂职担任科技副镇长、副乡长等职务，指导和帮助贫困户解决种养中遇到的实际难题，走出一条科技脱贫的新路子，[②] 但也存在科技成果转化与贫困村产业需求衔接不上、科技扶贫人才缺乏等问题。因此，本研究通过实地调查，了解海南农业科技 110 扶贫现状与成效情况，特别是整合农业科技 110 体系与农业科技特派员制度之后农业科技精准扶贫进展情况，对于未来利用科技解决相对贫困问题、助力乡村建设具有一定意义。

## （一）研究的问题

按照海南省委决策部署，全省三个国定贫困县要在 2019 年摘帽，剩余贫困人口也要如期全部脱贫，已脱贫人口脱贫质量要全面巩固提升，[③] 确保 2020 年与全国同步实现全面小康社会。这就需要加快补齐农村贫困地区这块短板，集中各部门力量完成精准扶贫任务，背水一战打赢脱贫攻坚战。农业科技精准扶贫是扶贫工作的必要举措，它将农业科技与农村特色产业、重点产业、基础设施、生态环境等结合起来，可以开发扶贫新领域以及增加精准扶贫的渠道与手段。"'精准扶贫，科技先行'，就是以科技项目、科技人才做支撑，从产业入手，变'输血'为'造血'"，[④] 做到产业科技服务覆盖到村、精准到人，推动产业扶贫取得新突破。党的十八大以来，海南省加大科技扶贫投入，特别是农业科技 110 服务体系积极与脱贫攻坚相结合，取得了一定的脱贫成效。

在扶贫实践中，海南农业科技 110 服务体系承担着精准扶贫任务，并与科技特派员制度、"三区"科技人才[⑤]计划项目、中西部市县挂职科技副

---

① 彭青林：《以钉钉子精神抓好"三不减 三提高 三加强"确保一鼓作气背水一战如期完成全面脱贫任务》，《海南日报》2019 年 4 月 26 日，第 1 版。

② 容朝虹、柳莺、陈亮嘉：《走出一条科技脱贫的新路子——关注农业科技 110 扶贫》，《海南日报》2019 年 1 月 3 日，第 7 版。

③ 彭青林：《全省聚焦"两不愁三保障"脱贫攻坚"背水一战"推进大会召开》，《海南日报》2019 年 5 月 25 日，第 1 版。

④ 王玉洁：《精准扶贫 科技先行》，《海南日报》2016 年 11 月 11 日，第 9 版。

⑤ 海南省"三区"是指边远贫困地区、民族地区、革命老区，具体指儋州、东方、五指山、陵水、保亭、琼中、白沙、乐东、昌江、临高、定安等 11 个中西部市县；"三区"科技人才是指选派的中西部市县挂职科技副乡镇长、中西部市县非挂职科技援助人员、定期培养的中西部市县本土农村科技创新创业人员。

乡镇长派遣计划项目融合，推进脱贫攻坚工作。农业科技 110 服务体系在海南推进精准扶贫战略过程中发挥出科技力量，比如，农业科技 110 服务站结对帮扶贫困村整村脱贫行动，以科技项目带动贫困地区产业发展，以农业科技 110 服务站科技人员或科技特派员为支撑帮助贫困户脱贫致富。

因此，本专题研究的问题集中在：在脱贫攻坚过程中，海南科技扶贫的主要做法、成效及工作难点是什么？农业科技 110 精准扶贫的典型经验模式又有哪些？本研究立足实地调查，通过发现和总结农业科技 110 扶贫经验与做法，来回答这两个问题。

### (二) 已有研究文献梳理

科技扶贫是国家科委于 1986 年提出的我国反贫困战略中的一个重要举措，其宗旨是应用成熟的科学技术和现代管理科学，增强贫困地区农民的开发能力，大幅度提高贫困地区的资源开发水平和劳动生产率，求得经济开发的最佳经济、社会和生态效益，加快贫困地区群众的脱贫致富步伐。科技扶贫已成为我国农村扶贫开发的重要形式之一，许多学者以其为主题进行了大量研究。

一是科技扶贫机制研究。有研究者认为科技扶贫中最亟须完善的机制建设包括科技扶贫投入长效机制、多元化科技扶贫主体协同作用机制、科技人员激励机制和与农民的利益联结机制，以及针对贫困地区实际的创新机制。[①] 有研究者认为要完成扶贫攻坚任务，需要探索建立科技扶贫长效机制，完善科技特派员制度，支持科技型特色产业发展壮大，加强信息服务体系建设，形成项目资金竞争分配机制，建立科技扶贫工作责任制，重要的是，要探索建立科技扶贫长效机制，必须引入责任制，应明确地方党委、政府为地区科技扶贫工作的责任主体，主要负责人为第一责任人，各相关部门和相关负责人为相应责任主体和责任人。[②]

二是科技扶贫体系研究。有研究者分析了我国科技扶贫工作面临的问题，认为其着力点可以放在科技扶贫服务体系建设上，在此基础上，设计出了国、省、市、县、村五级科技服务体系及科技扶贫在线建设框架，研

---

① 李俊杰：《中国农村科技扶贫路径及机制研究》，硕士学位论文，中国农业科学院，2014。

② 金正桥：《探索建立科技扶贫长效机制》，《人民日报》2014 年 12 月 3 日，第 7 版。

究了其运行机制，构建出以人为核心的服务体系，以科技服务支撑产业发展、通过产业发展带动脱贫奔小康的科技扶贫工作路径，其特点是抓服务、抓人才、抓激励、抓全产业链支撑、抓基层科技职能提升。[①]

三是科技扶贫模式研究。有研究者总结了中国科学院在扶贫工作中创新提出的异地搬迁扶贫、异地股份制扶贫、技术引进扶贫和依托野外台站长期驻守扶贫的发展模式。[②] 有研究者通过对湖南 20 多个贫困县市推广应用农业新技术的实践与研究，探索总结出了基层组织建设与扶贫开发推进模式、示范基地带动模式、技术培训推进模式和科技特派员创业链推进模式。[③] 有研究者认为科技供给主导模式主要有科技网络推广模式、区域支柱产业开发带动模式和易地科技开发模式；科技需求主导模式主要有龙头企业扶持模式、专业技术协会服务模式和小额信贷模式。[④]

需要注意的是，党的十八大后，随着习近平总书记创造性地提出并实施精准扶贫战略，扶贫开始进入"啃硬骨头、攻坚拔寨"的新时期，"大水漫灌"的扶贫方式已经不再适用，学界将贫困治理研究重点放在了精准扶贫方面，如何顺利推进精准扶贫成为扶贫的主题。有研究者分析了实施精准扶贫的必要性，提出精准扶贫是粗放扶贫的对称，是指针对不同贫困区域环境、不同贫困农户状况，运用科学有效程序对扶贫对象实施精准识别、精准帮扶、精准管理的治贫方式。[⑤] 有研究者认为精准扶贫是中国扶贫开发模式的内生变革与治理突破。[⑥] 也有研究者认为农业科技是我国精准扶贫的重要风向标和助推器，农业科技精准扶贫是引导贫困地区可持续发展的根本途径，新时期实现我国农业科技精准扶贫，应强化农业科技创新的实际应用与推广，加快创新精准扶贫的渠道与手段，全力推进科教兴

---

①　周华强等：《科技扶贫服务体系建设战略研究：实践视角的框架与机制》，《科技进步与对策》2017 年第 12 期。

②　段子渊等：《坚持科技扶贫 实现精准脱贫促进经济发展》，《中国科学院院刊》2016 年第 3 期。

③　肖志扬：《湖南贫困地区的农业科技扶贫模式与政策建议》，《农业现代化研究》2010 年第 5 期。

④　张峭、徐磊：《中国科技扶贫模式研究》，《中国软科学》2007 年第 2 期。

⑤　王学权：《"十三五"时期扶贫新模式：实施精准扶贫》，《经济研究参考》2016 年第 7 期。

⑥　莫光辉：《精准扶贫：中国扶贫开发模式的内生变革与治理突破》，《中国特色社会主义研究》2016 年第 2 期。

农战略的实施。[①]

关于海南科技 110 精准扶贫的研究相对较少，主要见于报端的经验总结及新闻报道。有研究者总结了海南科技扶贫的做法：以问题为导向，设置问题清单，探索科技扶贫新模式；派遣科技"尖兵"，送技术到田间地头，即派遣科技副乡镇长、中高级农业科技专家，组建省级农业科技扶贫专家服务团、市县和乡镇两级农业扶贫专家服务团；"带项目+搭平台"，发展特色扶贫产业，2018 年省科技厅向五指山等 11 个中西部市县派遣的 54 名科技副乡镇长，配套带了 54 个科技示范推广项目下乡。[②] 有研究者曾介绍道，2016 年海南省科技厅以农业科技 110 服务站为依托，建设科技特派员工作站，引领、协助当地农民成立专业合作社 21 个，帮助农民与企业、专业合作社合作发展种植业和养殖业，组织实施实用型农业科技项目 75 个。[③]

综之，以上关于科技扶贫的研究成果从不同角度提出了各自理论与观点，为本研究提供了丰富的理论基础与可借鉴成果。但是，在海南经济社会新形势下，这些研究也存在一些不足。

第一，科技扶贫政策实施亟须实践检验与理论总结。近年来，海南省已经出台一系列科技扶贫政策文件，比如，《海南省人民政府办公厅关于深入推行科技特派员制度的实施意见》（琼府办〔2017〕16 号）、《海南省科学技术厅关于开展科技特派员结对帮扶脱贫行动的通知》（琼科〔2017〕260 号）、《科技和人才引领打赢脱贫攻坚战三年行动实施方案》（琼科〔2018〕413 号）等。2018 年海南省科技厅以问题为导向，针对扶贫产业单一、产业不能充分结合当地资源优势发展、农业新品种新技术引进利用率低等七个主要问题，制定了"推进农业科技成果转移转化"等五项主要整改措施和十六项具体整改措施，明确将市县科技助力产业扶贫问题整改情况纳入 2018 年市县党委政府科技扶贫考评内容。[④] 这些文件与政策要求将落实为农业科技 110 服务主体的实践行动。因而，对这些扶贫实践既需要归纳总结，也有必要进行专门跟踪研究。

---

① 季绍文、孙明山：《农业科技：精准扶贫的动力源和助推器》，《人民论坛》2017 年第 10 期。
② 王玉洁等：《科技护航脱贫攻坚》，《海南日报》2018 年 12 月 29 日，第 18 版。
③ 孙令正：《海南科技扶贫扎实推进 帮助农民应用科技致富》，南海网，http://www.hinews.cn/news/system/2017/02/27/030998090.shtml，2017 年 2 月 27 日。
④ 王玉洁等：《科技护航脱贫攻坚》，《海南日报》2018 年 12 月 29 日，第 18 版。

第二，研究方法需要微观实证与学理研究。农业科技 110 精准扶贫模式需要有个案支撑。本研究调研组对研究海南农业科技 110 服务体系精准扶贫方面的文献进行梳理时，发现这方面的个案研究较少，在新闻媒体报道中对农业科技 110 精准扶贫案例也只是进行了简单描述或将其作为例证，很少深入地进行个案剖析与学理研究。所以需要在已有研究基础上，突破原有脉络，系统研究总结相关模式，提出新思路、新观点、新建议。

### （三）研究方法与资料来源

#### 1. 研究方法

实地调查法。以往研究虽有调查，但大多是文本数据调查或者个别的科技 110 服务站调查，并没有深入的田野调查。本研究调查访问了县市科技部门及相关工作人员、农业科技 110 乡镇服务站，农业科技 110 技术服务人员，贫困村创业致富带头人、贫困户等，以深入了解海南农业科技 110 运行实态及其扶贫实践。

个案研究法。个案是做法、经验与模式形成的基础，对典型个案的研究具有重要理论与实践意义。本研究专门调查了海南农业科技 110 扶贫情况，发掘具体的典型个案，剖析个案发生的条件、机理与限度，及时归纳与跟踪总结。

#### 2. 资料来源

调查访谈资料。本研究通过问卷调查、面对面访谈等方法，对白沙、保亭、昌江、澄迈、儋州、定安、东方、海口、三亚、乐东、临高、陵水、琼中、五指山、万宁、文昌、琼海等市县农业科技 110 服务站负责人、农户进行调查与访谈，从而搜集获得相关资料。

文件报告资料。搜集整理省市县科技部门、扶贫工作部门政策管理文件、经验材料、总结报告，基层服务站总结材料，等等。

## 二 农业科技 110 体系扶贫现实状况

在海南省委、省政府正确领导与部署下，海南出台了一系列科技精准扶贫政策，搭建了科技扶贫平台。在脱贫攻坚实践中，出现了许多科技扶贫的做法与模式。在此部分主要总结海南农业科技 110 服务体系扶贫的做法、成效及存在的问题。内容包括：海南农业科技 110 服务体系搭建起科技扶贫的资源平台，科技融入产业扶贫，技术培训与科普扶贫，服务站技术人员、科技特派员、中西部市县科技副乡镇长等科技人才支撑扶贫，以及科技扶贫示范引领"百村千户"工程扶贫，等等。

## （一）农业科技 110 扶贫政策与平台建设

海南省按照中央与科技部扶贫政策要求，围绕科技支撑脱贫攻坚，出台了一系列政策，推进农业科技扶贫工作。这些政策涉及农业科技扶贫的主体、内容、机制、制度以及具体的手段，并且逐步精细化、精准化，这为海南农业科技扶贫提供了政策依据与技术支持。①《海南省人民政府关于印发海南省农村脱贫攻坚"十三五"规划的通知》（琼府办〔2016〕60号）要求，整合和完善农业科技 110 服务体系，开展农业科技服务。②《海南省人民政府办公厅关于深入推行科技特派员制度的实施意见》（琼府办〔2017〕16 号）要求，将科技特派员工作与农业科技 110 工作结合。③《海南省科学技术厅关于开展科技特派员结对帮扶脱贫行动的通知》（琼科〔2017〕260 号）要求，农业科技 110 服务站及其技术人员必须：组织开展农业技术培训；培养 1 户以上科技示范户、脱贫致富带头人，重点加强技术扶持。④《海南省打赢脱贫攻坚战三年行动计划》（琼发〔2018〕15号）强调，着力强化人才和科技支撑，建立扶贫开发大数据平台信息管理和信息共享机制、脱贫攻坚项目库建设管理机制。① ⑤《科技和人才引领打赢脱贫攻坚战三年行动实施方案》（琼科〔2018〕413 号）要求，推动先进实用新技术在贫困地区转移转化，支持贫困地区农业科技 110 服务站建设，提升服务能力，通过农业科技 110 服务平台，承接科研院所、高校、科技型企业科技成果转移转化，通过科技下乡、科技咨询和科技服务，推进先进实用新技术在贫困地区的推广应用。大力支持农业科技 110 服务体系、科技特派员、科技副乡镇长等基层科技力量，在贫困地区举办科技培训，推广应用贫困地区特色产业实用技术，提高贫困地区农民种养殖水平。②

---

① 《海南省打赢脱贫攻坚战三年行动计划》（琼发〔2018〕15 号），2018。
② 海南省科学技术厅：《科技和人才引领打赢脱贫攻坚战三年行动实施方案》（琼科〔2018〕413 号），2018。

党的十八大后，海南加大科技投入，注重精准扶贫的科技资源平台建设。首先，推动大数据和热带特色农业融合发展，开展农业大数据挖掘应用，推进农产品追溯系统、电子商务平台建设与推广应用，建成省级扶贫信息工作平台和社会帮扶工作平台，全省扶贫信息资源汇集共享，实现对建档立卡贫困户的动态管理。① 其次，海南科技管理部门加快建设地方科技资源平台，助力精准扶贫工作。截至 2018 年底，海南省科技厅完成了"海南农馨火山南药科技产业园星创天地""永兴电商扶贫中心星创天地"等 7 个第一批省级"星创天地"的认定工作；完成了"海南屯昌梦幻香山产业园""临高天地人香蕉产业园"等 7 个省级农业科技集成示范园的认定工作，在全省 18 个市县建立了 80 个农业科技示范基地，给农村创业者搭建了一个实现梦想的舞台。② 再次，搭建了海南首个"互联网 + 消费"扶贫公益平台——海南爱心扶贫网，网站设有网上消费扶贫爱心市集、消费扶贫排行榜、发起活动、微心愿、帮扶榜样等重点版块。网站利用"互联网 + 消费"扶贫手段，创意开设了海南最大的网上"消费扶贫爱心市集"，平台集中展示销售的全部是海南贫困户或扶贫合作社生产、提供的各类产品和服务，主要包括瓜果蔬菜、禽畜肉蛋、五谷杂粮、各类特产、手工艺品、乡村游和民宿产品、乡野采摘活动等。③ 最后，农业科技 110 服务体系通过海南农博网、科技 110 区域中心、科技 110 服务站，利用互联网技术，推进扶贫工作。如建立微信服务平台，利用电视扶贫夜校举办技术培训。

## （二）农业科技 110 扶贫主要举措及成效

国家统计局全国农村贫困监测调查数据反馈显示，2018 年，海南省农村贫困发生率从 2017 年的 3.9% 下降至 2018 年的 1.3%，下降 2.6 个百分点，比全国平均水平 1.7% 低 0.4 个百分点。同时，贫困人口大幅减少，减贫成效突出。2018 年，海南省农村净脱贫人口达 15 万人，贫困人口降至 7 万人，减贫率达到 67.6%，减贫速度比上年提升 37.7 个百

---

① 高永伟：《智慧海岛的科技扶贫范儿》，中国扶贫网，http：∥www.cnfpzz.com/column/fup-inzixun/quanweishengyin/2018/0423/12441.html，2018 年 4 月 23 日。

② 王玉洁等：《科技护航脱贫攻坚》，《海南日报》2018 年 12 月 29 日，第 18 版。

③ 《海南爱心扶贫网正式上线 互联网 + 开创扶贫新格局》，人民网 – 海南频道，http：∥hi.people.com.cn/n2/2018/1016/c231190 – 32163441.html，2018 年 10 月 16 日。

分点，创农村减贫速度之最。① 2019 年保亭、琼中两个国家扶贫开发工作重点县脱贫摘帽。

海南科技管理部门带领相关扶贫主体，如农业科技 110 服务站点、科研院所、地方市县与乡镇相关部门、科技工作者等，以科技介入扶贫过程，瞄准特色优势产业，加强科技成果转化，提升贫困群众科技素养，发挥科技脱贫的作用。在扶贫过程中，海南科技扶贫主要有科技融入产业扶贫、科技人才支撑扶贫、技术培训助力扶贫、科技下乡活动扶贫、科技引领示范扶贫等做法，这些重大举措为海南贫困村、贫困户脱贫致富贡献了科技的力量，取得了较好的扶贫效果。

1. 科技融入产业扶贫，提高贫困村产业效益

依托科技管理部门、科研院所、农业科技 110 服务站，将农业科学技术与贫困村产业需求、问题结合起来，以期提高农业科技贡献率、农业产出质量和数量，推进贫困村、贫困户脱贫致富，这是海南科技扶贫的主要做法之一。

海南省科技厅在定点扶贫的俄乐村实施海南黑山羊规模化健康养殖科技示范与扶贫专项，逐步变"输血"为"造血"。② 对于有劳动能力的家庭，要广泛发动村内的骨干力量成立合作社与镇上现有的黑山羊养殖企业联合，发展规模化黑山羊养殖产业，采用股份制方式激发村民的劳动致富积极性；对于丧失劳动力的家庭，可依靠发展光伏发电项目增加额外收入，从而形成企业—合作社—村民依托科技支持共谋产业发展的局面。③ 海南省农业科技 110 服务中心（南部中心）、三亚市南繁科学技术研究院发现俄乐村的田洋非常适合种植辣椒、豆角等作物，于是在种苗、技术等方面提供支持，给村民们发放了 300 本科技书，帮助村民学习种植知识。④ 海南大学山柚科研团队带着最新科研成果"柚茶 1 号"来到东方市大田镇乐妹村，将 1 万多株绿油油的山柚苗运到了村里，开展科技扶贫。⑤ 之后，

① 陈雪怡：《2018 年我省脱贫攻坚成效显著》，《海南日报》2019 年 3 月 3 日，第 1 版。
② 王玉洁：《科技扶贫"造血"贫困村》，《海南日报》2016 年 10 月 7 日，第 2 版。
③ 《省科技厅厅长史贻云"扶贫日"再次深入扶贫点调研》，海南省政府网站，http://zw.hainan.gov.cn/data/news/2016/10/64910/，2016 年 10 月 20 日。
④ 易宗平：《科技"尖兵"助力村民发展种植业》，《海南日报》2018 年 9 月 19 日，第 3 版。
⑤ 罗安明：《东方市大田镇乐妹村：高效农业加速脱贫步伐》，《海南日报》2017 年 9 月 27 日，第 6 版。

海南大学因地制宜，在乐妹村大力推行种植和养殖帮扶产业，围绕海南山柚、瓜果蔬菜、山兰稻、土鸡、肉鸭、肉鹅、黑山羊、五脚猪等特色农业产业开展科技服务。[①] 这是海南大学结合当地实际情况之后，做出的科技助力产业扶贫的实践。省农科院专家针对白沙县青松乡青松村自然条件、村民种植山兰稻传统与种植管理水平，引导村民选用优良品种、掌握栽培和病虫害防治技术，让村民学会采用科学的种植管理方法，提高产量、打造品牌、拓宽销售渠道。2018 年青松村村民种了专家们选育的"山兰陆 1号"品种，亩产量最高能达到 500 斤，相较于村民以往种的品种，亩产量实现翻倍。[②]

2. 科技人才支撑扶贫，提供脱贫的智力保障

科技融入扶贫事业，需要科技人才发挥中介作用和主观能动性。海南在脱贫攻坚过程中，非常重视科技人才的引领作用，形成了科技人才支撑扶贫的做法。海南重视发挥科技人才队伍在科技扶贫工作中的先锋作用，为贫困地区脱贫提供坚强智力保障；引导和支持科技人员深入精准扶贫一线，开展创业式扶贫服务；积极打造贫困地区创业载体，推动"大众创业、万众创新"；加强对贫困地区返乡农民工、本土科技人员、大学生村官、乡土人才、科技示范户等的培训，努力构建全系统一盘棋的科技精准扶贫工作格局，加强协同联动，形成整体合力。在科技扶贫中实现"三个标配"，即让懂科技成为农村基层干部的"标配"、让用科技成为农民的"标配"、让创新创业成为农村发展的"标配"。[③]

通过中西部市县挂职科技副乡镇长、"三区"科技人员和驻村第一书记等积极组织农民参与科技项目实施，大力推进实用新型农业科技成果转化，帮助贫困农民转变思想观念，提高农业致富技能。[④] 2018 年，省科技厅投入中央和省级财政支持资金 752 万元，共派遣科技人才 173 名分赴全

---

① 邹文涛、钟圆圆：《海南召开首次高校定点扶贫现场会 实地检验扶贫成效》，海口网，ht-tp：//www. hkwb. net/news/content/2017－06/30/content_3280893. htm，2017 年 6 月 30 日。

② 王玉洁等：《科技护航脱贫攻坚》，《海南日报》2018 年 12 月 29 日，第 18 版。

③ 《海南省科技厅召开 2017 年全省科技系统扶贫工作推进会》，海南省科学技术厅，http：//dost. hainan. gov. cn/kjxw/gzdt/201709/t20170915_694653. html，2017 年 9 月 15 日。

④ 海南省科技厅：《海南省科学技术厅选准突破口 以科技和人才引领脱贫打好精准扶贫攻坚战》，科技部网站，http：//www. most. gov. cn/dfkj/hain/zxdt/201611/t20161111_128868. htm，2016 年 11 月 14 日。

省18市县（不含三沙市）开展科技扶贫工作。其中，向五指山等中西部市县派遣54名科技副乡镇长、119名中高级农业科技专家，组建省级农业科技扶贫专家服务团。[1]

农业科技110技术人员参与海南精准扶贫是服务站一项重要服务内容。主要表现在：第一，农业科技110服务站技术人员挂职科技副乡镇长，通过自己掌握的农业技术知识直接帮助贫困户脱贫发展。如儋州农业科技110橡胶服务站的技术员羊家滋，2017年挂任白沙县阜龙乡科技副乡长，实施榴莲蜜引种、试种和示范项目，由阜龙乡那也村、红岭村3户农户参加，种植榴莲蜜30亩，羊家滋同时作为乡级帮扶责任人，帮扶阜龙乡打腰村4户贫困户。[2] 第二，农业科技110服务站技术人员与贫困村、贫困户结对扶贫。如2018年昌江乌烈服务站分别在3个自然村设立了技术扶贫对接专人，3人均为海南大学毕业生，其中包括研究生1名和本科生2名。技术员黄扬青负责对接处理乌烈村贫困户种植技术问题，技术员刘形负责对接处理道隆村贫困户种植技术问题，技术员王燕妮负责对接处理白石村贫困户种植技术问题。[3] 第三，服务站技术人员分片包干扶贫。海口红旗服务站科技人员有16名，服务站把全镇划分成10个责任区，将技术服务责任落实到每一个成员，每两个科技人员（含畜牧技术人员）具体承担一个责任区的技术服务工作，每个技术人员都挂钩帮扶2~3户贫困户，并由村级农技员担任扶贫产业发展指导员，深入贫困户家庭了解生产和生活情况，[4] 帮助贫困户解决生产技术问题。

3. 技术培训助力扶贫，增加脱贫的内生动力

开展技术培训是科技扶贫的重要内容和主要做法之一，农业科技110服务站通过对贫困户的农业技术培训，提高贫困户技能，助力精准扶贫工作。

2018年，昌江乌烈服务站针对三个自然村共组织集中培训8期，涉及的培训内容有：南瓜等作物霜霉病防治措施、辣椒细菌性叶斑病防治措施、瓜菜挂果期病害防治办法、圣女果病虫害防治措施等，为三个自然村

① 王玉洁等：《科技护航脱贫攻坚》，《海南日报》2018年12月29日，第18版。
② 资料来源于儋州橡胶服务站陈李荣。
③ 昌江县乌烈服务站调查访谈资料，2018。
④ 海口红旗服务站调查访谈资料，2018。

64 户贫困户的冬种瓜菜提供了强有力的技术指导，为当地村民处理解决农户病虫害问题、基地管理问题 100 多个，现场技术指导和接受技术培训人数 1500 多人次，发放技术资料 1500 多份，使 3 个村农民掌握了施肥、病虫害防治等技术，有效地提高了当地村民的瓜菜生产水平。① 从 2017 年起，临高县将 10 个农业科技 110 服务站动员起来，与全县 26 个扶贫整村推进村庄开展点对点科技服务结对帮扶，组织了各类技术培训。如，新盈服务站结对帮扶龙兰村委会，服务站以该村冬季瓜菜和水稻为重点，组织 3 期培训班，并联结了一户生产示范户；皇桐服务站结对帮扶富雄村委会，负责 4 名贫困户脱贫任务，组织举办 5 期扶贫培训班，培训内容有种桑养蚕、割胶技术和冬季瓜菜生产等；盛丰服务站结对帮扶文书村，组织了一期畜牧养殖和冬季瓜菜培训班。② 海口红旗服务站引导贫困户参加技术培训，组织贫困户参加技术培训 25 期次，科技人员下村指导贫困户 300 多次，指导贫困户生产 180 多次。③

4. 科技下乡活动扶贫，增加贫困户科技知识

利用海南科技活动月、全国科普日、扶贫日、"三下乡"活动等载体形式，以农业科技 110 服务站为主体，组织省内科研院校（如热科院、海南大学、省农科院）、农业技术服务部门、农业科技企业等广泛参与，推动农业最新科技下乡，加大农业科技 110 服务工作宣传，普及农业适用技术知识，使贫困农民改变"只信经验，不信科学"的观念，提高科学文化素质，相信、了解、运用农业科技。

自 2005 年以来，海南已举办 14 届科技活动月，2019 年第 15 届科技活动月中，全省各市县，部分乡镇、科研院所和学校开展 900 多项具有科学性、知识性、趣味性、互动性的科普活动。④ 2017 年，在海南省科技厅主办的科技活动月科普扶贫主题电影放映下乡进村活动中，科普宣传放映内容包括《香蕉栽培技术》《橡胶树割胶新技术》《罗非鱼健康养殖与管理》《荔枝优质高产量栽培技术》《化肥真伪鉴别与使用》《南美对虾健康

① 昌江县乌烈服务站调查访谈资料，2018。
② 临高县科学技术局：《发挥科技引领　助力脱贫攻坚——临高县"十三五"以来农业科技 110 工作总结》，2018。
③ 海口红旗服务站调查访谈资料，2018。
④ 王玉洁等：《海南省科技活动月启幕》，《海南日报》2019 年 5 月 7 日，第 1 版。

养殖技术》等，放映地点包括五指山、东方、保亭、乐东、定安、昌江、屯昌、琼中等八地的 80 多个贫困村，[①] 为当地贫困群众送去了科学知识。

2017 年，在海南第 13 届科技活动月期间，儋州市农业科技 110 橡胶服务站配合市科技局组织全市特色优势产业企业参加了科普集市，举办了规格高、规模大、具有特色、互动性强的科普盛会，在科普集市、科技下乡等两项活动中，累计代发科普宣传资料 3400 份，接受市民咨询 1500 多人次。[②] 2018 年，琼山区红旗农业科技 110 服务站配合上级有关部门，结合科技活动月活动，带领农技员开展科普宣传 12 次，包括安全生产、防灾减灾、健康生活、科技致富、食品安全等内容，让群众懂得科技是第一生产力的重要性，反对邪教，崇尚科学。同时配合琼山区科学技术协会更新土桥墟、本立村、美雅村、峰屏村、南畴湖村的科普宣传栏内容，提高了村民的科学意识。[③]

5. 科技引领示范扶贫，发挥脱贫致富的榜样效应

由科技、农业农村、林业与扶贫等部门领导组织的科技扶贫示范"百村千户"创建工作是海南打赢脱贫攻坚的重要工程。其主要任务是在海南贫困地区加强新科技成果应用，培育特色产业；加强技术集成应用，建设现代化农村社区；加强农村科技服务平台建设，提升服务能力；加强新型职业农民培训，提高贫困群众科技文化素养，[④] 以典型示范带动来增强贫困户与农村内生发展能力，消除农村绝对贫困。

在此项工程的落实方面，市县部门结合地方特色，实施了相应措施，如昌江县就提出了重点创建任务举措与安排。第一，特色果树高效栽培技术示范。按照发展特色高效农业助推脱贫的规划，分别在相关贫困村发展芒果、百香果、青枣等特色果树产业，建设核心示范基地 2~3 个，带动贫困户 20 户以上。主要示范内容包括新品种引进、高效栽培模式、水肥高效利用、树体综合管理、病虫害综合防控、果实商品化处理等技术。牵头单位：县工信局（科技局）、县农业农村局；责任单位：县扶贫办、县自然

---

① 卫小林：《我省科普扶贫电影放映活动月启动》，《海南日报》2017 年 5 月 6 日，第 4 版。
② 资源来源于儋州橡胶服务站陈李荣。
③ 资料来源于海口市红旗服务站。
④ 海南省科学技术厅等：《关于公布科技扶贫"示范村"和"示范户"创建名单的通知》（琼科〔2019〕82 号），2019。

资源和规划局、县科协、县农技中心、各有关乡镇；技术依托：省内科研院所、海南省昌江县农业科技 110 服务站、"三区"科技人才和科技副乡镇长。第二，瓜菜高效栽培技术示范。发展特色高效农业助推脱贫，重点发展圣女果、秋葵、水果青瓜等蔬菜产业，建设 1~2 个核心示范基地，带动贫困户 15 户左右。主要示范内容包括新品种引进、高效栽培模式、水肥一体化技术、病虫害综合防控、果实商品化处理等技术。牵头单位：县工信局（科技局）、县农业农村局；责任单位：县自然资源和规划局、县扶贫办、县科协、县农技中心、各有关乡镇；技术依托：省内科研院所、海南省昌江县农业科技 110 服务站、"三区"科技人才和科技副乡镇长。第三，高效养殖示范。实施种草养羊技术示范。重点在种植牧草配套养羊示范，实施种养结合的循环农业示范。调整农业产业结构，发展芒果树下养鸡产业，促进农民增收，带动贫困户发展。遴选 1~2 个核心示范基地，示范面积 80 亩左右，带动贫困户 20 户左右。主要示范牧草种子及配套养羊技术、林下养鸡技术。牵头单位：县工信局（科技局）、县农业农村局；责任单位：县自然资源和规划局、县扶贫办、县科协、县农技中心、各有关乡镇；技术依托：省内科研院所、海南省昌江县农业科技 110 服务站、"三区"科技人才和科技副乡镇长。第四，技术培训和乡土科技人才培养。根据产业发展实际和农户需求，将适时技术指导、技术培训和举办集中培训相结合。重点对象是有一定产业基础的农业产业经营者、有较好产业基础并有意愿开办家庭农场的种养大户、村两委干部、农村党员，以及有较强创业意愿的脱贫户、大学生、中高职毕业生、返乡农民工及退役军人等。对于年纪较轻、学历较高、产业基础较好、创业意愿较强的少数民族群众、脱贫户代表以及产业基础较好的农场主可优先安排培训，遴选 60 位学员开展培训，每位参加培训的人员至少掌握 1 项技术，在考核合格后可获得结业证书。牵头单位：县工信局（科技局）；责任单位：县委组织部、县自然资源和规划局、县农业农村局、县扶贫办、县就业局、县科协、县妇联、县团委、县农技中心、各有关乡镇；技术依托单位：省内科研院所。①

---

① 《昌江县关于落实海南省科技扶贫示范"百村千户"创建工作实施方案》，2019 年 4 月 19 日。

农业科技 110 服务站也将创建科技示范村、扶持科技示范户作为农业科技服务工作的重要内容。2016 年，琼中什运农业科技 110 服务站共创建了 2 个科技示范点和 11 个科技示范村，即农业科技 110 琼中县什运乡南平服务点和便文服务点，什统村委会道妙村桑蚕基地科技示范村，什统村委会番道村七彩山鸡养殖示范基地，什统村委会红一村、红二村冬种瓜菜种植基地科技示范村，什统村委会金山村橡胶种植基地科技示范村，什统村委会光二村养鹅示范基地，便文村委会冲公保村豪猪养殖示范基地科技示范村，南平村委会南办村、番道村水果木瓜种植基地科技示范村，什运村委会方根村"名特优热带芒果新品种"基地科技示范村，三联村委会什太村长豇豆种植基地科技示范村。[①]

## （三）农业科技 110 体系扶贫工作中的难点

在海南省科学技术厅领导下，海南农业科技 110 系统精准扶贫工作取得了一系列成绩，特别是在科技人才项目支持科技扶贫、农业产业科技扶贫、科技培训下乡扶贫等方面获得了明显的成效。但应看到农业科技 110 扶贫工作中也存在一些不足。

### 1. 科技与乡村产业难融合

科技未充分与当地资源条件结合起来，科技融入的扶贫产业缺乏基础，有的扶贫产业比较单一，有的产业选取本身就不科学，有的产业没有较好地研究市场行情，导致生产过剩，价格风险加大，贫困户难以增收。

### 2. 服务站扶贫工作难落实

农业科技 110 服务站建设需要完善，服务站经营性质与管理水平影响扶贫效果。尽管海南建立起东北部、中西部、南部农业科技 110 区域服务中心，但一些县乡农业科技 110 服务体系建设仍然薄弱，管理水平较差，服务资金投入、科技装备建设都存在问题，甚至部分服务站只是一个空壳。一些挂靠在农资店的农业科技 110 服务站，以利益为中心，以推广销售农资为主，对于技术指导与培训不太重视，很容易使科技扶贫工作陷入形式化的境况。

---

① 资料来源于琼中县什运服务站。

3. 人才扶贫水平难提升

农业科技 110 服务站技术人员水平与能力存在问题，使科技扶贫工作大打折扣。一些服务站技术人员整体素质偏低，知识结构陈旧，缺少系统的培训与学习，技术指导服务很难到位，不能应对贫困户生产过程中遇到的技术难题，也难以让贫困户信服。

4. 新品种新技术难落地

农业新品种、新技术引进利用率低。第一，科技扶贫参与度需要提高，许多贫困户并无参与脱贫的积极性；第二，许多贫困户相信经验种田，对于新品种、新技术的接受和采用需要一个过程，需要加强对科技的认识；第三，新品种新技术示范推广需要项目的支持，许多农业科技 110 服务站缺乏项目的申报实施。

5. 科技项目扶贫难持续

科技项目到期，扶贫工作就停止。科技项目从立项到完成有一定时限，存在期限性，表现出阶段性，使扶贫项目前后不相继。"科技＋项目"的扶贫形式，很容易因为项目到期，后续没有投入而终止，最终导致扶贫效果不佳。

6. 农户贫困思想难解决

贫困农户对于科技培训兴趣不大，技术培训的质量效果需要提高。组织贫困户参加培训本来是件好事，却偏偏组织不起来人，农业科技 110 服务站在组织贫困户参加培训方面有时显得无能为力。

# 三 农业科技 110 体系精准扶贫的三种模式

海南科技部门依据中央精准扶贫方略精神，按照"扶持对象精准、项目安排精准、资金使用精准、措施到户精准、因村派人精准、脱贫成效精准"的工作要求，在科技扶贫行动中形成了许多模式，如"科技＋项目""服务站＋合作社＋农户＋基地""科技特派员＋合作社＋农户""公司＋农户＋农科院所"等模式。在此部分，以农业科技 110 服务体系为载体或中介，依照科技扶贫功能发挥的主体，将海南农业科技 110 服务体系精准扶贫模式总结为三种具体的模式，即企业扶贫模式、科技人才扶贫模式与服务站扶贫模式。

## （一）企业扶贫模式：农业科技 110 + 龙头企业 + 贫困农户①

在海南农业科技 110 服务体系精准扶贫过程中，形成了"农业科技110 + 龙头企业 + 贫困农户"的扶贫模式。在此模式中，主导扶贫工作的是龙头企业，政府以签订协议的形式将扶贫资金注入农业科技 110/龙头企业，在双方协议上明确农业科技 110 依托的龙头企业在扶贫工作中的职责和任务：一是农业科技 110 所依托的龙头企业为贫困户提供免费技术培训；二是龙头企业为一部分贫困户提供就业机会；三是一部分贫困户入股龙头企业，实行按股分红。政府监督企业的扶贫过程。这样政府、农业科技110、龙头企业与贫困户之间形成了一种功能互补、良性互动关系的"农业科技 110 + 龙头企业 + 贫困农户"的扶贫模式。具体可参见图 3.1。

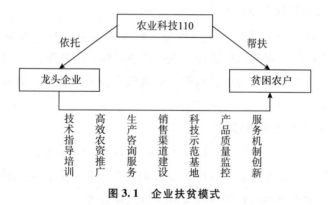

**图 3.1　企业扶贫模式**

1. 昌江和丰农贸有限公司/昌江乌烈服务站简介

（1）昌江和丰农贸有限公司简介

昌江和丰农贸有限公司为省级农业龙头企业，该公司是一家集种子种苗培育、技术指导、果菜种植、销售及农旅观光于一体的综合型农业科技企业。依托自身完善的产业链，一直致力于发展新型现代科技农业，坚持"诚信为先，以人为本"的企业理念，引进、培育、推广多种优新作物品种，为全省种植户提供从种植到收获的全程优质服务。该企业曾获得"海南省农业龙头企业""先进农村科普带头人""领头雁——农村青年创业致富带头人示范基地""昌江十大民营企业""海南省级现代农业产业园"

---

① 本部分资料来源于对昌江县乌烈服务站的实地调查。

"海南省农业产业化重点龙头企业""海南省扶贫龙头企业"等荣誉称号。

（2）昌江乌烈服务站简介

昌江县农业科技 110 乌烈服务站依托省级农业龙头企业昌江和丰农贸有限公司建立。2017 年昌江乌烈服务站被评为优秀服务站，2017 年营业额达到 500 万元，净利润基本可达 50 万元，2018 年营业额达 1000 万元，净利润约为 100 万元。服务站在龙头企业的帮助和支持下间接与荷兰瑞克斯旺公司、台友宏展种苗公司、拜耳纽内姆种业等知名企业就种苗培育技术、新品种种植推广达成多项合作协议，并与上海蔬菜集团签订了战略合作协议，建成了上海市外延蔬菜生产示范基地，与海南大学、海南师范大学就大学生实践就业达成深入合作，成立了大学生创新创业实践基地。

服务站负责人为周载云，擅长植物病虫害诊断与治疗，荣获财政部和中国科协颁发的"全国农村科普带头人"的光荣称号，被国务院扶贫办授予"全国青年致富带头人"荣誉称号，2017 年荣获海南省"道德模范"光荣称号，2018 年获得海南省"五一劳动奖章"，2010 年被昌江黎族自治县评为"扶贫创业致富带头人"，2011 年被昌江黎族自治县授予"十佳杰出青年"光荣称号。

2018 年服务站技术人员共计 14 人，其中站长 1 名，负责整个服务站的统筹协调管理；副站长 1 名，协助站长工作；大学生技术员 6 名，均为农学专业本科毕业生；农民技术员 6 名，为当地经验丰富的土专家。

服务站实行企业化的运作模式，分工明确、职责清楚，实行站长全面负责制，副站长辅助工作，技术员全面实施工作。配备工作车 2 辆、摩托车 5 辆、电脑 1 台、测土配方仪 1 套等硬件设备。轮流值班人员利用农业科技 110 电话，做好来电登记和技术跟踪服务工作。工作人员通过网上智能化系统收集信息，为农民提供市场信息和农业科技知识。

2. 企业扶贫模式的主要做法

昌江县乌烈服务站服务重点是昌江黎族自治县乌烈镇及周边地区，乌烈服务站以省级农业龙头企业昌江和丰农贸有限公司为依托，形成的"农业科技 110 + 龙头企业 + 贫困户"的扶贫模式在精准脱贫中具有显著成效，其做法主要包括以下几个方面。

第一，农业生产技术指导、培训和农产品加工，为贫困农户的农产品增加技术含量和附加值。重视对基层农户尤其是贫困农户的技术培训，为长期有效帮助农户解决农业生产技术问题，服务站坚持在登记簿上详细记录求助人姓名、地址、求助内容、处理措施等，并及时提供服务。对每次服务至少进行一次电话回访，对达不到效果的采取进一步措施，开展跟踪服务，重点扶持贫困农户。同时，服务站将服务区域分为若干片区，每位技术人员负责一个片区，了解片区的生产、病虫害、技术需求等情况，指导农民日常生产管理。服务站设立信息公布栏，公布市场需求、技术、病虫害防治、生产管理指导等方面信息。通过和丰公司微信公众号添加农业科技 110 版块，随时发布农业科技知识。

第二，农作物新品种、新技术推广，为贫困农户农业生产提质扩量。和丰公司重视产学研结合，改变了农民传统的种植方式及观念。2015 年，和丰公司引进了多种有市场潜力的瑞克斯旺辣椒新品种，对于所有的新品种乌烈服务站技术人员都会协助公司在新品种实验地中进行试种，进而筛选出适合当地种植的、具有优良特性的新品种。

第三，优质高效农资的推广，为贫困农户的农业生产提供保障型服务。2018 年农业科技 110 昌江县乌烈服务站在原有的农资店（主营农药）基础上新增了农资超市。为帮助贫困农户筛选出优质的生产资料供货商及设备生产商，乌烈服务站多次与供货商联系洽谈，极大地降低了采购价格，为当地农户节约了大量的生产资料投入成本。为缓解当地农民在种植季前期生产资料投入的压力，采取先免费提供给农户迫切需要的生产资料，待农户销售完基地的农副产品后，再将前期使用的生产资料款结清的帮扶方式。

同时，开设农资咨询服务平台，聘请国内知名植保专家杨进绪老师、孙仲魁老师、齐树杰老师等人作为服务站技术服务专家顾问，为更多贫困农户解决农业种植病虫害防治、基地管理等方面的问题。

第四，引入"互联网＋"的销售渠道，为贫困农户的产品销售提供出路，提高农产品的销售额，为贫困户有效提高生产性收入提供保障。乌烈服务站发展农村电子商务，手把手地指导农户开通淘宝店、京东商城店铺、微信公众号等，部分农户的农产品在网上销售得较好。同时，乌烈服务站联合和丰公司建立乌烈农产品 O2O 体验店，为农户农产品的销售拓宽了路子。

第五，建立农业科技示范基地，为贫困地区农业产业结构调整提供科技实验场所。和丰公司近年来根据当地农业产业结构调整的需要建立了两个农业科技示范基地，即和丰集约化育苗中心、乌烈镇扶贫产业示范园。两个示范基地均应用新技术、引进新品种，依托基地，针对当地农户尤其是贫困户开展了一系列农业技术培训，示范带动效果良好。

第六，建立农产品质量监控体系，为贫困地区打造农产品产业品牌提供质量保障。乌烈服务站依托企业农药残留检测中心、农产品质量追溯系统、物联网系统、可视化系统、电脑服务器、测土配方仪、电子显示屏等信息化设备设施，一方面有效为服务站开展科技服务提供技术支持，另一方面也为农产品质量的实时监控和问题追溯开创了道路，为贫困地区的农产品打造品牌效应提供了质量保证。

第七，创新科技服务机制，为更好地服务贫困地区农业产业化发展，提供机制保障。乌烈服务站建立健全考勤、值日、岗位责任、财物管理等方面制度，主要制度及时上墙、及时更新，服务站严格遵守各项管理制度，建立与技术人员服务绩效挂钩的激励机制，在创新服务、经营模式方面均取得了较好的成绩，技术人员按区域划分负责人，让农业科技人员合理分工，更方便快捷地为农户提供优质技术指导及服务。严格实行七项工作制度，建立站长服务制，坚持接到求助的技术人员负责、督促完成技术服务工作，直到问题解决，群众满意。

3. 政府对科技扶贫企业的支持

第一，领导关切。2016 年 8 月 11 日，海南省委副书记李军在海南昌江县县委书记林东、昌江县县长林安的陪同下，莅临昌江和丰农贸有限公司集约化育苗中心考察。李军副书记对和丰公司育苗中心的建成投产给予了高度赞扬，并指出："希望和丰公司鼓励大学生创新创业，坚持发展现代化新型农业，把育苗中心建设好，把企业做大做强争取上市，为老百姓提供优越的工作岗位，创造出良好的社会效益。"

第二，荣誉奖励。和丰公司曾获得一系列政府荣誉与奖励，比如，"海南省农业龙头企业""先进农村科普带头人""领头雁——农村青年创业致富带头人示范基地""昌江十大民营企业""海南省级现代农业产业园""海南省农业产业化重点龙头企业""海南省扶贫龙头企业"等荣誉称号，被评为优秀等级之后，服务站得到科技管理部门认可与奖励。

**4. 企业扶贫模式的主要成效**

第一，直接吸纳贫困户就业或入股企业，带动贫困户脱贫致富。公司带动1000多名当地农民就业，其中2017~2018年共带动昌江黎族自治县三个乡镇贫困户269户，共计1255人，其中乌烈镇有238户共1129人、海尾镇有16户共67人、昌化镇有15户共59人。与建档立卡贫困户签订产业帮扶协议，贫困户以扶贫资金入股的形式参与农业生产种植，以入股本金12%的年收益获得分红，入股贫困户每年固定领取贫困分红7000元，2017年公司发放给贫困户收益为127万元。乌烈服务站依托公司为贫困户提供就业岗位300个。长期在乌烈服务站依托公司务工就业的有12户，共63人，其中乌烈镇有8户共48人，白沙有4户共15人。

第二，技术培训与传帮带，提高贫困农户自主脱贫能力。2018年乌烈服务站与和丰公司在乌烈镇峨港田洋建设1200亩生态循环农业基地，基地以带动当地贫困户脱贫致富为重点，以种植优新高效农作物品种及使用先进技术为支撑。对于有劳动力且自愿种植瓜菜的贫困户，带动每户种植5亩，公司负责提供土地、种苗、农药化肥、技术管理，并负责农产品回收，不但使其尽快脱贫，而且使其家庭收入达到小康水平。同时，依托服务站长期的无偿技术培训支持，提高贫困户科技素养，确保贫困户种植产业持续健康发展，走上自主脱贫致富之路。

第三，充分发挥农业科技110服务功能，助力贫困地区脱贫攻坚。乌烈服务站依托和丰公司从最初单纯的农业科技服务站点，逐渐发展为集农业科技服务、新品种引进、种苗培育、种植示范基地、物流运销、电子商务等于一体的农业科技110综合服务站，为贫困地区的农业产业化、贫困农户生产性收入的提高、实现脱贫攻坚的最终胜利提供了技术支持、农资服务、产品销售和质量跟踪等全方位的服务，有效地支持了脱贫攻坚战略的实施。

## （二）科技人才扶贫模式：农业科技110＋科技人才＋贫困农户

海南农业科技110具有与科技特派员制度、中西部市县科技副乡镇长派遣计划项目、"三区"科技人才计划相结合的特色。农业科技110扶贫也与这些计划项目相结合，形成了海南科技人才扶贫模式，具体有科技副乡镇长扶贫模式、科技特派员扶贫模式、其他科技人才扶贫模式。在此部分，主要以科技副乡镇长扶贫模式、科技特派员扶贫模式这两种科技人才扶贫模式为例，来展开对科技人才扶贫模式做法与成效的介绍。人才扶贫模式最大的特点是充分发挥科技人才在扶贫中的引领作用。

1. 科技特派员扶贫模式的做法与成效[①]

海南将科技特派员工作与农业科技 110 工作结合，把农业科技 110 服务站建成科技特派员工作站，以农业科技 110 专家团和服务站技术人员为科技特派员，以农业科技 110 示范基地为科技特派员创业基地。引导广大科技人员深入农村和企业，为农民提供技术、信息、农资、农产品销售和小额信贷服务。个人科技特派员来源于科技管理机关、事业单位、科研院所、大中专院校、涉农协会、科技企业；法人科技特派员来源于科研院所、大中专院校等事业法人；企业法人科技特派员来源于知名度较高、品牌声誉良好、质量管理规范的科技型农业龙头企业。[②] 科技特派员扶贫模式如图 3.2 所示。

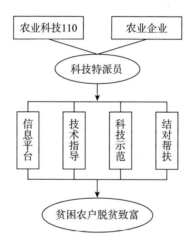

**图 3.2　科技特派员扶贫模式**

（1）科技特派员及服务站简介

何如波，昌江县大风科技特派员，农业科技 110 昌江大风服务站站长。昌江大风服务站依托农资企业昌江利农农资有限公司建立，2017 年销售额

---

①　本部分资料来源于昌江大风服务站。

②　《海南省人民政府办公厅关于深入推行科技特派员制度的实施意见》（琼府办〔2017〕16号），2017。

达 500 万元，2018 年销售额达 450 万元。

（2）科技特派员扶贫的主要做法

一是科技特派员建立了微信技术服务平台，用于对农户与贫困户的农业技术指导，利用自己掌握的市场信息，引导农户种植与产品销售。

二是科技特派员重点解决一些棘手的农业种植和养殖问题，在新品种、新技术的推广方面发挥作用。如帮助农户控制香蕉叶斑病和黑星病，处理甘蔗草及地老虎，控制辣椒的霜霉病，控制香蕉的跟结线虫，控制玉米的锈病等。

三是按照科技特派员派遣计划的任务要求，培养科技示范户及脱贫致富带头人，传帮带贫困户从事农业生产。2018 年昌江大风农业科技 110 服务站培育科技示范户致富能手 9 户，示范种植作物主要有香蕉、南瓜、辣椒、甘蔗、毛豆、玉米等，种植面积达 1700 亩，示范户平均种植规模达189 亩，最大种植规模达 580 亩，最小的有 70 亩。

四是科技特派员与贫困户结对帮扶。如，何如波与昌江县大风村结成对子进行帮扶，实施科技帮扶贫困户脱贫行动。

---

### 专栏一  结对帮扶协议

甲方：昌江利农农资有限公司（农业科技 110 服务站）

乙方：钟贵平

为落实《昌江黎族自治县科技特派员结对帮扶脱贫工作实施方案》，充分发挥农业科技创新服务体系的作用，推进科技扶贫工作，根据我镇科技服务需求和我站技术资源情况，现与昌江镇大风村结对，实施科技帮扶脱贫行动。经双方协商一致，特订立本帮扶协议书。

一、甲方向乙方开展以下帮扶内容

1. 甲方根据乙方需求，组织开展相关农业技术培训；

2. 培养 1 户以上的科技示范户、脱贫致富带头人，重点加强技术扶持；

3. 协助当地扶贫企业、专业合作社开展科技服务活动；

4. 掌握当地动植物疫情动态信息，现场指导解决病虫害问题或组织专家会诊；

5. 提供优质农业生产资料；

6. 帮助农户拓展农产品销售渠道；

7. 依托已有的种养基地，利用当地扶贫支持政策，带动贫困户共同创业；

8. 为当地农业产业发展引进新技术、新品种。

二、乙方向甲方提供以下情况

1. 乙方应向甲方提供科技需求情况、意向发展产业情况；

2. 积极主动地参与甲方举办的培训班；

3. 积极配合甲方开展帮扶行动；

4. 乙方经济收入达到脱贫时及时告知甲方，甲方视情况决定是否终止帮扶行动。

三、帮扶时间：2017～2020 年

四、其他

（3）科技特派员扶贫模式的成效

一是开展科技示范，带动贫困户脱贫。科技特派员何如波 2014 年种植 50 亩橡胶，带动 1 人，收入约 6 万元；2015 年种植香蕉 70 亩，带动 2 人，收入约 15 万元；2016 年种植香蕉 180 亩，带动 4 人，收入约 80 万元；2017 年种植香蕉 140 亩，收入约 70 万元，种植南瓜 260 亩，收入约 30 万元。[①]

二是利用科技特派员身份及农业科技 110 品牌，为贫困农户产品销售争取有利价格，减少小农户生产销售的劣势。外地商人比较相信农业科技 110 服务品牌，愿意与特派员服务站合作大宗收购农产品。特派员利用示范基地进行规模化经营，生产规范且能保证产品质量，可以供给收购商标准化的产品。而小农户在市场竞争中不具备相应的优势，种植的农产品规格千差万别，其中一些产品达不到收购商的要求，经常被收购商压低价格，这给分散农户带来直接的经济损失。

三是科技特派员与贫困农户合作，农户以土地入股，部分农户出劳

---

① 调查显示，种植香蕉的成本大概为 7000 元/亩，产量 6000 斤/亩，1 亩地 180 株，若收购价达到 2 元/斤，1 亩地大概有 5000 元的收入。南瓜 1 亩地产量为 3000～4000 斤，市场价约 1.5 元/斤，成本为 2500 元/亩，按照此价格 1 亩地有 1110 元的收入。

力，特派员提供资金、技术、种子、化肥、农药，负责经营管理，年底四六分成，提高了农户种植的积极性。特派员及其领办的服务站从贫困农户手中集中了 260 亩南瓜地、140 亩香蕉地，农户出劳动力。如遇到市场行情较好，可保证南瓜以 1.25 元/斤收购，香蕉以 1 元/斤收购，农户获益较大。

2. 科技副乡镇长扶贫模式的做法与成效[①]

近年来，海南加大对科技副乡镇长派遣计划专项的支持力度，每年引导和支持 30～50 名科技人员深入中西部市县贫困乡镇，实施了一批对当地带动性强、经济效益好、技术含量高的农业科技示范推广项目，与建档立卡贫困户结成利益共同体，开展创业式扶贫服务。依托挂职科技副乡镇长派遣单位和科技人员技术优势，加强对贫困地区返乡农民工、本土科技人员、大学生村官、乡土人才、科技示范户等的培训，培养一批农村科技人才。[②]

在海南农业发展和产业扶贫过程中，形成了一种科技副乡镇长精准扶贫的模式（见图 3.3）。海南省通过"三区"人才支持计划中的科技人员专项计划和中西部市县科技副乡镇长派遣计划，每年从中选派一批具有初级以上专业技术职称的科技人员到 11 个中西部市县乡镇挂职任科技副乡镇长，开展农业实用技术推广和服务工作，[③] 为乡村农业发展以及贫困户增收进行技术研发，引入技术元素，加快科技成果转化，增加农产品附加值。

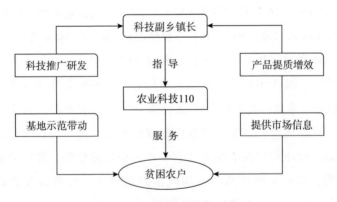

图 3.3　科技副乡镇长扶贫模式

---

① 本部分个案资料来源于东方水产服务站及东方中正水产公司。
② 海南省科学技术厅：《科技和人才引领打赢脱贫攻坚战三年行动实施方案》（琼科〔2018〕413 号），2018。
③ 《海南省人民政府办公厅关于深入推行科技特派员制度的实施意见》（琼府办〔2017〕16 号），2017。

（1）公司与服务站及科技副镇长情况介绍

海南中正水产科技有限公司是由海南腾雷水产养殖管理有限公司发起组建的规范化股份制公司，是一家集科研、开发、生产、销售及技术服务于一体的科技型企业，是海南省农业产业化龙头企业。在行业内率先通过 ISO9001、GAP 等认证，荣获"海南省省级水产良种场""农业部水产健康养殖示范场"等荣誉称号，荣获 2015 年中国南美白对虾苗"新锐企业"奖，被评为"2016 中国水产行业十大健康安全种苗品牌"，荣获"2017 年度十大种苗企业"称号，承建了"海南省东方市水生动物检测中心"，严控品质，服务周边客户。公司在东方新龙建有设施先进的种苗繁育基地。基地固定资产投资超过 9000 万元，有繁育水体 25000 多立方，拥有先进科学的水处理系统、严格的生物防控体系、完善的质量控制体系，全程监控生产过程，严把质量关，确保每批虾苗达到 SPF 品质。公司有员工 280 余人，其中育苗技术人员及技术服务人员 120 余人，主要经营南美白对虾种苗，年生产销售能力为 SPF 对虾幼体 500 亿尾、种苗 100 亿尾。公司以新龙基地为依托，向广东、福建、广西、浙江、江苏、山东等沿海地区辐射，建设多个培育基地，销售网络遍布全国主要对虾养殖区域，[①] 为广大养殖户提供更优质的种苗，与全国的养殖户形成了长久的合作伙伴关系。2017 年销售额约 4000 万元，2018 年销售额约 6000 万元。2018 年销售种苗 300 亿尾，主要以航空运输的方式销往上述省区，每年支付给美兰机场的仓位费大约为 1500 万元。

2014 年以前，东方农业科技 110 水产服务站挂靠个体农资店，2014 年以后挂靠到海南中正水产科技有限公司。为广大养殖户提供免费检测、技术指导、培训服务。公司总经理兼服务站负责人王平挂任感城镇科技副镇长，主要在海洋养殖服务、科技示范、扶贫攻坚、基地示范、科技带动等方面为贫困农户提供帮扶。水产服务站有技术人员 26 人，技术人员均有多年技术管理经验，均有大专及以上学历，均有专业技术职称，在东方及周边市县有较好的群众基础，能很好地完成技术服务与示范推广。服务站实行技术人员分片负责制，做到更快更好更直接地为农户提供技术服务。[②]

---

① 资料来源于海南中正水产科技有限公司网站，http://www.hnzzsckj.com。

② 资料来源于王平提供的《海南农业科技 110 东方水产服务站 2020 年工作总结》。

（2）科技副乡镇长扶贫模式的主要做法

一是依托中正水产公司的资源，科技副乡镇长及时跟踪市场信息，为农产品生产销售服务。通过广泛的企业调研掌握市场信息，包括市场和技术两个层面，形成及时的信息日报、月报、季报、年报制度，报告内容包括潜在客户有哪些，哪些区域有问题，养殖模式、同类产品等存在哪些问题，怎样治理公司，战略目标及具体措施等。与全国各大市场对接，及时获取各大市场的有效信息，形成全国市场信息库，为研发、生产、销售提供基础资料，同时利用全国市场信息库制订生产计划，错开产品上市高峰期，保证产品在市场上的价值和价格。

二是提供科技含量较高的优质农产品，通过公司研发，开发出一套检测方法，有效检测养殖产品残留的药品和废物等，保证入口质量。

三是依托科技项目推广，以基地示范提高贫困户生产技术和管理水平，助力贫困村农业产业化发展。王平获得 2018 年海南省中西部市县科技副乡镇长派遣计划专项项目"斑节对虾虾苗标准化培育及健康养殖技术示范推广"资助，在带动示范过程中，帮扶不懂用药与技术管理的养殖户，帮助养殖户更加科学合理地管理养殖场。如，检测出某种微量元素过高，可以手把手告知散户或者基地技术员，该怎样解决这个问题，从哪些方面入手，应该注意什么。这样可以达到双赢的目的，既可以保证养殖户的基本收益，也可以提高从业者的基本素质，带动整个行业的良性发展。

四是注重公司科技研发与合作。科技副镇长王平依托东方海南中正水产科技有限公司，带领人员前后用了 10 年时间，研发南美对虾，虾苗至少 5 代，需要的时间为 1～2 年，资金投入较大，2018 年中正水产占全国的市场份额为 75% 左右，海南的气候条件好，适合育种。每年投入科研经费 8000 万元，与中国科学院、中国农业科学院、中国热带农业科学院等国家级科研机构合作提高研发水平。国外研发的种苗主控中国市场，加收 25% 关税，导致进入中国市场的南美对虾的市场价格很高，外来物种进口时间长、成本高且适应性不强、质量不高。所以王平带领公司实行"走出去"战略，到厄瓜多尔、越南、柬埔寨、泰国等国家走访学习，满足了公司逐步形成自主研发机制的需要。

（3）科技副乡镇长扶贫模式的主要成效

一是示范带动扶贫。帮助贫困户成立合作社，企业主要是起到示范、带动、辐射贫困户的作用，政府共计投入 60 万元，第一年按照 15% 的比例返还，分 3 年返还完毕，2017 年开始实施该政策。

二是为贫困户提供就业岗位。为贫困户提供就业岗位 10 个，主要采取对其进行技术培训、现场学习观摩、实践指导、示范带动等方面的措施，共计赠送物资 50 万元；带动整个片区就业，共计带动周边村庄 150 人就业，其中有 30 个建档立卡贫困户。

三是资助困难学生。科技副镇长王平依托东方海南中正水产科技有限公司支持贫困大学生上学，共计支持 50 人，平均 3000 元/人。

### （三）服务站扶贫模式：农业科技 110 + 服务站 + 贫困农户

农业科技 110 服务站扶贫模式，即"农业科技 110 + 服务站 + 贫困农户"的模式，是农业科技 110 服务站直接面向农户特别是针对贫困户进行帮扶的一种模式。这种模式实现了农业科技 110 服务站与农户之间的直接连接，农业科技 110 服务站可以掌握大量的真实的农户生产信息，对农户的生产需求更加了解，可以针对不同的农户制订更加具有针对性的农业产业发展计划。海南农业科技 110 服务体系扶贫主要是通过服务站扶贫实现的。服务站扶贫模式如图 3.4 所示。

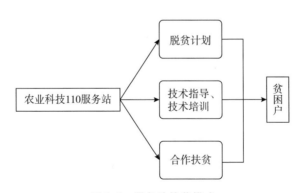

**图 3.4 服务站扶贫模式**

1. 农业科技 110 营根服务站简介

孙大学，琼中县营根镇农业服务中心主任，兼任农业科技 110 营根服务站站长。营根服务站依托农业服务中心建立，主要优势在于农业生产管理技术帮扶。在农业科技 110 服务站的管理过程中充分发挥人力资本的作用，服务站技术人员和省内专家密切结合，共同为农户提供技术服务。同时应保证经费的投入，专家可尝试有偿服务。

2. 服务站扶贫模式的主要做法

一是为贫困户制订脱贫计划。按照农户家庭生产经营情况进行分类指导，根据贫困户的实际情况制订脱贫规划。规划确定贫困农户发展的产业，确定产业种植规模大小，帮助贫困户提供农业生产的市场销售等方面的信息，帮助农户联系大宗收购商，缓解农产品价格低迷问题。

二是对贫困户进行技术指导。服务站按照季节分阶段对农户的农产品生产进行指导。指导农户一般采用技术指导与提供市场信息为主，技术指导主要表现在按照营根镇的特色产业情况进行分阶段的指导，比如绿橙挂果期如何管理、种桑养蚕冬季如何管理、季节性留桑条的指导等。

三是多方合作支持扶贫。利用服务站自身资源，引入当地公司，在大朗村养蛙，租用水稻田 300 亩，服务站提供技术指导。公司先给租金，每亩 1000 元，然后按照利润的 10% 给农民分成。引进社会力量，对学生进行学习用品以及生活方面的帮助。发挥榜样示范的作用，让已经考上大学的学生，回到镇里给一些贫困户的小孩讲求学体会，讲对大学的认识，增强贫困学生学习的信心，促使其树立为社会多做贡献的理想。

3. 服务站扶贫模式的主要成效

一是增强脱贫计划的针对性，提升贫困人口的脱贫内生动力。服务站帮扶大朗村委会 13 户建档立卡贫困户，组织该村委会开展养蜂产业，加快脱贫致富步伐。带动贫困户主要表现在思想帮扶、就业、创业等方面。例如，大朗村王世惠为建档立卡贫困户，家中有 5 口人，其中有 3 个小孩，丈夫曾患有疾病，家庭劳动力不足。在政府支持下，服务站扶持其养牛，牛苗由政府提供，服务站负责技术帮扶，技术指导专家为站内或省内的专家，至 2018 年底其共养 15 头黄牛，已出售 3 头黄牛。

二是拓宽贫困农户收入渠道，增加贫困人口生产劳动收入。例如，王世惠除了养牛之外，还种植槟榔 500 株、益智 10 亩，在槟榔的管理上得到服务站技术人员的经常性指导。经服务站站长的介绍，王世惠在村庄谋了一份差事，做自来水管理员，每月有 800 元的收入。2018 年王世惠全家收入达 8400 元，被评为"脱贫之星"。

三是资助贫困大学生学习用品和生活用品，以及发放部分生活补助，单是种桑养蚕产业共支持 80 名小孩上学，共计 1.5 万元左右，让贫困户的孩子有机会继续学业。

## （四）三种农业科技 110 精准扶贫模式的比较分析

企业扶贫模式、人才扶贫模式、服务站扶贫模式是在实地调查访谈过程中发现的农业科技 110 服务体系从事精准扶贫的三种模式。本研究重点对这三种典型模式的做法与成效，特别是依托农业科技 110 服务体系不同的扶贫主体各自发挥怎样的功能作了描述，进而对这三种扶贫模式进行比较与优劣势评价。

1. 三种精准扶贫模式的相同点

一是农业科技扶贫具有从"输血"转向"造血"的特点，三种扶贫模式都体现了农业科技对于治理贫困的"造血"功能。主要是向贫困群众提供技术指导、技术培训、劳动就业机会等，使其获取技能与报酬，这些举措有助于提升贫困群众的科技素养、脱贫能力。

二是三种扶贫模式都发挥了农业科技 110 服务功能，带动贫困户能力以及示范脱贫效果较强。不管是企业扶贫模式还是人才及服务站扶贫模式，都发挥自身掌握的科技优势，与农业科技 110 服务体系、地方特色优势产业结合起来，通过农业科技传帮带贫困户，吸纳贫困农户参与，建立科技基地，示范带动，具有较强脱贫致富示范性。比如，昌江和丰公司建立集约化育苗中心、扶贫产业示范园、农业科技示范基地，依托基地对当地农户尤其是贫困户开展了一系列农业技术培训，为贫困地区农业产业结构调整提供科技实验场所，示范带动效果较好。

三是将科技融入当地的特色产业，有利于贫困地区产业结构改善和扶贫产业发展。农业对自然界的依赖较大，具有天然的风险。将科技融入产业，能够在产业技术管理方面减少损失。从调查情况来看，科技扶贫产业主要集中在种植养殖产业、产品销售、加工制造业等方面，将科技融入当地的特色产业，有利于贫困地区产业结构改善和扶贫产业发展。如，海南中正水产科技公司总经理王平挂任新龙镇科技副镇长，利用科研、开发、生产、销售及技术服务优势，结合当地海洋产业特色，主要在海洋养殖服务方面带动贫困户脱贫发展。

四是三种农业科技扶贫模式都由政府项目资助引导。脱贫攻坚是各级政府必须完成的政治任务，政府在治理贫困问题上一直在投入人财物。农业科技企业扶贫得到政府支持，既有荣誉方面的，也有物质奖励方面的。科技人才项目扶贫，政府资助明显，如中西部市县科技特派员派遣计划。特派员带着政府资助项目到贫困村扶贫，将科技知识和理论与当地产业结合起来，为贫困户找到脱贫之路。农业科技 110 服务站也将精准扶贫纳入工作范围，它既是考核的要求，也是受资助的条件。

五是在科技扶贫过程中，部分贫困户积极性不高。从现有贫困治理情况来看，贫困户脱贫致富不仅是自己的事，而且是政府与社会的事。有些贫困群众参加免费技术培训积极性不高，比如，一些农业科技 110 服务站举办培训班时，招生就存在困难。有些贫困户参加也是为了拿取误工补贴，技术学习兴趣与主动性并没有提起来。一些贫困户怕承担风险，不愿意参加科技扶贫产业项目，甚至有些贫困户不愿脱贫，认为"吃低保、拿救济、靠帮扶"是一种很好的选择。

2. 三种精准扶贫模式的不同点

一是科技企业、科技人才、农业科技 110 服务站作为扶贫主体在科技扶贫中具有的优势劣势不一样。农业科技龙头企业有技术、资金、市场信息、抵抗市场风险能力等方面优势，在依托公司整体实力扶贫方面有优势，在技术指导、培训，吸纳更多的贫困户就业方面也有优势。一般来说，科技龙头企业扶贫具有明显人口带动效应。科技人才项目扶贫主要依靠科技人员扶贫，受科技人员所带项目及个人技术水平影响，在带动范围方面明显弱于龙头企业扶贫。农业科技 110 服务站带动范围深受服务站经营管理能力影响，如果没有依托效益较好的农资企业，科技扶贫也只会局限于技术上的指导与培训，脱贫的稳定性与持续性不足。相比较而言，在农业科技 110 体系中，如果政府激励政策到位，科技企业扶贫带动面会大些，且持续性脱贫效果也会更好。

二是在科技与产业扶贫结合方面，三种扶贫模式结合效果不一样。农业龙头企业是市场风险组织，对市场有更理性的预测与把控，一般在种植、养殖、加工等方面有更多的科技研发投入，更熟悉农产品市场行情，能够将科技与当地产业优势更好地结合起来，在政府的支持下带动贫困户脱贫致富。调查中发现，农业科技 110 服务站一般熟悉当地情况，对科技与产业如何结合也有一定把握，一些服务站也能对市场行情进行预测，但由于受技术人员整体水平的限制，在新品种、新技术推广方面不及科技企业，在动员贫困户应用新品种、新技术上也是一样。科技人才扶贫的成效，取决于科技工作者对技术成果的转化与应用，相比而言，在市场行情掌握方面，特别是农产品销售方面，没有龙头科技企业的优势。

# 四　农业科技 110 体系精准扶贫模式及对科技助力乡村振兴的启示

## （一）农业科技 110 体系精准扶贫模式的总结

习近平总书记强调："扶贫先扶志，扶贫必扶智。……扶智就是扶知识、扶技术、扶思路，帮助和指导贫困群众着力提升脱贫致富的综合素质。……如果扶贫不扶智，就会知识匮乏、智力不足、身无长物，甚至造成贫困的代际传递。"[1] 智力扶贫旨在通过教育培训、信息交流、宣传引导等方式方法提高贫困人口的科技素质、职业技能、经营意识和创新创业能力。[2] 科技扶贫是帮扶智力的重要手段之一，科技扶贫在于推进贫困地区科技人才队伍建设，推广先进农业技术，加强培训与科普工作，提高农民群众科技素养，促进贫困地区产业转型发展以及贫困农户脱贫致富。

时任海南省委书记刘赐贵强调，要按照习总书记关于脱贫攻坚工作的重要讲话精神，以"钉钉子精神"做到"三不减、三提高、三加强"，确保如期完成全面脱贫的任务。[3] 海南精准扶贫工作成效也有科技力量的贡献，例如科技扶贫"百村千户"工程、中西部市县科技副乡镇长派遣工作、农业科技 110 服务工作、"三区"科技人才中省级科技专家服务团派遣工作、农业科技成果转化应用工作等，均为海南脱贫做出了贡献。

本研究在实地调查海南科技扶贫现实状况的条件下，在考察科技扶贫取得的成效与存在的问题，以及对科技扶贫实践中出现的一些典型模式经验总结的基础上，提出海南农业科技 110 体系精准扶贫模式，即"农业科

---

[1]　胡光辉：《扶贫先扶志 扶贫必扶智——谈谈如何深入推进脱贫攻坚工作》，《人民日报》2017 年 1 月 23 日，第 16 版。

[2]　易明、杨树旺：《探索建立科技助力精准扶贫的长效机制》，《光明日报》2018 年 5 月 10 日，第 6 版。

[3]　彭青林：《以钉钉子精神抓好"三不减 三提高 三加强"确保一鼓作气背水一战如期完成全面脱贫任务》，《海南日报》2019 年 4 月 26 日，第 1 版。

技 110 + 扶贫主体 + 贫困农户"扶贫模式。其要义在于：各类科技人才、龙头企业、农业科技 110 服务站、科技管理部门、科研院所等科技扶贫主体，以海南农业科技 110 服务体系为载体或中介，发挥"政府搭台、企业运作、技物结合"操作方式优势，通过科技与产业相融合、科技与贫困农户相结合，致力于促进海南贫困地区产业转型发展、贫困农户科学素质逐步提升、热带特色农业生产效益提高，最终使海南贫困地区和贫困农户实现稳定脱贫与共同富裕（见图 3.5）。

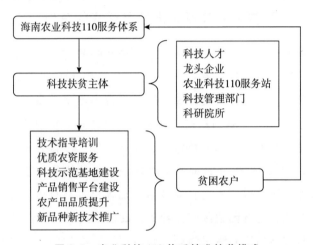

**图 3.5　农业科技 110 体系精准扶贫模式**

## （二）农业科技 110 扶贫模式对科技助力乡村振兴的启示

随着绝对贫困的消除，我国"三农"工作的重心已从脱贫攻坚阶段历史性地转移到乡村振兴阶段。可以说，科技扶贫工作也应因之转向科技助力乡村振兴与乡村建设工作。事实上，脱贫攻坚与乡村振兴战略在实施主体、参与主体、目标群体等方面具有高度的一致性。从实施主体来看，脱贫攻坚和乡村振兴战略在整个实施过程中都是坚持在党的领导下进行的，党和政府在两大战略的政策制定与实施中发挥了决定性作用。从参与主体来看，多元化是两战略实施的共同要求，除了调动农民主体的积极性之外，还会吸纳一些返乡农民工、新乡贤、工商资本等新兴主体的参与。从目标群体来看，虽然脱贫攻坚的目标对象是贫困群众，乡村振兴的目标对象扩大为全体农民，但是脱贫攻坚与乡村振兴两者都始终坚持农民群众主体地位，将其作为建设者和受益者。① 因而，科技扶贫与科技助力乡村振兴和建设也具有内在逻辑的一致性。

实施乡村振兴战略的本质是推进农业农村现代化，农业农村现代化的关键在科技进步，创新是实现乡村振兴的战略支撑。② 海南农业科技 110 体系精准扶贫的模式与经验可为海南科技助力乡村振兴与乡村建设提供以下几点启示。

1. 加强科技兴农平台建设，加快农业科技成果的转化应用

一是加强农业科技平台建设。继续加大科技投入，强化农业科技资源平台建设。依托大数据、互联网技术，整合全省科技平台体系，提升农产品追溯系统、电子商务平台建设，加强市县科技管理部门能力建设，综合运用面向广大农户的科技服务平台。继续将众创空间引向农业农村，支持各类人才继续在脱贫地区创新创业，建设一批农村星创天地。加快省级农业科技集成示范园、农业科技示范基地的建设工作。通过科技 110 区域中心、农业科技 110 服务站，利用互联网技术，综合利用微信服务平台、乡村振兴电视夜校等平台，实现功能整合和数据对接共享，推进信息化平台建设。二是支持热带产业发展关键技术攻关。推动重点实验室、科学观测站、产业技术体系、试验示范基地等科技资源的落地，开展技术攻关。支持涉农企事业单位实施"热带花卉优质高效生产技术研究与示范""槟榔黄化灾害防控及生态高效栽培关键技术研究与示范"等省级重大、重点农业科技计划项目，推进产业发展关键技术攻关。集中优势力量攻克高效节水灌溉、精深加工、农机农艺融合、乡村景观设计、休闲文旅功能开发等关键技术难题。推动热带农业重大病虫害防治关键技术研究，帮助广大农户引进农业新产品、新技术。三是加快农业科技成果转化推广应用。围绕海南重点产业、重点需求，加快农业科技成果转化，推介最新创新成果，提高成果的集成配套水平，每年向市县推介一批"技术成果包""产品成果包""装备成果包"，增强海南市县产业的科技支撑能力。

---

① 魏后凯、董伟俊主编《新发展阶段农业农村现代化研究》，北京：社会科学文献出版社，2021，第 100 页。

② 《海南省科学技术厅关于贯彻〈海南省乡村振兴战略规划（2018—2022 年）〉的实施意见》（琼科〔2018〕409 号），2018 年 10 月 15 日。

2. 促进科技与产业深度融合，优化海南农业产业结构

一是深化科技融入热带特色产业。根据海南自然条件与资源禀赋，突出产业需求导向，将特色种养技术与热带产业需求结合起来，提升海南产业内生发展能力；将特色农产品深加工技术与热带农产品品质提升要求结合起来，提升海南农产品品质化、品牌化程度，提高产品附加值。二是继续开展科技示范带动。加快推进以"热带作物"为主题的国家级海南农业高新技术产业示范区，打造热带高效农业创新高地、人才高地和产业高地，带动乡村振兴，推动农村第一、二、三产业融合。[①] 根据市县具体情况，支持高等院校、科研院所进一步加强产学研合作，推广示范农业良种，推动实施以热带经济作物种植、畜禽和水产养殖为主的中长期增收项目，示范带动贫困农户增收。农业科技110服务站继续打造一批科技示范村、扶持科技示范户，帮助农户持续增产增收。三是调适调优农业产业结构。依据热带特色产业链各关键环节的技术需求，大力发展海南生态优势产业，集中海南各类科技机构与人才力量，加强与海南农业高新技术企业、龙头企业的协同合作，推动农业供给侧结构性改革，围绕"一县（乡）一品一业一策"，用好互联网技术，调适调优海南农业产业结构。

3. 优化科技教育与培训体系，提高农户科学文化素养

一是加大农业科技教育与培训师资投入。增加科技教育投入，依托农业科技110体系，联合科研机构、高等学校、职业技术学校、农广校等力量，组织科技人员深入农村一线开展科技推广现场教学示范，为海南农村打造一支强有力的科技教育队伍。实施农技科技110服务特聘计划，招募农业生产实践经验丰富和有较高技术专长的特聘农技员，组织开展农技指导、咨询服务和政策宣传教育。二是优化农业科技教育培训内容和形式。利用互联网技术，推行网络科技服务，继续开展乡村振兴夜校等线上教学与科技宣传；深入基层现场，采用"课程讲解""摆摊咨询""田头示范"等方式，及时有效解决广大生产农户所遇到的产业发展技术难题；利用科技示范基地，做好农户的技术指导与培训；重视科普图书的宣传教育，编辑集成一批先进适用的热带作物种植技术、养殖技术、农产品加工技术和

---

① 《海南省科学技术厅关于贯彻〈海南省乡村振兴战略规划（2018—2022年）〉的实施意见》（琼科〔2018〕409号），2018年10月15日。

适合海南农村种养的热带农作物和动物优良品种名录与图册；通过多元化科技教育手段，提高农户参与科技致富的积极性，切实提高科学文化知识和素质。三是建立正向激励机制和反向约束机制。注重发扬优良传统，建立正向激励机制和反向约束机制，改进工作方式，避免过去简单给钱给物给牛羊的做法，增强农民群众的参与感、获得感，形成劳动光荣、勤劳致富的好风气，营造人人参与乡村建设的良好社会氛围。通过"村民积分制管理""红黑榜"等机制，约束农民行为，鼓励"科学种田"，倡导形成积极学习科技知识的风气。

**4. 升级农业科技 110 服务，巩固科技扶贫效果与发挥科技支持产业发展的效应**

一是推进农业科技 110 服务体系转型升级。因地制宜做好服务载体布点、服务站点布网、区域服务分布，切实优化海南农业科技 110 服务布局，做大、做强、做优农业科技 110；丰富农业科技服务内容，提高农业科技110 服务质量；围绕海南产业与市场需求，提升农业科技 110 服务能力；改善科技服务激励机制，主要改善服务站人才培育机制、协作机制、整合机制，壮大农业科技 110 服务队伍；创新投入机制，提高农业科技 110 服务站准入门槛，升级科技服务，推进农业科技 110 服务体系转型升级，擦亮海南农业科技 110 服务品牌。[①] 二是增强农业科技 110 服务体系可持续性。海南需要完善农业科技 110 服务体系管理体制机制，以"扶强不扶弱"为原则，对农业科技 110 服务主体要进行分类，对农业科技推广服务机构要分类支持管理，对经营较好、市场行情不错的非公益农业科技服务组织要加大政策支持力度。促进农业科技 110 服务体系融入当地特色产业，开辟科技助力产业发展的新空间，增加科技促进农业发展的手段与效果，实现农业科技 110 服务的长期性和可持续性。三是巩固科技扶贫效果与发挥科技支持产业发展的效应。随着绝对贫困的消除，我国进入乡村全面振兴的时代征程。需要巩固提升科技扶贫的积极效应，严防农户返贫现象发生。需要完善农业科技 110 扶持政策，在项目申报、设备购置、设施建设、信贷等方面给予持续支持。需要深化科技人才体制改革，建立农村实用技

---

① 金丹、赵松林：《海南农业科技 110 服务体系发展特征及其转型升级》，《热带农业科学》2019 年第 1 期。

术人才市场自由流动机制，引导科技人员深入农村一线，提高农民的科技素养，推进农民急需的农业技术和科技成果就地转化应用，壮大海南特色优势产业，继续激发脱贫地区群众创业致富的主动性和积极性，[①] 促进广大农户在产业链上持续稳定增收，走上共同富裕之路。

# 五 小结与探讨

根据相关研究可知以下几点：一是海南科技扶贫主要有科技融入产业扶贫，农业科技 110 服务站技术人员、科技特派员、中西部市县科技副镇长等科技人才支撑扶贫，技术培训助力扶贫，科普活动下乡扶贫，科技示范引领"百村千户"工程扶贫等做法。这些重大举措为海南贫困村、贫困户脱贫致富贡献了科技的力量，取得了较好扶贫效果。二是在海南农业科技 110 体系扶贫实践中形成了企业扶贫模式、人才扶贫模式与服务站扶贫模式。三是科技扶贫也存在一些工作难点，如科技未充分与当地资源条件相结合，有市县产业未充分研究市场，导致贫困户增产却不增收；农业科技 110 服务站建设不完善，技术人员水平与能力不足，使科技扶贫工作陷入形式化，扶贫工作效果大打折扣；农业新品种、新技术引进利用率较低；贫困户对提升科技素质的兴趣不大。四是随着绝对贫困的消除，我国"三农"工作的重心已从脱贫攻坚阶段历史性地转移到乡村振兴阶段。

基本结论：一是农业科技 110 体系通过多种扶贫举措，为农村脱贫致富贡献了科技力量。二是农业科技扶贫具有从"输血"转向"造血"的特点，向贫困群众提供技术指导、技术培训、劳动就业等服务，使其获取技能与报酬，这些举措有助于提高贫困群众的科技素养、脱贫能力。三是不管是企业扶贫模式还是人才及服务站扶贫模式，都发挥了自身掌握的科技优势，与农业科技 110 服务体系、地方特色优势产业结合起来，通过农业科技传帮带贫困户，吸纳贫困农户参与，建立科技基地，示范带动，具有较强脱贫致富示范性。四是农业科技扶贫模式都由政府项目资助引导，农业科技 110 服务站带动范围深受服务站经营管理能力影响，同时在科技扶贫过程中，部分贫困户积极性不高。五是农业科技扶贫也应转向科技助力

---

① 王玉洁等：《海南省将创建百个科技扶贫示范村》，《海南日报》2019 年 3 月 30 日，第 1 版。

乡村振兴与建设。

农业科技 110 体系的扶贫模式与经验对海南科技助力乡村振兴的启示：一是加强科技兴农平台建设，加快农业科技成果的转化应用；二是促进科技与产业深度融合，优化海南农业产业结构；三是优化科技教育与培训体系，提高农户科学文化素养；四是升级农业科技 110 服务，巩固科技扶贫效果与发挥科技支持产业发展的效应。

进一步探讨：需要调查研究农业科技 110 服务体系助力海南乡村振兴与乡村建设的问题，这对于科技推进农业农村现代化，推动新时代农村建设显得非常重要。

# 第四章

# 环境改善：农村人居环境整治的影响
# 因素与长效机制①

## 一　引言

习近平总书记高度重视农村人居环境的改善，曾多次就农村人居环境整治工作做出重要指示。李克强总理也曾强调，改善农村人居环境承载了亿万农民的新期待。② 2020 年 10 月 27 日，在国务院新闻办公室举办的"十三五"时期农业农村发展主要成就新闻发布会上，农业农村部党组成员吴宏耀就农村人居环境整治情况进行了通报："我国农村人居环境整治三年行动方案目标任务基本完成。2018 年以来，全国各地累计新改造农村户厕 3000 多万户，农村卫生厕所普及率达到 65% 以上；全国 95% 以上的村庄开展了清洁行动，村容村貌得到明显改善；农村生活垃圾收运处置体系已覆盖全国 90% 以上的行政村；全国排查出的 2.4 万个非正规垃圾堆放点中 99% 已完成整治任务。"③

中国热带农业科学院科技信息研究所调研组通过对海南农村人居环境

---

① 本研究得到海南省哲学社会科学项目"国家治理视角下海南农村人居环境整治的影响因素与长效机制研究"（HNSKYB20 - 70）的支持。

② 国务院办公厅：《习近平就改善农村人居环境作出重要指示 李克强就推进这项工作作出批示》，中国政府网，http://www.gov.cn/ldhd/2013 - 10/09/content_2502912.htm，2013 年 10 月 9 日。

③ 《农业农村部：〈农村人居环境整治三年行动方案〉目标任务基本完成》，光明网，https://kepu.gmw.cn/agri/2020 - 10/27/content_34311623.htm，2020 年 10 月 27 日。

整治现场的调查也发现，自 2018 年实施农村人居环境整治三年行动以来，海南在农村垃圾处理、生活污水治理、厕所改造、村道改造、村容村貌提升等方面取得明显成效，但也存在一些问题。农村人居环境整治工作最终目的是改善农村生产生活条件，让广大农村群众有更多的获得感和幸福感。今后工作重点在于农村人居环境整治三年行动效果的巩固与提升。因而，建立农村人居环境整治的长效机制具有重要意义。

## （一）研究目的与意义

当前，海南省全岛范围内掀起了建设自由贸易港的热潮，农村人居环境整治工作是自由贸易港建设的基础性要素。海南农村人居环境整治的成效提升，既与农户的生产生活条件改善、全域旅游提质密切相关，又与海南自由贸易港建设密切相关。海南贯彻国家政策，在全省范围实施农村人居环境整治三年行动计划，取得的进展与成效以及存在的问题，值得关注与跟踪。因而，发现农村人居环境整治的影响因素，总结农村人居环境整治的经验典型，探索农村人居环境整治的长效机制，是一项具有现实价值的研究。

1. 研究目的

本专题研究的目的有三个。一是依托中国热带农业科学院平台资源，通过实地访谈与问卷调查，了解海南省农村人居环境整治工作现状与存在的问题，并对问题出现的原因进行分析，为海南农村人居环境整治理论研究提供基础；二是搜集相关数据资料与挖掘农村人居环境整治案例，总结农村人居环境整治中的优秀个案，提炼典型做法与模式，为海南农村人居环境整治长效机制研究提供可能性条件；三是在前面研究工作基础上，引入治理理论分析框架，提出农村人居环境整治成效巩固与提升以及建立长效机制的对策，同时为海南省"十四五"时期农村人居环境政策的制定和工作的开展提供相关建议。

2. 研究意义

改善农村人居环境是事关实施乡村振兴战略、建设美丽中国的大课题、大文章。① 显然，对于农村人居环境治理的研究具有一定的价值与现

---

① 时任农业农村部副部长余欣荣在农村人居环境整治高峰论坛上的讲话，转引自高杨、陈兵《农村人居环境整治高峰论坛在南京举行》，《农民日报》2019 年 11 月 21 日，第 1 版。

实意义。本专题研究的意义主要体现在以下两个方面。

一是理论意义。本专题研究以治理理论为视角，通过对海南农村人居环境整治现实状况的剖析，对海南、湖南等省份典型治理模式的比较分析，找寻成功治理模式的基本条件、作用、机制，正确处理好农村人居环境整治主体之间的网络与互动关系，以及治理机制的有效连接与建构，让农村人居环境治理走进国家治理范畴，进一步推进和深化国家治理理论的学术研究和理论思考。因而，本专题研究具有一定的学术导向性理论价值。

二是实践意义。本专题研究在学习领会 2020 年中央一号文件、海南省一号文件精神，特别是其中关于农村人居环境整治政策方针的基础上，观察海南农村人居环境整治实践行动，关注农民在国家政策下沉至乡村社会时表现出来的特性，借助利益关系中介来考察农民融入治理的条件与形式，发现和总结农村人居环境整治的成功做法与经验，将之概括提升为政策建议，为海南省农业农村等部门提供政策咨询服务，为指导农村人居环境治理实践提供依据。因而，本专题研究具有一定的实践导向性应用价值。

### （二）问题的提出

自 2018 年以来，海南省农村人居环境整治工作取得了显著成效，主要表现在生活垃圾处理、污水处置、厕所改造、村容村貌提升等方面，也出现了一些问题。实际上，当前农村人居环境整治表现出较明显的国家建构特征，从中央到地方，各级政府重视农村人居环境整治工作，发出了系列政策文件，也形成了样态丰富的整治经验模式。农村人居环境治理的成果是国家治理体系与治理能力现代化的基层表达，也是农业农村现代化的基础性要素。需要注意的是，国家政策在乡村社会落地生根，要与地方特性相结合，才能取得更好的成效。

因此，本专题研究的问题意识在于：作为一项国家政策，农村人居环境整治在海南实践中的现实状况怎么样？存在哪些影响因素？有效推进农村人居环境整治行动需要什么机制？本研究立足实地调查，发现和总结农村人居环境整治工作中的经验与做法，来回答这三个问题。具体可分解为以下四个相关的方面：一是海南农村人居环境整治实态是什么；二是海南农村人居环境整治中的问题或影响因素表现为哪些；三是比较研究典型经验模式后，海南农村人居环境整治机制能否有效地实现；四是如何建构海南农村人居环境整治的长效机制。

### （三）文献梳理与研究视角

#### 1. 文献梳理

农村人居环境改善关涉农民群众的获得感、幸福感。随着我国乡村振兴战略的深入推进，农村人居环境整治成为各级政府在"三农"领域的重点工作之一，也成为学界关注的热点议题之一。许多研究者以农村人居环境整治为主题，从不同视角做出了大量有益的研究。综合来看，已有研究包括如下方面。

一是农村人居环境整治问题研究。这类研究者从问题着手，对之进行分析，并提出了相关对策建议。有研究者认为当下农村环境问题表现在村镇建设缺乏长远规划、环境污染、卫生状况差、基础设施建设滞后，并从建好整治机制、完善农村环境"硬件"、建好垃圾处理体系等方面提出了对策建议。[1] 有研究者发现农村环境卫生、农户住宅状况、农村基础设施等方面存在诸多问题，并从扭转以牺牲环境为代价的粗放型发展模式、完善农村人居环境公共服务供给和管理机制、提高农民的环保文明观念和民主参与意识等方面提出了对策建议。[2] 也有研究者认为，农村人居环境状况不容乐观，特别是农村生活污水、生活垃圾、厕所粪污造成的水体、大气、土壤等污染，对农村生态环境造成了严重破坏，给人们的健康带来了现实威胁。[3]

二是农村人居环境整治技术标准研究。这类研究者从技术标准角度进行了相关研究。有研究者指出农村人居环境要从安全保障、生活设施、产业经济、公共服务、卫生环境、景观风貌、建设管理等方面构建适合我国国情的农村人居环境建设标准体系，要从保障基本生活条件阶段、村庄环

---

① 刘中元：《全面推进农村人居环境整治新思考》，《农业经济》2016 年第 2 期。
② 赵霞：《农村人居环境：现状、问题及对策——以京冀农村地区为例》，《河北学刊》2016 年第 1 期。
③ 赵晓丽、韦艳梅、唐勇主编《生态宜居乡村建设与农村人居环境整治》，北京：中国农业科学技术出版社，2020，前言。

境整治阶段、宜居乡村建设阶段的不同要求出发，并提出了农村人居环境评价测度指标各阶段参考目标取值。[①] 有研究者基于"社会—经济—自然"复合生态系统理论，建立了一套由生态环境、基础设施、公共服务、居住条件和经济发展五个亚目标层组成的农村人居环境建设评价指标体系。[②] 也有研究者构建了由居住条件、经济发展、基础设施、公共服务和生态环境五个子系统组成的农村人居环境质量评价指标体系。[③] 有研究者推荐了垃圾处理产业流程，提出垃圾处理应坚持政府引导、社区组织、企业参与、因地制宜、自产自销、源头控制、资源回收利用等原则，从实际出发构建可操作性垃圾处理流程和作业方法。[④]

三是农村人居环境整治主体研究。有研究者指出为了完成上级下达的任务，基层及相关部门替代农民成为农村人居环境整治的主体，而农民则因缺乏有效的参与机制，成为局外人。[⑤] 有研究者认为农民在环境治理中的主体性作用没有发挥出来，应根据农民天然"在场"的特点充分发挥其主体作用，进而为农村环境的长效治理提供源源不断的动力。[⑥] 有研究者分析了农村人居环境治理主体的自身缺陷等特征，认为应发挥社会公众参与治理的积极性与主动性，形成政府、村民、村委会、企业、社会组织多元主体共同治理的格局。[⑦] 也有研究者提出要明确农村人居环境综合整治的阶段及任务，在此基础上确定核心行动者，由各阶段的核心行动者组织各行动者共同推进工作，才能获得较好的综合整治效果。[⑧]

以上关于农村人居环境的研究文献，从不同角度提出了相应的理论观点或政策建议，为本研究的展开提供了理论基础与成果借鉴。但这些研究

---

① 刘泉、陈宇：《我国农村人居环境建设的标准体系研究》，《城市发展研究》2018年第11期。

② 郜彗、金家胜等：《中国省域农村人居环境建设评价及发展对策》，《生态与农村环境学报》2015年第6期。

③ 顾康康、刘雪侠：《安徽省江淮地区县域农村人居环境质量评价及空间分异研究》，《生态与农村环境学报》2018年第5期。

④ 熊孟清等：《城乡垃圾及人居环境治理》，北京：化学工业出版社，2020，第85页。

⑤ 于法稳：《乡村振兴战略下农村人居环境整治》，《中国特色社会主义研究》2019年第2期。

⑥ 张芷婧：《农村环境治理中的农民主体性探究》，《农业经济》2019年第9期。

⑦ 吕建华、林琪：《我国农村人居环境治理：构念、特征及路径》，《环境保护》2019年第9期。

⑧ 谭少华、高银宝等：《基于行动者网络的农村人居环境综合整治研究——以重庆市垫江县毕桥片区为例》，《规划师》2019年第19期。

也存在一些不足之处：一是要么侧重宏观整体研究，要么侧重微观技术或主体研究，将宏观与微观结合起来研究的不多；二是多集中于农村人居环境问题描述分析以及技术体系的构建，也涉及治理主体关系研究，但对治理机制特别是长效机制研究不够，难以解决治理行动的持续性问题；三是已有研究建议较多，缺少对国家与地方政策及其落地的跟踪研究，特别是政策执行效果的评价研究，未提出更有针对性、可操作性的建议。

同时，本研究发现关于海南农村人居环境的理论研究与政策分析比较少，也没有发现系统的、专门的研究，相关信息多散见于报纸等媒体的新闻报道。海南自2018年实施农村人居环境整治三年行动以来，在农村生活垃圾处理、污水治理、"厕所革命"、村容村貌提升等方面展开了系列治理行动，取得了一定的成效与经验，但也存在一些问题，如许多村庄道路上粪污暴露、建筑垃圾长期未清理，垃圾和秸秆焚烧现象普遍，畜禽普遍存在散养现象，等等。需要对经验进行及时的理论总结，也需要对问题进行分析解决，更需要将实践概括转化为理论，以便更好地指导实践。值得注意的是，2019年12月召开的海南省委七届七次全会要求持续推进农村人居环境整治和乡村全面振兴，海南省2020年一号文件也将农村人居环境整治作为政府重点工作之一，市县政府大力推进农村人居环境治理工作，对此类政策实践行动也有必要进行跟踪研究。因而，对于海南农村人居环境治理的研究，有必要在已有研究的基础上进行系统性研究。

2. 研究视角：国家治理理论

在以上文献梳理中也发现，已有研究的理论关怀不足，要么叙述分析问题，要么提供政策建议，很少投入理论关怀。因此，本研究强调了理论视角的作用，同时将理论运用于实践分析。

一是引入国家治理理论并提出了农村人居环境整治互动式治理观点。本研究认为农村人居环境整治是现代国家治理的一部分。国家意志反映在国家政策自上而下从文本到理解执行的过程中，凭借政府、乡村组织与农户的中介联结关系，达成国家意志与乡村社会之间的互构互动关系，从而落实国家政策并实现国家意志。

二是通过对农村人居环境整治现实状况的剖析以及对不同省区实践的对比研究，如对海南、湖南、广西等党建融合、村民自治、多元共治、小单元竞赛、多级利益关联等典型经验模式的比较分析，找寻成功治理模式的基本条件、作用、机制，正确处理好农村人居环境整治主体之间的网络与互动关系，以及治理机制的有效连接与建构，让农村人居环境治理走进国家治理范畴，进一步推进和深化国家治理理论的学术研究和理论思考。

三是本研究在学习领会习近平总书记关于国家治理体系和治理能力现代化、农村人居环境整治的重要讲话精神，2019 年及 2020 年中央一号文件、海南省一号文件精神，特别是关于农村人居环境整治政策方针的基础上，观察海南、广西、湖南等的农村人居环境整治实践行动，关注农民在国家意志下沉至乡村社会时表现出来的特性，并对热带地区乡村人居环境整治模式进行了比较研究，通过治理成功的村庄个案与实践和深入解析与总结，重点概括提炼了农村人居环境治理实践中的三对"关系"：其一，表达关系，即政策文本与政策理解执行的关系，文本凭借执行而表达出来，研究中也发现有的乡村干部对政策理解不到位；其二，利益关系，即政府、乡村组织与农户的中介联结关系，国家政策下沉到农村，需要有中介机制，建立与农户的利益联结关系能够提升农户的政策参与度；其三，互动关系，即国家意志与乡村社会之间的互构关系，现代国家担负着对乡土社会的整合任务，要将分散的乡土社会纳入现代国家治理体系，而乡村社会不是被动的，可能会消解这种整合，要解决类似"干部在干、群众在看"的合作参与问题，必须考虑国家与社会的关系，吸引农民参与国家治理。在此基础上，提出农村人居环境互动治理观点，也就是说，凭借利益关系中介来找到农民融入治理的模式、条件与形式，发现和概括"国家—村庄—农户"的互动关系理论。

四是本研究立足于热带地区农村的实地调查，围绕与聚焦农村人居环境整治的重点任务：推进农村生活垃圾治理，开展厕所粪污治理，梯次推进农村生活污水治理，提升村容村貌，加强村庄规划管理，完善建设和管护机制，等等。从农村人居环境整治现场入手，跟进了解热带地区省份特别是海南当下农村人居环境整治的实际状态，利用问卷调查和访谈方式，观察农户、乡村干部等治理主体对农村人居环境整治的态度与行为反应，找到并归纳出制约农村人居环境治理的因素，并回到国家治理体系层面，建构农村人居环境有效治理机制，为政策建议提供理论基础。

## （四）研究方法与资料来源

### 1. 研究方法

一是文献分析法。通过对以农村人居环境为主题的文献的梳理分析，了解管理学、经济学、社会学等相关学科对这一问题的关注视角、研究前沿及研究深度，这是本研究的基础性工作。同时，本研究还将对党和政府有关农村人居环境整治的政策、报告、文件等进行学习、搜集、整理和分析。

二是实地调查法。以往研究虽有调查，但大多是文本数据调查或者个别农村调查，并没有深入田野调查。调查访问海南、广西、湖南等省区农村特别是海南省，对市县、乡村干部进行了访谈，特别是对农户进行了抽样调查访问，深入农村人居环境整治现场了解热带地区特别是海南农村人居环境整治工作实态。在调查方法上综合利用了抽样调查、个案调查、农户、村干部及政府干部调查访谈的优势，收集了政府部门与农村人居环境整治相关的各种文件及总结材料，保证数据资料和访谈资料为第一手数据资料。

三是个案比较法。个案是做法、经验与模式形成的基础，对典型个案的研究具有重要的理论与实践意义。本专题研究专门调查海南、湖南等省份农村人居环境治理实践，发掘具体的典型个案，剖析个案发生的条件、机理与限度，及时归纳与跟踪总结，将好的个案的做法上升为政策建议。综合运用个案访谈获取人居环境整治方面的优秀案例及整治情况总结，获取政府在开展农村人居环境整治方面的政策文件、工作总结及报表数据，从国家和政府层面、干部层面、农户层面获取多元化资料，保证资料的完整性及调查数据的信度和效度。同时，对个案进行比较，从而更好地指导海南农村人居环境治理实践。

### 2. 资料来源

一是调查资料。本研究调研组依托中国热带农业科学院平台，深入海南省18市县以及湖南、广西等省区农村人居环境整治工作现场，与乡村干部、农户面对面访谈，进行问卷调查与个案深度调查，搜集整理第一手数据资料，获得有效问卷1550份以及大量访谈资料。这是研究资料的主要来源。

二是政府文件资料。收集利用各级政府以及农业农村部门下发的农村人居环境整治类文件、工作总结，政府及主流官方新闻网站对农村人居环境整治工作经验、典型的报道。

三是文献资料。利用中国知网和政府网站，收集有关农村人居环境整治的期刊、报纸、网络文章。利用中国热带农业科学院科技信息研究所图书馆查阅与收集理论文献资料。

# 二　农村人居环境整治现实状况

本研究此部分内容旨在回答"海南农村人居环境整治实态是什么"的问题。在研究过程中，本研究调研组调查访问了海口、文昌、陵水、白沙、儋州、东方等18市县以及湖南、广西等省区的农村，深入当下村庄人居环境治理行动现场，主要是"三清两改一建"，即"清理农村生活垃圾、清理农村生活污水、清理畜禽粪污及农业生产废弃物、改造农村厕所、改造村庄道路、建立长效机制"行动现场，从农村人居环境整治政策知晓、理解、执行，治理主体行为方式，治理成效等方面入手，调查分析农户对政策的知晓与满意情况、村庄人居环境卫生状况、村庄整治工作开展情况、农户与乡村干部行为反应和参与情况、整治工作成效等实际状况。

## （一）农户对农村人居环境整治政策的知晓理解情况

### 1. 农户对农村人居环境政策知晓程度比较高

自2018年开展农村人居环境整治行动以来，海南各级政府积极宣传政策与推进整治工作。在1550个调查农户中，有88.2%的农户表示知晓农村人居环境整治政策。从农户受教育程度来看，受教育程度高的农户对农村人居环境整治政策知晓程度较高，小学及以下、初中、中专或高中、大专及以上文化程度的农户知晓农村人居环境整治政策的占比分别为78.8%、87.9%、94.2%、93.2%（见图4.1）。

从农户年龄情况来看，中青年农户对农村人居环境整治政策知晓程度比较高，明显高于61岁及以上的老年农户，35岁及以下、36~45岁的农户占比分别为89.7%、90.3%，而61岁及以上老年农户占比为78.6%，低于平均知晓度88.2%近10个百分点（见表4.1）。

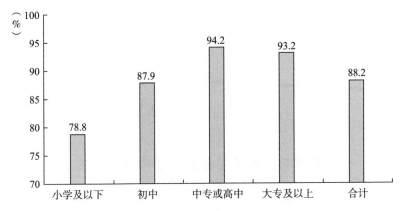

**图 4.1 受教育程度与政策知晓情况分布**

**表 4.1 年龄与政策知晓情况交叉分析**

单位: 人, %

| | | 35 岁及以下 | 36~45 岁 | 46~60 岁 | 61 岁及以上 | 合计 |
|---|---|---|---|---|---|---|
| 知晓 | 数量 | 323 | 429 | 501 | 114 | 1367 |
| | 占比 | 89.7 | 90.3 | 87.9 | 78.6 | 88.2 |
| 不知晓 | 数量 | 37 | 46 | 69 | 31 | 183 |
| | 占比 | 10.3 | 9.7 | 12.1 | 21.4 | 11.8 |
| 合计 | 数量 | 360 | 475 | 570 | 145 | 1550 |
| | 占比 | 100 | 100 | 100 | 100 | 100 |

2. 农户对农村人居环境整治政策的认知程度需要进一步深化

调查显示, 农户对农村人居环境整治政策知晓程度较高, 但对具体政策内容的理解是碎片化或片面的。如上所述, 在 1550 个样本农户中, 88.2% 的农户表示知晓农村人居环境整治政策。当调查访问政策具体内容时, 许多农户表示不是很清楚, 其中就有许多农户把农村人居环境整治工作理解为短期内集中清理的突击性、临时性任务, 甚至还有许多农户将农村人居环境整治仅仅理解为打扫卫生, 把农村人居环境整治相关政策简单化、碎片化或片面化。

3. 农户对农村人居环境整治主体的理解需要进一步明晰

调查表明, 所有受访农户都赞成海南实施农村人居环境整治的好政策, 但其中相当一部分农户认为农村人居环境整治是政府推动的工作, 是村干部的事情，他们只管接受整治的好处，参不参加不太重要，甚至认为"就像一阵风一样，很快就吹过去了"，导致他们甘做农村人居环境整治工作的旁观者，谈不上充分发挥农户参与整治工作的主体性。在1550个农户样本中，有37.7%的农户认为村民参与性低是农村建设人居环境的重要影响因素。由此可见，构建农村人居环境整治的长效机制，需要发动各方力量，尤其要突出农户的主体性。

## （二）农户在农村人居环境整治行动中的行为方式

### 1. 处理生活垃圾的行为方式

从调查情况来看，在1550个调查样本中，农户经常打扫庭院卫生的占90.8%，偶尔打扫的占9.1%，而不打扫的仅占0.1%。从农户对生活垃圾的处理方式来看，放置垃圾收集点或公共垃圾箱的为最多，占97.7%；自家焚烧处理的只占1.4%；掩埋处理或随意丢弃的仅为3人。

### 2. 处理生活污水的行为方式

从农户对生活污水的处理方式来看，倒入专门生活废水沟的为最多，占88.2%，收集再次利用的占2.2%。特别值得注意的是，还有8.8%的农户对生活污水采取直接倾倒的方式（见图4.2）。

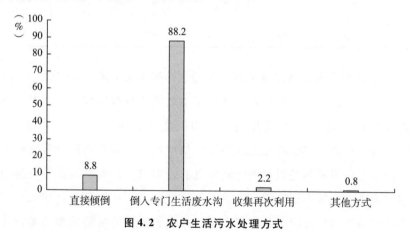

**图4.2 农户生活污水处理方式**

### 3. 处理利用粪污的方式

农户厕所粪污资源化利用一直是政策引导的重点，也为农村人居环境整治的重要工作指标之一。调查发现，有80.3%的农户使用了化粪池或沼气池处理厕所粪污，这是主要的处理方式。海南推广使用的三格化粪池也是按照此方式来要求。有 6.6% 的农户将厕所粪污处理后用作农家肥，有 2.7% 的农户对于厕所粪污采用不清理而放任自流的方式（见图 4.3）。

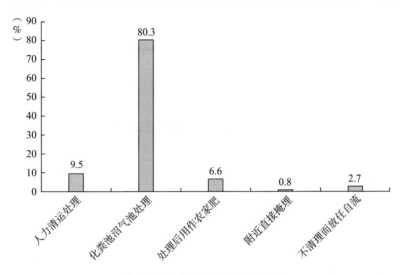

**图 4.3　农户厕所粪污处理方式**

4. 处理农业生产废弃物的方式

农村生态环境污染很大一部分归因于农业生产，如生产废弃物（主要是农药）污染等。调查表明，经过农村人居环境整治相关政策宣传之后，农户对农业生产废弃物的处理方式有了变化。有 68.7% 的农户统一回收了农业生产废弃物，如地膜、空农药瓶等，只有 6.1% 的农户还在随意丢弃（见图 4.4）。

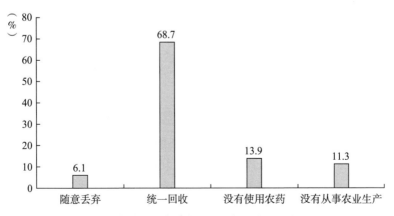

**图 4.4　农业生产废弃物处理方式**

## （三）农户对农村人居环境整治工作的参与情况

1. 农户参与村庄人居环境整治工作的方式

在 1550 个有效样本中，有 1424 位，占比为 91.9% 的农户，或多或少、以不同方式参与了村庄人居环境整治工作。农户参与村庄环境整治主要以出劳力的方式，其占比为 87.7%（见表 4.2）。

**表 4.2　农户参与村庄人居环境整治工作方式**

单位：人，%

| 类别 | 数量 | 有效百分比 | 累积百分比 |
|------|------|------------|------------|
| 出资 | 48 | 3.1 | 3.1 |
| 出劳力 | 1359 | 87.7 | 90.8 |
| 既出资又出劳力 | 17 | 1.1 | 91.9 |
| 没有参与 | 126 | 8.1 | 100 |
| 合计 | 1550 | 100 | |

2. 农户参与村庄公共环境卫生工作情况

调查显示，农户参与村庄公共环境卫生工作主要以义务劳动的形式，占比为 75.6%，获得补贴的农户只有 22.3%（见图 4.5）。

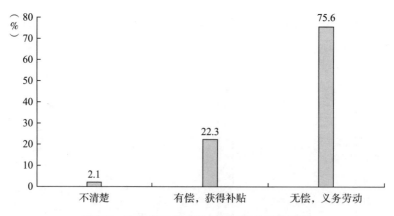

**图 4.5　农户参与村庄公共环境卫生工作情况**

3. 农户参与家庭生活垃圾清理情况

清理生活垃圾是农户参与农村人居环境整治工作的主要内容之一。从调查情况来看，在1550个调查样本中，农户经常打扫庭院卫生的占到90.8%，表明农户对个人家庭卫生情况比较关心。

4. 农户参与"厕所革命"行动情况

"厕所革命"为农村人居环境整治的重点工作之一。从调查情况来看，在1550个有效样本中，有1112位农户参与了自家厕所改造工作，占比为71.7%。也就是说，有接近30%的农户没有参与厕所改造（见表4.3）。

**表4.3　农户参与厕所改造情况**

单位：人，%

| 是否参与 | 数量 | 占比 |
|---|---|---|
| 是 | 1112 | 71.7 |
| 否 | 438 | 28.3 |
| 合计 | 1550 | 100 |

在农村"厕所革命"行动中，厕所改造需要投入的人工、资金等资源，也有多种筹集渠道。厕所改造资金主要来源渠道有政府出资、农户出资以及农户与政府出资等。在参与厕所改造的1112位农户中，有46.0%是农户与政府出资改造的，完全由农户或政府出资改造的分别占25.5%、28.4%（见图4.6）。

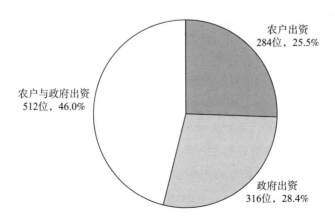

**图4.6　农户参与厕所改造出资情况**

进一步分析发现，农户不参与厕所改造的原因有多方面，归集起来如下。腾不出空间修建化粪池；已经习惯，不想改；家人常年外出，没有精力改；缺自来水，改造后难以清理；家里厕所卫生条件好，不必改；等等。在438个有效样本中，有87.2%的农户直接表示"家里厕所卫生条件好，不必改"，从而导致他们不愿意参与厕所改造工作（见表4.4）。当然，这也可以理解，随着我国经济发展，农村生活水平与条件也不断提高，农村楼房也是年年新增，确实存在许多新建农房配置了与城市一样的厕所，其卫生状况也是相当不错。

表4.4 农户不参与厕所改造原因分析

单位：人，%

| 原因 | 数量 | 占比 |
|------|------|------|
| 经济条件差，负担不起 | 22 | 5.0 |
| 腾不出空间修建化粪池 | 14 | 3.2 |
| 已经习惯，不想改 | 13 | 3.0 |
| 家人常年外出，没有精力改 | 5 | 1.1 |
| 缺自来水，改造后难以清理 | 1 | 0.2 |
| 家里厕所卫生条件好，不必改 | 382 | 87.2 |
| 其他情况 | 1 | 0.2 |
| 合计 | 438 | 100 |

## （四）农村人居环境整治工作的整体成效

海南实施农村人居环境整治三年行动以来，在农业农村相关部门的推动下，省市县镇村各级干部联合农民群众，在"三清两改一建"方面取得了明显工作成效，整治工作阶段性成果得到了广大农户的认可。

1. 从整体上来说，海南农村人居环境整治政策实施成效明显

海南农村人居环境整治在垃圾与生活污水处理、厕所改造、村道改造、村容村貌提升等方面取得了明显成效。参与调查村庄都开展了农村人居环境整治工作，垃圾处理、生活污水处理等已深入展开。如海口采用"户分类、村收集、镇转运、市处理"模式，农村生活垃圾收集点覆盖率达到100%，无害化处理率在95%以上。又如，海口实施了2018年、2019年一期和二期的农村生活污水处理项目，共涉及211个行政村1793个自然村12.4万户，家庭常住人口为49.8万人，总投资约40亿元。再如，海南

文昌示范村在垃圾处理、村容村貌提升、整治机制建设、健康生活习惯养成等方面，初步形成可复制推广的经验。①

2. 农村生活垃圾治理工作取得明显成效，垃圾处理体系正在加快形成

实地调查显示，在 1550 个有效样本中，垃圾回收点或者公共垃圾箱距离农户家在 200 米以内的占比为 73.9%；有 97.7% 的农户每天将生活垃圾收集起来放到村庄垃圾收集点或公共垃圾箱；96.2% 的农户家里放有垃圾桶。18 个市县及洋浦经济开发区的 70 个村庄均设有 1~2 个垃圾回收点，乡镇每隔 2~3 天将垃圾转运到指定地点，由市县统一处理。全省统计数据也表明，截至 2020 年 8 月 21 日，已完成 11 个非正规垃圾堆放点治理工作，有 18 个非正规垃圾堆放点治理工作正在推进中；新建的 4 座垃圾焚烧发电厂正稳步运行；城乡生活垃圾无害化处理率在 92% 以上。②

3. 农村生活污水治理有序推进，污水处理设施正常运行的覆盖率需提高

调查表明，在抽样调查的 70 个村庄中，有 43 个村庄已建成污水处理设施，有 57.7% 的农户表示村里有污水处理设施，62% 的农户反映村里有统一的污水排放管道。全省统计数据也表明，截至 2020 年 8 月 21 日，全省建有农村污水处理设施的行政村累计 1026 个，约占 38.7%；建有农村污水处理设施的自然村累计 3204 个，约占 18.3%，另有 559 个自然村采用简易方式收集处理生活污水。已建成污水处理设施 9883 套，正常运行的有 9664 套，不正常运行的有 219 套，正常运行设施比例为 97.8%。已完成 7064 个村内水塘和 1.21 万千米的村内沟渠治理工作。

4. 厕所改造取得较大进展，防渗漏改造进度及效果需提升

厕所改造为农村人居环境整治的重点工作之一。全省统计数据表明，截至 2020 年 8 月 21 日，全省半年攻坚农村无害化厕所开工 15.2 万户，开工率 95.9%，竣工 14.99 万户，任务完成率 94.5%，全省已建成卫生厕所 122.32 万户（不含镇墟），卫生厕所覆盖率达到 98.2%；全省防渗漏改造开工 2.69 万户，开工率 33.3%；竣工 1.61 万户，任务完成率 19.8%；农村公厕（任务为 820 个），开工 335 个，开工率 40.9%，竣工 216 个，任务完

---

① 金丹、赵松林：《热区农村人居环境整治影响因素及其长效机制建构》，《热带农业科学》2020 年第 3 期。

② 在海南农村人居环境整治政策开展实施整体情况这一部分，全省统计数据来源于省农业农村厅，样本数据来源于实地调查。

成率 26.3%。

5. 村容村貌提升工作进展明显，农户参与整治机制需保持与提升

全省统计数据表明，2020 年 1 月至 3 月，拆除 2761 处残垣断壁、262 根废弃电线杆，累计 18688 处、2104 根；整治 2.68 万处乱拉乱挂、乱堆乱放和乱涂乱画现象，累计 51.02 万处。各市县评出"美丽庭院"和"卫生文明户"9513 户，累计 4.43 万户；公布环境卫生红黑榜 2204 次，累计 7198 次。

实践表明，红黑榜评议制度、家庭卫生评比制度等对于农户参与整治工作有较大的激励作用，在海南农村人居环境整治中的运用程度需要加强。实地调查显示，60.3% 的农户表示村内开展了与环境卫生相关的红黑榜评议工作，61.8% 的农户反映村内开展了卫生文明户、最美庭院等家庭卫生评比工作，40.9% 的农户反馈村内开展了环境卫生监督检举制度。

# 三　农村人居环境整治影响因素分析

本研究此部分内容旨在回答"结合国家治理理论，海南农村人居环境整治中的影响因素表现为哪些"的问题。在海南农村人居环境实态调查分析基础之上，本研究以治理理论为视角，从政府及干部政策执行力、农民主体性、人居环境整治前提条件、农村生活习惯、基层组织治理等方面着手，归纳分析农村人居环境整治中的相关影响因素，并将其进行分类归因，从而找准海南农村人居环境整治中的问题。

## （一）政策执行力：国家农村人居环境整治政策落实的重要因素

实施农村人居环境整治是国家政策要求，也是国家治理基层的重要内容。国家政策要在乡村社会落地生根，就需要政策宣传干部理解政策，讲究工作思路与方法，也需要与村庄特征、农民特性相结合，方能取得更大成效。因而，基层政府及村庄干部对政策的理解与执行力对村庄人居环境整治来说是非常重要的影响因素。

1. 部分基层干部对人居环境整治政策理解与执行方面不够重视

自 2018 年以来，海南省先后出台了《海南省农村人居环境整治三年

行动方案（2018—2020 年）》（琼办发〔2018〕36 号）、《海南省农村人居环境整治村庄清洁 2019 年行动方案》（琼厅字〔2019〕15 号）、《海南省推进农村"厕所革命"半年攻坚战行动方案》、《海南省农村环境卫生集中大整治半年行动方案》、《海南省 2020 年农村人居环境整治实施方案》（琼办发〔2020〕17 号）等文件，这既是对中央政策的贯彻执行，又是结合海南实际对政策任务的分解落实。总体上，各市县政府也积极落实完成政策任务，但基层政府干部特别是镇村干部对人居环境整治工作不够重视。调查发现，存在部分职能部门和乡镇、村庄的干部对农村人居环境整治执行工作不重视的问题，这些干部也不理解省里和县里的文件精神，简单地认为村庄人居环境整治工作就是打扫村庄卫生，使村庄清洁干净，致使一些村庄人居环境整治工作滞后。[①] 同时，由于农村工作中存在"多任务"情况，如 2020 年以脱贫攻坚为中心任务，按照工作重要性排序，农村人居环境整治工作存在被边缘化的现象。

2. 相关职能部门工作的协调性需要进一步加强

由于农村人居环境整治行动要求的综合性、全面性、多任务性，需要多个职能部门协调推进，如涉及农业农村、住房城乡建设、爱卫办、自然资源与规划等部门。个别市县受访人员反映，在实际工作中经常存在主要职能部门权责不对等，"活不帮你干，责任由你担"，统筹开展工作遇阻，高位推动而各自不动，一些运转内耗影响了农村人居环境整治效率。

3. 具体整治工作标准、流程的规范性需要强化

调查发现，部分市县在工作开展过程中，开始时缺乏方法以及思路与工作设计，在关键工作领域如厕所粪污资源化、农村生活污水处理方面未形成有效的工作办法、思路，过程中放松对信息的科学化管理和痕迹化管理，最后增加了工程验收和问责考核的难度，制约了整治工作进一步改善。

4. 村庄干部监督管理整治工作的进展与质量需要进一步推进与提升

作为一项国家政策，农村人居环境整治政策最终要下沉到广大村庄，村干部对人居环境整治工作进度与质量的监督非常必要。实际上，市县职

---

① 金丹、赵松林：《热区农村人居环境整治影响因素及其长效机制建构》，《热带农业科学》2020 年第 3 期。

能部门执行政策确实需要乡镇特别是村庄干部的支持与推动。调研发现，有村庄干部没有见到项目资金就不开展工作，造成资金不到位，人居环境整治工作就难以推进的不良局面。还有一些乡村干部不太重视村庄人居环境整治工作任务，存在着临时做做动作，应付上级工作检查的现象，对工作进展与质量的监管也不到位。比如，农村厕所改造有一定的技术标准，市县政府城乡建设部门投入资金进行改造或新建后，需要有人来跟踪管理厕所工程的质量，其中村庄干部往往为重要的、"天然"的监管力量，但存在着村干部不认真负责、随意应付的情况。据农户反映，在厕所改造中村庄干部监督指导施工的占 82.0%，其中，积极地监督指导的只占 35.3%，一般性地监督指导的接近一半，占 46.7%；没有监督指导的占 18.0%，可见工作质量无人管的现象不少（见表4.5）。

**表4.5 村庄干部对厕所改造监督指导情况**

单位：人，%

| 类别 | 数量 | 有效百分比 | 累积百分比 |
| --- | --- | --- | --- |
| 积极地监督指导 | 393 | 35.3 | 35.3 |
| 一般地监督指导 | 519 | 46.7 | 82.0 |
| 没有监督指导 | 200 | 18.0 | 100 |
| 合计 | 1112 | 100 | |

5. 政策执行工作进展不平衡，整治推进存在不足之处

调查发现，存在以下情况：一是各市县之间工作开展不平衡，各地情况差距明显；二是部分市县内部各乡镇工作开展不平衡，个别市县存在"抓亮点、放难点"问题，把试点示范村打造成展览精品，但对于人口密集、人员结构复杂、资源有限的渔村、人口大村、城乡接合部、镇村接合部村庄缺乏整治推进；三是村庄内人居环境整治工作不平衡开展，对于相对简单的公共区域清扫工作、庭院整洁工作反复开展、运动式开展，但对于畜禽散养、村庄亮化、硬化不足，以及不易检查的户厕渗漏、污水处理、秸秆焚烧、农田废弃物等"死角""短板"问题整治不足。

6. 需要加强有效工作机制的构建，推进整治工作效果保持

对于农村人居环境整治工作取得的效果需要巩固与提升，要有相应的

保持机制。调查发现，农村人居环境整治工作的难点在于整治工作成效持续性方面，农村人居环境整治工作容易出现"一治就好，不治就反弹"，进而出现形式化、短期性、突击性的现象，并没有形成相应有效的工作机制。以畜禽规范养殖为例，按照海南省农村人居环境整治工作政策要求，村庄农户的畜禽养殖要由以前的散养状态改为圈养或集中养殖状态。在乡村农户层面，很难改变以前的养殖行为，这样就出现为应对政府部门督导检查工作，有村庄农户临时将自家的畜禽圈养起来，等检查工作组离开后，便迅速地将畜禽放了出来，导致村庄道路上依然像以往一样，留有许多畜禽的粪污物，村庄环境很难得到实质性改善。

## （二）农民主体性：形成农村人居环境整治长效机制的关键因素

调查显示，在 1550 位受访农户中，有 8.1% 的农户没有参与村庄人居环境整治工作。农村人居环境改善对于提升农民群众生产生活获得感、幸福感是显而易见的，农户理应积极参与整治工作。如果不能将农民群众有效地吸引到农村人居环境整治体系中来，必然会影响到农村人居环境整治成效的巩固与提升以及长效机制的建立。

1. 政府替代农户从而导致农户主体作用未充分发挥出来

在推进农村人居环境整治进程中，一些地方为了完成上级下达的任务，基层及相关部门替代农村居民成为农村人居环境整治的主体，而农民则因缺乏有效的参与机制，成为局外人。[①] 导致出现政府既搭台又唱戏，而农民群众只看戏的现象，农民主体作用未充分发挥出来。

2. 整治政策宣传动员方式存在的不足导致农户参与性不强

尽管已大力宣传农村整治政策，但未根本改变农户主观能动性不足的整体局面。从宣传情况方面看，一是宣传途径较为传统和窄化，约 56% 的受访农户接受过入户宣传，约 51% 的接受过公告栏宣传，约 35% 的接受过会议宣传，接受过新媒体工具的宣传者不到 10%；宣传工作"入眼不入心"，近 20% 的受访农户不了解也未亲自签署"门前三包"责任书，45% 的农户不知道何为"三要三不要"，38% 的农户认识模糊，即便在"门前

---

① 于法稳：《乡村振兴战略下农村人居环境整治》，《中国特色社会主义研究》2019 年第 2 期。

三包""三要三不要"户户挂牌的西部地区，不知晓农户也占36%左右。

3. 农户对自身主体性的理解需要进一步明晰

调查表明，所有受访农户都赞成海南实施农村人居环境整治的好政策，但其中相当一部分农户认为农村人居环境整治是政府推动的工作，是村干部的事情。这样，广大农民对农村环境治理保持的"肉食者谋之"的消极隔阂态度，导致其对自身的环境破坏行为不在意，对周围存在的环境破坏行为不制止。[①] 他们只管接受整治的好处，参不参与已不太重要，甚至认为"就像一阵风一样，很快就吹过去了"，导致他们甘做农村人居环境整治工作的旁观者，谈不上充分发挥农户参与整治工作的主体性。在1550个农户样本中，有37.7%的农户认为村民参与性低是农村建设人居环境的重要影响因素。可见，构建农村人居环境整治的长效机制，需要发动各方力量，尤其要突出农户参与的主体性。

4. 农户自身特点导致其不积极地参与

从农户自身的角度看，一是"小改即安"，对农村人居环境整治诉求低，易满足，缺乏公共参与的积极性和主动性；二是传统观念影响，不易改变，成为农村生活污水治理、厕所革命工作推进的主要阻碍，调查发现，个别市县农民不理解、不情愿改造厕所，未意识到污水直排危害；三是利益冲突挫伤农户积极性，一些农村人居环境整治的建设要求影响了农户利益，个别市县（如临高县）甚至出现村民阻挠污水处理设施动工的现象。

5. 环境改善的公共性导致部分农户不积极地参与

之所以出现农户不积极参与村庄环境整治工作这样的情况，主要原因在于环境卫生整治具有公共产品性质。有一项研究表明，农户参与农村人居环境整治的积极性不高，其理由在于，家庭总收入、参加物资交流会次数与参加农贸市场次数具有显著的抑制作用，有"经济头脑"的农户具有"搭便车"倾向，距离集镇越近的农户参与环境整治的积极性越低。[②] 在海南农村调研中也发现农户存在类似行为，如不参与村道改造，同样也能利

---

① 张芷婧：《农村环境治理中的农民主体性探究》，《农业经济》2019 年第 9 期。

② 孙前路：《西藏农户参与农村人居环境整治意愿的影响因素研究》，《生态与农村环境学报》2019 年第 8 期。

用道路通勤。

### （三）消极性习惯：国家农村人居环境整治政策落地生根的阻碍因素

1. 卫生意识问题影响居住环境整治质量

调查发现，有45.4%的农户承认存在环境卫生意识不强问题，这成为保持与提升农村人居环境质量的最大阻碍因素。农户庭院及屋内、田园、村周边等仍未达到干净整洁的效果，存在着死角和盲区。这些农户认为一直都是这样做的，同时认为家里干净或不干净与政府无关，是个人家庭的事情，政府和干部也不应该管。海南某地2019年12月农村人居环境整治工作报告中也指出，村民维护环境卫生意识不够强，存在镇村道路、房前屋后乱堆垃圾现象。

2. 生活习惯影响村庄卫生环境改善

对于作为农村人居环境整治主要内容的生活垃圾处理，政府提出了分类与减量化处理的要求。然而，村民的习惯却是不分类，整体打包丢到垃圾堆里。数据显示，当问及"您家里的垃圾是否进行分类"时，71.3%的受访农户明确表示家里的垃圾没有分类处理。[①] 村民对生活污水也有随意排放的习惯，有8.8%的农户将生活污水直接倾倒在附近土壤或溪流当中。

3. 农业生产传统做法影响生态环境

有一项调查显示，43.1%的调查农户会将农药包装、塑料薄膜任意丢弃在田间地头，或就地焚烧，或随便用土浅盖了事；有近10%的农户随意丢弃生活垃圾。[②] 还有一些农户有散养畜禽的习惯，认为散养比圈养要好，当整治工作要求村外集中养殖或圈养，做到人畜分离时，为应对督导工作组检查，有农户上午将畜禽临时圈养起来，等督导工作组一走，就将畜禽放出来，村道上仍然会留下畜禽粪污物。[③] 在抽样调查的1550个有效样本

---

① 金丹、赵松林：《热区农村人居环境整治影响因素及其长效机制建构》，《热带农业科学》2020年第3期。

② 赵霞：《农村人居环境：现状、问题及对策——以京冀农村地区为例》，《河北学刊》2016年第1期。

③ 金丹、赵松林：《热区农村人居环境整治影响因素及其长效机制建构》，《热带农业科学》2020年第3期。

中，畜禽的粪污直接排放到下水管或者沟渠的占比为 3.2%，排放到河流/湖泊中的占比为 0.6%，随意堆积在一起的占比为 4.9%。

### （四）基础性条件：农村人居环境整治工作提质的约束因素

**1. 城乡差别使农村人居环境整治工作受基础条件约束明显**

在建设社会主义现代化新农村的新时代，城乡差别正在走向城乡一体化。然而，在城乡二元结构还未完全改变的情况下，农村基础设施建设相对滞后，公共基础设施以及服务供给远远赶不上城市的水平，也难以快速地改变。农村居住环境在整体上比不上城市方便、卫生，推进农村人居环境整治工作受限于基础条件非常明显。[①]

**2. 农村基础设施建设的成本制约整治工作进展**

农村居住形态为"大分散、小聚居"，这给基础设施建设带来了物理空间配置以及成本方面的难度。调查发现，许多村庄没有建设农村污水处理系统，即使建有污水处理设施的村庄，污水收集处理后续工作也没有解决好，只能让其排放在"指定区域"。这主要是因为技术条件与引用的城市整治模式的不适用，也因为村庄的分散性，治理规模偏小，农村污水垃圾处理量大面广，投资成本和运营成本普遍较高。[②] 近年来海南省投资建有污水处理系统的村庄，也存在设施不运行的情况。比如，在全省 2020 年抽检的 76 个村庄中，按照每个市县推荐两个自然村，随机抽取两个自然村的原则，每个市县共抽检 4 个自然村，陵水、白沙、昌江、洋浦、乐东、东方能够做到抽检的 4 个村庄都有污水处理，东方有两个污水处理设施未正常运行，其他污水处理设施都正常运行；文昌、五指山、临高、三亚能够做到 3 个村庄有污水处理设施，其中三亚有两个污水处理设施不能正常运行，正在升级改造阶段，其他污水处理设施均能正常运行。[③]

**3. 农户认为环保技术落后以及设施匮乏制约了整治工作**

调查表明，有 30.8% 的调查农户认为所在村庄环保技术落后，基础设

---

① 金丹、赵松林：《热区农村人居环境整治影响因素及其长效机制建构》，《热带农业科学》2020 年第 3 期。

② 徐顺青、逯元堂、何军等：《农村人居环境现状分析及优化对策》，《环境保护》2018 年第 19 期。

③ 金丹等：《海南省 2019 年农村人居环境整治检查评估报告书》，2020。

施匮乏，成为制约人居环境整治工作进展的主要因素，并进一步认为，这种状况在一段时期内不易改变（见表4.6）。

**表 4.6　农户评价村庄环保技术及基础设施制约情况**

单位：人，%

| 是否环保技术落后，基础设施匮乏 | 数量 | 占比 |
| :---: | :---: | :---: |
| 否 | 1072 | 69.2 |
| 是 | 478 | 30.8 |
| 合计 | 1550 | 100 |

## （五）基层组织治理：吸引农户参与国家农村人居环境整治政策的联结因素

### 1. 国家政策深入乡村社会需要联结因素

众多理论探讨了国家与社会关系，主要有三种，即"国家中心"、"社会中心"以及"社会中国家"。① 著名学者米格代尔提出了"社会中的国家"，即存在国家与社会相互构成、相互改变的关系。② 现代国家担负着对乡土社会的整合任务，要将分散的乡土社会纳入现代国家治理体系，而乡村社会不是被动的，可能会消解这种整合。这样，以国家政策为表达媒介的国家意志与乡村社会力量之间形成了互构关系，国家意志的贯彻最终要获得乡土社会的接受与认同，才能有效地实现将农户吸引进农村人居环境整治体系中。建立这种认同与参与，需要中介联结组织或机制，基层社会治理机构的组织与动员作用不可少。

### 2. 联系与动员农户参与整治工作的基层组织机构需要进一步加强建设

众所周知，当下农村经济进步是巨大的，但基层社会治理却明显相对滞后，村庄组织动员社会能力弱化。农户从农业外获取的收入不断增长，在1550个样本农户中，75.2%的农户有务工收入，从而对村庄与土地依赖

---

① 章文光、刘丽莉：《精准扶贫背景下国家权力与村民自治的"共栖"》，《政治学研究》2020年第3期。

② 〔美〕乔尔·S. 米格代尔：《社会中的国家：国家与社会如何相互改变与相互构成》，李杨、郭一聪译，南京：江苏人民出版社，2013。

程度降低。同时，95%以上的受调查村庄没有集体经济收入，完全依靠转移支付收入保持基本运转，组织动员农户参与农村人居环境整治工作比较困难。显然，缺少村级基层组织对农户的联系与组织，农村人居环境整治政策难以有效宣贯，工作成效难以持续，吸引农户参与手段难以奏效。

3. 基层组织的治理方法需要进一步改善

调查发现，部分市县缺乏对长效机制建设的思考，无法充分发动基层群众参与工作。一方面，由上到下推动建立的"公共卫生责任制""红黑榜"等机制变成挂在村委会的"迎检牌"，未有效运行，"干部干，群众看"和"运动式治理"，产生了应付了事的现象。另一方面，只专注于眼下村庄清洁的基础目标，缺少关于村庄美化的未来思路，缺少丰富的工作手段探索，除了卫生大扫除还是卫生大扫除。

# 四 农村人居环境整治典型模式比较研究

此部分内容旨在回答"对农村人居环境整治典型经验与模式进行比较分析后，海南农村人居环境整治机制能否有效实现"的问题。本研究选取海南、湖南等省份农村人居环境治理较成功的村庄个案，并进行深入解析与总结，如文昌湖淡村治理案例、湖南桃源茶庵铺农村人居环境协会案例等，全面考察它们各自的经验与不足之处，比较分析异同点，特别是发生条件、过程、机理的比较，重点考察利益关系、国家社会互动关系下的治理机制创新，用个案来说明海南农村人居环境整治机制建构的可行性与有效性。

通过实地调查发现，对于农村人居环境整治工作的推进，主要工作内容在于农村垃圾清理、污水处理、畜禽粪污及农业生产废弃物清理、厕所改造、村道改造等方面，也形成了一些整治经验和做法。如，海口市总结了农村人居环境整治的有关做法——"组织推进有章法、宣传发动有巧法、解决难点有新法、长效管控有办法"。海口通过 PPP 形式推行城乡环卫工作一体化，由玉禾田公司承接了全市城乡环境卫生工作。

在此，以调查访谈与个案材料为基础，总结了五种村庄人居环境整治经验与模式，分别是：党建融合模式，即将党组织建设与村庄人居环境整治工作融合的模式；村民自治模式，即发挥村级各类自治组织自我创造功能的模式；多元共治模式，即突出各类主体在乡村人居环境整治中作用的模式；小单元竞赛模式，即以自然村或村民小组为基本单元推进农村人居环境有效整治的模式；利益多级关联模式，即形成农村人居环境整治基层联动体系的模式。

## （一）党建融合模式：党组织建设与人居环境整治相融合

按照"不忘初心、牢记使命"主题教育要求，为中国人民谋幸福，为中华民族谋复兴，是每一位共产党员的初心和使命。海南陵水尝试将党建工作与人居环境整治工作融合起来，这对于推进农村人居环境整治工作起到了很好的作用。

以海南省陵水县光坡镇为例，其发挥党员主体及党组织作用开展环境卫生整治比较早，在 2015 年已展开，取得了一些经验。据该县政府网及组织部门介绍，在全县环境卫生大整治中，该镇注重发挥基层党组织战斗堡垒作用，以认岗定责、行动引领、承诺践诺突出党员主体地位，树立好党员这面先锋模范"旗帜"，切实推动环境卫生整治工作。

一是认岗定责，实行"三级联包"责任制。全镇根据居住人口分布，以自然村为单位，将全镇划分为 29 个片区，并建立驻点领导包村、党小组包片、党员包联到户的"三级联包"工作责任制。由驻点领导指导所包村的卫生整治总体部署，党小组全体负责所包片的环境卫生清洁，党员除了参加党小组所包片的清洁活动外，还负责包片 3～5 户家庭周边的环境卫生清洁工作。将每个党员的责任区和包户工作职责进行公示，使其接受党组织和群众监督。

二是行动引领，推行"党员绿色活动日"。以党小组为单位，组织党员每周二上午在所辖村庄范围内开展环境卫生大整治活动，清扫、清除各类生活、生产垃圾，使村庄保持环境卫生干净整洁，推动"美丽陵水清洁乡村"行动步入常态化、长效化。同时，镇党委严格监督党员的表现。"党员绿色活动日"期间，党员无故缺席的，由支部对其进行批评教育；无故缺席三次的，镇党委对其进行诚勉谈话，三次以上的给予必要的纪律处分或按有关规定进行组织处理。

三是承诺践诺，开展党员"挂牌亮户"。对党组织关系在本村党支部的正式党员，符合挂牌规定的以户为单位进行"挂牌亮户"，并晒出党员的服务承诺，进一步增强党员服务意识。结合环境卫生大整治活动，党员纷纷晒出"保护环境，从我做起"的个人承诺，围绕承诺开展践诺，带动乡亲邻里打扫环境卫生，形成比学赶超的良好氛围。

党建与人居环境整治相融合取得了一定的工作成效。表现在：村庄基本保持干净、整洁，农户庭院前后基本保持整洁，示范带动农户清理历史存量垃圾、生活垃圾，打扫房前屋后卫生。

## （二）村民自治模式：以自我管理推动人居环境整治工作

村民自治制度作为一种基层群众自我管理、自我教育、自我服务的国家制度，在农村事务中发挥了不可替代的作用。村级组织在农村人居环境整治中有着不可替代的作用。湖南桃源县将人居环境治理与村民自治结合起来，形成了一定的工作经验。据《常德日报》报道，全县村组都召开屋场会，将人居环境整治的精神传达到千家万户，各村都建立了环境卫生协会，发挥卫生整治中的村民主体作用，逐步形成了人居环境整治的村民自治模式。

以该县茶庵铺镇为例，该镇为常德市首批十个农村人居环境整治试点镇之一，工作成效也比较突出。茶庵铺镇狠抓突出问题整治，通过集镇街道综合提质改造，发挥农村环境卫生协会治理功能，全镇人居环境得到了很大改善，形成了人居环境整治的村民自治模式。

一是以环境卫生协会为组织载体，以专项工作的形式做好整治工作。村委会作为群众自治组织，也能发挥村庄环境治理作用，但成立环境卫生协会专司村庄整治工作，既便于推动专项工作，也便于村民知晓整治工作的重要性。在镇政府指导下，铁山溪村委会成立了环境卫生协会、红白喜事协商理事会、公益事业促进会等村庄自治层面的组织。铁山溪环境卫生协会起到了宣传、推动实施村庄环境整治工作的作用。在组建过程中，首先以村民小组为单位开会（即屋场会）选出代表，选出 2 个代表会员，全行政村 9 个村民小组共选出 18 个协会会员。屋场会以组为单位召开村民代表大会，每组选出 2 个会员，共计 9 个组，18 个协会会员，协会会长由退休的老书记担任。老书记对全村情况比较熟悉，在村中有较高威望，有较强影响力，工作起来条理性也强。

二是环境卫生协会承担宣传工作。开展工作的主要形式是"会议宣传

+入户宣传"，将村委会关于人居环境的主要工作思路传达给农户，通过入户宣传、发传单等形式让农户知晓人居环境工作的重要性，人居环境整治应怎样开展。

三是协会会员引领、推动环境整治工作。有些留守老人年龄较大，不愿意打扫卫生，协会的工作人员就主动承担起帮助老人打扫卫生的任务，打扫一两次之后，留守老人的思想得到了启发，行动受到了鼓舞，慢慢地开始觉得不好意思，自己便开始动手打扫卫生。老人们逐渐觉得打扫后的环境条件较以前好了很多，慢慢地养成了自己打扫房前屋后卫生的习惯。

四是协会除了发挥上述作用外，还要负责打扫公共区域的卫生，带头将垃圾堆放点的垃圾运到垃圾车内。如果工作量很大，村里要给一点误工费（100元/天）。

五是协会工作人员在开展工作的过程中也会遇到一些困难，主要是部分村民的思想工作做不通。比如，为什么要做好卫生工作，为什么要搞人居环境整治。

六是协会工作有财力保障。在月度、季度、年度评比活动中，市里前四名可得20万元奖励。在人口集中的地方建设美丽屋场，市财力保证每人每年12元的投入，村集体会提供一些费用。茶庵铺镇实行的人居环境治理奖励制度规定，获得一等奖的单位奖励5000元，二等奖奖励4500元，以此类推，九等奖奖励1000元，保证了工作积极性。

调查显示，村庄人居环境整治中村民自治模式取得的效果表现在：环境卫生协会从群众中来又到群众中去，充分发动群众参与积极性，让群众做到乐于参与；村庄环境得到美化，村民生活习惯比以前更健康了。

## （三）多元共治模式：多主体共同推进人居环境整治行动

海南文昌冯坡镇湖淡村，有村民70多户300多人，每户都有海外华侨，其中有不少名人。作为示范村，在垃圾处理、村容村貌提升、整治机制建设、健康生活习惯养成等方面，初步形成了可复制推广的经验，主要是发挥村庄党员干部、返乡乡贤、村民群众以及政府等多主体的功能，做到共同治理人居环境。

一是在领导带动方面，在政府的领导下，依靠党员干部、返乡乡贤等主力以及乡村青年志愿者，发动群众参与，有效地开展了乡村环境卫生整治行动。

二是在工作着力点方面，首先，从村庄环境美化着手，如村庄断壁残垣清理、存量垃圾"围剿"、村庄道路硬化亮化、牛羊迁到村外等，达到整体提升村容村貌。其次，从具体治理方法着手，建立垃圾分类管理制度，向村民讲透垃圾分类的意义，明确垃圾分类标准，确立村民责任，将垃圾分为厨余垃圾、可回收垃圾、有害垃圾等三类，做好垃圾减量化工作，确保居住范围内"零垃圾"。最后，从治理机制建设着手，建立"以人带人、以家带家、大人带小孩、青年带老年"的垃圾整治"传帮带"机制；建立"户分户管、村民自理"垃圾整治责任制；建立乡贤、政府、村庄等多方投入机制；建立加强领导班子能力，强化随机抽查、舆论监督等成效的保障机制。

三是在工作成效方面，村庄垃圾得到了有效治理，建立了人居环境整治相关机制，村庄保持干净、整洁、有序，村民对环境卫生治理的态度，发生了由"不愿干"到"愿意干"的转变，健康生活习惯逐步养成。[1]

## （四）小单元竞赛模式：以基本单元推进农村人居环境有效整治

琼中县卫生整治"小单元竞赛"，是实现农村人居环境有效整治的村民自治模式。琼中县在开展农村人居环境整治工作时注重发挥村民自治作用，采用集"自立、自查、自评、自议、自改"于一体的"小单元竞赛"工作机制。

以营根镇朝参村为例，工作机制从以下几个方面建立。第一，自立整治单元。一方面，村委会在政府引导下成立环境卫生整治小组，由村两委班子和部分党员、小组长组成，负责组织工作；另一方面，明确自然村、村民小组为基本行动单元和参评单元，由各村小组长、村民代表发动群众开展村内环境整治工作。

第二，自设工作抓手。环境卫生整治小组自设每周一次的"卫生整治日"。让各自然村内党员、村干部、小组长领导农户定期配合保洁员完成其责任范围内的清洁工作。

---

[1] 金丹、赵松林等：《热区乡村人居环境整治模式与长效机制研究》，研究报告，2020。

第三，开展自我检查。村内开展环境整治大比武活动，环境卫生整治小组在"卫生整治日"后会每周为各自然村环境整治情况进行检查，及时反馈需整改问题。

第四，自我评议与激励。小组每周检查后协商对各自然村进行评分，各村评分将进行周排名、月排名，以大表格形式在各自然村村口张榜公示。村干部和普通群众既能看到一周排名，也能看到一个月的排名起伏，这能起到环境教育与群众监督参与的作用。此外，根据评议结果，环境卫生整治小组活用专项经费建立"短期提升小嘉奖、长期评优大嘉奖"等奖励机制。

"小单元竞赛"能够起到非常好的群众动员效果，原因是相比以往许多农村"村班子领着党员干"的简单模式，一方面自然村、村小组作为小单元具有组织灵活性，可分散行政村的组织压力，另一方面竞赛机制激发了各小组长动员群众的积极性，对于自然村人口较多村庄有较好的借鉴意义。

## （五）利益多级关联模式：形成农村人居环境整治基层联动体系

保亭县"一村十五万，四级红黑榜"，形成农村人居环境整治基层联动体系。保亭工作有两大特点。

特色一："一村十五万"。与较多市县集中资金和资源打造若干样板村的策略不同，保亭县基于平衡发展角度，每年给县内每一个行政村15万元农村人居环境整治工作专项资金，补齐各村环境整治短板。资金使用去向由帮扶干部指导结合村内自主协商决定，年末由政府对各村人居环境整治情况进行考评，对环境实现较大改善的村庄予以嘉奖，对改善不佳者则进一步强化政府指导，削弱村庄资金使用的自主性。

特色二："四级红黑榜"，即"农户、村小组、行政村、乡镇"四级农村人居环境整治工作月度红黑榜评比。和较多市县地区在落实红黑榜制度时，仅仅在村委会公示栏立榜、每季度评价二三户不同的是多层级、长时段的评比。村小组红黑榜评比组内农户，行政村评比各村小组，乡镇评比各行政村，县政府评比各乡镇，层层看得到、层层有监督、层层有比较、层层有奖罚，能够找到问题、明确责任、逐级推动。

综合来看，保亭县经验在横向和纵向两个层面突出农村人居环境整治工作的整体重心下沉，以加强基层的自主性和联动效应，对于自然村较为分散、各村发展不均的山区而言是避免不平衡、形式化的有益尝试。①

## （六） 五种典型模式的比较分析

在农村人居环境整治中，形成的几种整治模式即党建融合模式、村民自治模式、多元共治模式、小单元竞赛模式、利益多级关联模式，是对农村人居环境整治工作经验的总结与提炼，是作为国家意志的农村人居环境整治政策下沉至农村基层的成果，其有效地推动了村庄人居环境整治工作。

1. 相同点

一是均在国家政策以及政府直接推动下形成。党建融合模式最能体现政府行为；村民自治模式也是在国家法律框架下，特别是在乡镇政府指导下形成的村民自主管理和服务的模式；利益多级关联模式、多元共治模式包含政府行动者；小单元竞赛模式也是政府引导与资助的结果。

二是均吸引了村民积极参与。可以说，农村工作没有村民参与就没有生命力，在政府强力推动下，没有村民参与，可能一时能取得成效，但长期来看就会出现问题。

三是均找到了人居环境整治工作抓手。党建融合模式在于党员责任义务的切实履行，落实了责任制；村民自治模式在于村民自身建设积极性的激励；多元共治模式在于多方达成共识，共同投入，从环境卫生、垃圾分类开始展开人居环境整治工作；利益多级关联模式在于落实工作经费，保障"四级红黑榜"制度运行；小单元竞赛模式在于明确以自然村、村民小组为基本行动单元和参评单元，调动了村民参与的积极性。

四是均有相应保障机制。党建模式有党组织部门的支持，村民自治模式有专项工作经费预算支持，多元共治模式有多元化资金注入，利益多级关联模式有县级专项经费投入，小单元竞赛模式有环境卫生整治工作专项经费保障。

五是对于国家政策根据实际情况进行落实，这五种模式均体现了国家

---

① 金丹等：《海南省 2019 年农村人居环境整治检查评估报告》，2020。

政策与乡村社会农户的互动，发挥了基层组织中介联结机制的作用，农村人居环境整治工作取得了较好的效果。

2. 不同点

一是党建融合模式的优势在于政府投入较大，能快速取得成效，但可能存在投入放缓后效果反弹的问题，也可能存在与农户需求对接的问题，导致长期效果打了折扣。

二是在村民自治模式下政府直接干预作用相对较小，主要依靠村民自我管理、自我服务、自我教育，成本相对较低，能够发挥"熟人社会"功能；同样，如果政府支持减少，囿于财力，可能出现不可持续的现象。

三是多元共治模式最大优点在于合作力量大，最大的问题也在于合作，如果合作不通畅，会导致人居环境整治工作梗阻，或后续乏力，更可能出现整个工作停顿，整治工作效果反弹。①

四是小单元竞赛模式采用集"自立、自查、自评、自议、自改"于一体的小单元工作机制，起到了非常好的群众动员效果，可分散行政村压力，以竞赛机制激发各小组长动员群众的积极性，对于自然村人口较多的村庄有较大借鉴意义。

五是利益多级关联模式，对于评比工作胜出的村庄奖励15万元，发挥了"农户、村小组、行政村、乡镇"四级农村人居环境整治工作月度红黑榜评比制度的激励作用，特别是利益关联作用，加强了基层自主性和联动效应，形成了农村人居环境整治基层联动体系。

# 五 农村人居环境整治长效机制建构

本章此部分内容旨在回答"如何建构海南农村人居环境整治的长效机制"的问题。在以上几个部分的研究基础之上，本研究以现行政策和实践需要为依据，通过反思和整合现有农村人居环境治理的主体性、资源条件等方面，比较借鉴成功个案做法、模式与机制，从农村人居环境治理条件与基础、主体、执行以及国家与社会互构关系、投入保障等方面着手，利用国家治理理论，构建海南农村人居环境治理的长效机制。

———————

① 金丹、赵松林等：《热区乡村人居环境整治模式与长效机制研究》，研究报告，2020。

### （一）不断强化学习与引导机制，准确理解与执行国家政策

其一，加强农村人居环境整治提升相关政策及其标准的培训与学习机制建设，加强对市县乡（镇）职能部门以及村庄相关人员的培训与指导，特别是对政策与标准的理解和执行上，提供专门的解读与辅导专题学习与引导，提升市县乡（镇）干部对政策的理解能力。

其二，建立学习培训相关机制，加强对市县乡（镇）政府部门以及村庄工作人员的能力培训，侧重于对技术标准和监管等环节的培训，提高基层工作人员的能力与水平。

其三，加强技术指导机制建设，突出技术专家的指导作用，将省内与省外的专家集中于平台上随时答疑，或者深入现场进行技术指导，比如，解决厕所渗漏、污水治理、设施管护等方面的难题。[①]

### （二）不断改善投入与激励机制，保障整治工作持续推进

其一，保障农村人居环境整治提升工作的财政投入，扩大与用好地方债，促进农村人居环境整治提升工作。

其二，完善吸引机制，充分吸收社会资金特别是乡贤及先富农户群体共同筹集的资金，促进人居环境的改善提升。

其三，逐步建立垃圾、污水、农村厕所粪污收集处理等农户付费制度，促进形成可持续投入的机制。

其四，改善激励机制，激发乡村干部开展农村人居环境整治提升工作的积极性和主动性，发挥正向激励机制作用，对农村人居环境整治中表现突出的个人和集体进行表彰，并且加大奖励力度与丰富奖励形式；同时发挥负向激励作用，坚决制止工作落实不力、问题整改敷衍等现象，严格落实问责制度。

### （三）不断完善工作责任与利益机制，提升农户参与积极性

其一，将海南农村人居环境整治提升工作作为乡村振兴战略的重要任务，列入市县党政一把手工程，形成强有力的领导体制和推进机制。强化

---

① 金丹等：《海南"十四五"时期农村人居环境整治提升建议》，研究报告，2020。

县级政府部门与乡镇主要领导明确目标责任制度，整治工作与干部绩效考核挂钩制度，从责任担当角度确保整治工作的落实。

其二，强化环境整治工作与农户利益相关性，可通过先进示范或参观体验，让农户感受到居住环境改善给他们的生产生活带来的便利性、舒适性、经济性，吸引他们积极参与整治工作。可推广以环境卫生"红黑榜"或"荣辱榜"等制度为抓手，落实农户评比制度；建立和完善积分制度，可用积分换物品或其他对农户有用的物品，引导农户形成良好的生产生活习惯，激励农户积极参与整治工作。例如，保亭县以行政村为依托开展"四级红黑榜"评议机制，即"农户、村小组、行政村、乡镇"四级单元的农村人居环境整治工作月度红黑榜评比机制，并与道德评议、法治建设等活动协同推进。这样，村小组红黑榜评比组内农民、行政村评比各村小组、乡镇评比各行政村，县政府评比各乡镇，层层看得到、层层有监督、层层有比较、层层有奖罚，能够找到问题、明确责任、逐级推动，进而将农户纳入农村人居环境整治工作体系中。

其三，完善农户参与机制，充分发挥农民的农村人居环境整治提升工作主体地位，引导与培育农户养成良好的生活习惯与卫生健康意识，自觉打扫房前屋后卫生，自觉参与村庄公共区域卫生清扫活动；建立农户激励机制，加强学习村规民约，增强农民的责任感和荣誉感，促进农村人居环境整治提升行动的顺利开展；通过宣贯、利益互联等形式，建立互动机制，充分动员农民参与人居环境整治工作，形成农民与政府的一种良性可持续互动。

## （四）强化基层组织联结机制，突出其在环境整治中的中介作用

其一，以行政村为自治单元，加强村级党组织建设，强化战斗堡垒作用，将人居环境治理与德治、自治、法治，乡村产业发展与乡风文明等有机结合起来，促进村庄由"外在美"向"内在美"转变，由"一时美"向"持久美"转变，进一步彰显乡村治理的实效。例如，与文明家庭和文明户的评选活动相结合，充分发挥榜样的示范效应，发挥制度引导作用，实现农户"人人知晓、人人在做"的效果。

其二，以村民小组或自然村为中介联结单元，发挥"熟人社会"功

能，可通过多种途径和形式引导和带动农民参与环境整治工作。例如，海南省琼中县某村明确村民小组为基本行动单元和参评单元，开展自我检查、自我评议与激励等，集"自立、自查、自评、自议、自改"于一体，从而形成"小单元竞赛"工作机制，取得了较好的环境整治效果。

其三，引导与发挥社会组织联结作用，可从村庄实际出发，把农户吸纳到社会组织中来，从而不断深入推进环境整治工作。例如，借鉴湖南省桃源县某村人居环境整治协会的做法，该村成立了农村人居环境整治协会，协会制定人居环境治理的章程、规则、目标和责任，建立奖惩机制，统筹推进人居环境治理；协会会长由村中德高望重的长者担任；协会成员由农民推荐产生且具备开展工作的各项能力；协会也承担日常检查、评比、监督，抓好村中优秀典型任务；协会及成员带头干，形成自我管理、自我服务、自我监督的运行机制，进而调动全体农民参与村庄人居环境治理。[1]

### （五）建立融合机制，推进农村人居环境整治提升工作

其一，与乡村特色产业发展融合。根据海南乡村不同资源禀赋、产业基础、区位优势，在农村生态系统承受范围内，充分挖掘地域特色，大力推进农业产业融合、延伸农业产业链、拓展农业多种功能、发展农业新型业态等符合地区特点的产业与环境整治融合模式，展现产业与村落环境相融合的风貌特色。

其二，与乡村示范创建工作融合。坚持以点带面、整乡整镇和点线面片相结合，提升全域美丽乡村建设水平。推进示范村串点成线、连线成片，合理配置乡村资源，完善服务功能，提升景观风貌，彰显地域文化韵味。不断改善生产生活环境，增强村落发展综合能力。深入开展卫生乡镇（街道）、卫生村创建活动，扎实推进美丽宜居村庄示范工作，积极创建美丽乡村示范县，培育美丽乡村示范乡镇和乡村振兴精品村，建设 A 级景区村，探索打造美丽乡村升级版。

其三，与乡村治理融合。结合农村人居环境整治实际，引导农户遵守村规民约，促进村民规范意识养成。突出群众自治与责任，比如，实行定

---

[1] 金丹等：《形成海南农村人居环境整治长效机制亟需提升农户参与度》，研究报告，2020。

人员、定职责、定地段、定时段的保洁管理责任制，建立健全网格化管理机制。再如，落实农户"门前三包"责任制。突出德治，如常态化发挥村庄道德评议作用，可每月组织一次与人居环境相关的道德评议，立榜表扬，树立先进典型。倡导文明家风，提升群众家庭整体环境卫生健康意识，如可以每月进行环境卫生评比活动，以"红黑榜"制度推动环境改善。

### （六）继续强化问责与监督机制，协同落实整治提升工作任务

其一，进一步夯实地方党委、政府以及有关部门、运行管理单位责任，强化领导体制和问责机制，将农村人居环境整治提升工作列入市县乡（镇）党政"一把手"工程，将整治提升工作纳入绩效考核，力戒形式主义、官僚主义、"运动式治理"及"一阵风式整治"等不实的工作作风。省、市县相关部门加强协同与配合，拒绝推诿扯皮，履职尽责，完善责任制，落实整治提升相关工作。

其二，通过调研督办等方式，对农村人居环境整治提升中存在的问题建立工作台账，进行督办推进，敢于向难点和顽疾挑战，对推进不力的单位和个人要进行批评和问责。

其三，实施工作检查机制。每年进行一次检查评估，对检查中发现的问题进行限时整改，并纳入绩效考核。

其四，畅通与完善诉求通道与机制。畅通农民群众问题诉求渠道和途径，完善诉求表达机制，力争将问题及早解决，不酿成大问题。如江西实行的农村人居环境"随手拍"，72小时解决问题的机制值得借鉴。

## 六 小结与探讨

海南省全岛范围内掀起了建设自由贸易港的热潮，农村人居环境整治工作是自贸港建设的基础性要素。海南省农村人居环境整治成效的提升，既与农户的生产生活条件改善、全域旅游提质密切相关，又与自由贸易港建设密切相关。本研究以海南等省份农村实地调查为特色与基础，深入海南等村庄人居环境治理行动现场，主要是深入"三清两改一建"即"清理农村生活垃圾、清理农村生活污水、清理畜禽粪污及农业生产废弃物、改造农村厕所、改造村庄道路、建立长效机制"行动现场，找寻农村人居环

境整治影响因素，建构整治长效机制。

根据相关研究可知以下几点：一是海南响应贯彻国家政策，在"三清两改一建"方面取得明显工作成效，农村人居环境整治工作阶段性成果得到了广大农户的认可；二是农户对农村人居环境整治政策知晓程度较高，但对具体政策内容的理解是碎片化或片面的；三是农村人居环境整治存在众多影响因素，政策执行力是国家农村人居环境整治政策落实的重要因素，农民主体性是形成农村人居环境整治长效机制的关键因素，消极性生产生活习惯是国家农村人居环境政策落地生根的阻碍因素，农村基础性条件差是农村人居环境整治工作推进的约束因素，基层组织治理是吸引农户参与国家农村人居环境整治的联结因素；四是在农村人居环境整治实践中，形成的五种整治模式，即党建融合模式、村民自治模式、多元共治模式、利益多级关联模式、小单元竞赛模式，有效地推动了村庄人居环境整治工作，是对农村人居环境整治工作经验的总结与提炼，是作为国家意志的农村人居环境整治政策下沉至农村基层的成果；五是构建农村人居环境整治的长效机制，需要发动各方力量，尤其要突出农户参与的主体性。

研究结论：一是当前农村人居环境整治表现出较明显的国家建构特征，也可以说，农村人居环境整治就是现代国家治理的一部分；二是农村人居环境治理的成果是国家治理体系与治理能力现代化的基层表达，也是农业农村现代化的基础性要素；三是国家意志反映在国家政策自上而下从文本到理解执行的过程中，凭借基层政府、乡村组织与农户的联结关系，达成国家意志与乡村社会之间的互构互动关系，从而落实国家政策并实现国家意志；四是现代国家担负着对乡土社会的整合任务，要将分散的乡土社会纳入现代国家治理体系，而乡村社会不是被动的，可能会消解这种整合，要解决类似"干部在干、群众在看"的合作参与问题，必须考虑国家与社会的关系，吸纳农民参与国家治理；五是国家政策在乡村社会落地生根，要与地方特性相结合，才能取得更好的落实成效；六是要凭借利益关系中介来研究农民融入治理的模式、条件与形式，概括"国家—村庄—农户"之间的互动互构关系。

得出的对策建议：一是不断强化学习与引导机制，推动工作人员准确理解与执行国家农村人居环境整治政策；二是不断改善投入与激励机制，保障农村人居环境整治工作持续推进；三是不断完善农村人居环境整治工作责任与利益机制，提升农户参与整治工作的主体性以及治理成效；四是强化基层组织的联结机制，突出农村人居环境整治中基层组织联结乡村社会与国家政策的作用；五是建立融合机制，与乡村振兴、乡村治理等农村工作相结合，推进农村人居环境整治提升工作；六是继续强化问责与监督机制，协同落实农村人居环境整治提升工作任务。

　　进一步探讨：一是当前农村人居环境整治表现出较明显的国家建构特征，国家意志在乡村社会落地生根，要与地方特性相结合，才能取得更好的落实成效。实际上，带有国家意志的农村人居环境整治政策深入分散的农村社会，面临的难点在于农户认知、接受以及认同政策并产生参与行动方面，农户参与具有类型化、不稳定特征，呈现"无参与无合作""有参与有合作""有参与无合作"的不同样态。本专题研究对农户参与情况有所涉及，但对于农户参与程度、效度需要进一步深入调查与研究。二是农村人居环境互动式治理理论还需要深入研究利益中介关系，稳固互动机制，进一步增强理论的解释力。三是 2020 年是"十三五"收官之年，也是"十四五"规划谋划之年，对于"十四五"时期海南农村人居环境整治提升政策的走向需要进一步关注与研究。

# 第五章

## 经济建设：农村集体经济发展的阶段性特征、制约因素与路径选择

　　我国是社会主义国家，劳动群众集体所有制是我国社会主义公有制的组成部分，已为我国宪法明确规定。农村中的生产、供销、信用、消费等各种形式的合作经济，是社会主义劳动群众集体所有制经济。① 近年来，党和国家日益重视农村集体经济发展，多次强调要壮大农村集体经济，相关政策文件也对农村集体经济的内涵与外延进行了界定。农村集体经济是集体成员利用集体所有的资源要素，通过合作与联合实现共同发展的一种经济形态，是社会主义公有制经济的重要形式。② 除了农村集体经济组织之外，比较重要的是农村集体资产，它包括农民集体所有的土地、森林、山岭、草原、荒地、滩涂等资源性资产，用于经营的房屋、建筑物、机器设备、工具器具、农业基础设施、集体投资兴办的企业及其所持有的其他经济组织的资产份额、无形资产等经营性资产，用于公共服务的教育、科技、文化、卫生、体育等方面的非经营性资产。③

　　习近平总书记在党的十九大报告中强调，要深化农村集体产权制度改革，保障农民财产权益，壮大集体经济，④ 把发展壮大农村集体经济作为实施乡村振兴战略的重要举措之一。2021 年海南一号文件也将集体经济发

① 《中华人民共和国宪法》（最新修正版），北京：法律出版社，2018，第 78 页。
② 《中共中央国务院关于稳步推进农村集体产权制度改革的意见》，2016。
③ 《中共中央国务院关于稳步推进农村集体产权制度改革的意见》，2016。
④ 《决胜全面建成小康社会 夺取新时代中国特色社会主义伟大胜利》，十九大报告，2017。

展纳入海南当下乡村建设行动重点内容之一，壮大农村集体经济已成为海南各级政府乡村建设的重要工作内容。基于此，本专题调研组于 2021 年 3 月至 5 月，通过调查海口、澄迈、万宁、文昌、三亚、东方等市县农村，访谈农业农村部门干部、乡村干部、经济合作社负责人等，从国家与农民关系视角，对海南集体经济发展呈现的阶段性特征、存在的制约因素以及进一步发展壮大的路径进行了探讨。

# 一　引言

## （一）研究的意义

农村集体经济是推进乡村振兴、实现农业农村现代化重要的物质基础，是实现社会主义共同富裕的重要途径。概括而言，研究农村集体经济具有以下意义。

从理论上来看，通过对海南农村的实地调查，了解农村集体经济发展状况与阶段性特征，并对成功经验与典型案例进行分析，寻找集体经济发展的时代背景、影响因素、实现方式，研究集体经济与乡村治理、农民参与、农民认同之间的关系，探讨农村集体经济的治理意义，具有一定的理论意义。

从实践上来看，与海南自由贸易港建设的力度及其给海南经济社会带来的贡献相比较，海南农村集体经济与社会发展还有很大提升空间，还需要进一步努力，为海南经济社会发展作出应有的贡献。同时，近年来，地方各级政府也很重视农村集体经济发展，提出了推进农村集体经济发展的具体行动，对此需要跟踪与总结，通过对各地集体经济发展方式的调查与概括，提炼出其中具有适用性、可复制性的方式，为壮大农村集体经济提供新的经验与政策建议，具有一定的现实意义。

## （二）问题的提出

从农村发展史来看，自实行家庭联产承包责任制以来，我国实行的是统分结合的家庭经营的农村集体经济。统分结合不仅是我国农业的经营方式，也是农村基层政权建设与社会建设、文化建设、生态建设的保障方式。农村税费改革后，为减轻农民负担和防止向农民乱收费，国家取消了村级组织向农民的提留，削弱了村级组织"统"的功能。① 自人民公社时期社队企业兴办到改革开放之初乡镇企业兴起以及遭遇困境而转制，农村集体经济组织因"分"多"统"少而走向式微。

从农村集体经济发展实态来看，农村集体经济能促进农民就业与增收，是一种民生经济。当下许多村级组织很少甚至没有集体经济收入，也即存在许多集体经济"空壳村"，② 它们完全依赖政府转移支付来保持运转。出现此种集体经济没落状况的原因是多方面的，如农村政策转换、农村资源约束、人才问题、市场风险、农业产业弱质性等。可以说，当下农村基层的各项建设是主要依靠国家财政投入这"一条腿"走路，还是以国家财政和农村集体经济并重的"两条腿"走路，是中国特色社会主义道路发展中亟须解决的一个重大问题。③ 因此，本专题研究关注的问题在于在乡村全面振兴背景下，海南农村集体经济发展状况怎么样，如何发展壮大，从而为乡村振兴打下坚实的经济基础。

## （三）相关文献的梳理

近些年来，学界与政界比较关注农村集体经济发展问题，特别是党的十九大以来，各级政府均加大农村集体经济建设的力度。比如，2021 年初，海南省在以往推进集体经济建设工作的基础上，开始实施消除集体"空壳村"两年行动计划。对于农村集体经济的理论与实践，学界从不同视角进行了丰富的研究，已有诸多有益的研究成果，归结起来如下。

一是对农村集体经济存在价值的探讨。在这里有两类相左的观点。一类观点是肯定集体经济存在与发展。如有研究者认为，从马克思、列宁等经典作家到空想社会主义者，从马克思主义到新马克思主义无不崇尚集体经济。农村土地集体所有、承包权及衍生出的经营权都是中国农民所特有的权利，这种"中国式产权制度"使中国比其他国家更容易形成集体经

---

① 周建明、夏江旗、张友庭：《发展农村集体经济——中国特色社会主义道路中亟需解决的一个重大问题》，《毛泽东邓小平理论研究》2013 年第 2 期。

② 指农村集体经济薄弱、财政亏空的村。

③ 周建明、夏江旗、张友庭：《发展农村集体经济——中国特色社会主义道路中亟需解决的一个重大问题》，《毛泽东邓小平理论研究》2013 年第 2 期。

济，因此，中国元素与特色决定了集体经济的存在与发展。[①] 也有研究者认为，集体经济适应生产社会化和现代化要求，将分散的生产要素结合成集体生产要素，既保证了劳动者个人权益，又取得了组织起来扩大生产、提高生产社会化程度的双重收益。[②] 有研究者指出，当下乡村振兴战略实施的前提是将农民组织起来，而组织农民最有利的制度条件就是中国农村集体经济制度。[③]

然而，人类社会却以家庭经营为基本组织方式。原始集体经济解体，空想社会主义集体经济实验失败，中国、苏联大规模的集体化也趋向个体化、私有化。于是，有人开始质疑集体经济能否存在以及持续发展，有些人持完全否定态度。[④] 这一类观点主要表现在否定农村土地集体所有制，主张农村土地私有化，从而取消或不承认集体经济。比如有研究者认为，人民公社与生产队组织体系解体之后，生产承包责任制、农民高度流动等因素使得集体组织事实上不存在了，更别说集体经济了。[⑤] 还有研究者认为，土地不应由集体所有，农民应拥有土地的所有权，这是解决农村所有问题的起点，也是农村其他制度设计与演变的起点。[⑥]

二是对农村集体经济职能的研究。有研究者认为集体经济最重要的职能在于为农村社区的公共事务和公共建设提供内生性资源保障。[⑦] 村级集体经济是保障国家基层治理能力最重要的经济基础，[⑧] 表明了其治理保障功能，特别是提供公共产品的功能，这也是许多研究者所赞同的观点。有研究者进行中西比较后认为，我国集体土地所有权与罗马氏族集体土地制度相似，糅合了公法层面的治理功能、生存保障功能以及私法层面的市场

① 邓大才：《产权与利益：集体经济有效实现形式的经济基础》，《山东社会科学》2014 年第 12 期。
② 宗寒：《进一步发展社会主义集体所有制的几个问题》，《毛泽东邓小平理论研究》2013 年第 2 期。
③ 贺雪峰：《大国之基：中国乡村振兴诸问题》，北京：东方出版社，2019，第 325 页。
④ 邓大才：《产权与利益：集体经济有效实现形式的经济基础》，《山东社会科学》2014 年第 12 期。
⑤ 郑永年：《中国农村土地改革向何处去》，《中国乡村发现》2018 年第 2 期。
⑥ 于建嵘、陈志武：《把地权还给农民——于建嵘对话陈志武》，《东南学术》2008 年第 2 期。
⑦ 周建明、夏江旗、张友庭：《发展农村集体经济——中国特色社会主义道路中亟需解决的一个重大问题》，《毛泽东邓小平理论研究》2013 年第 2 期。
⑧ 周建明：《应如何看待村级集体经济——基于国家治理体系和治理能力的视角》，《毛泽东邓小平理论研究》2015 年第 5 期。

化私权功能这三重功能。<sup>①</sup>有研究者认为，发展农村集体经济是巩固脱贫攻坚成果、缓解相对贫困的重要基础<sup>②</sup>。

三是对农村集体经济要素条件的研究。有研究者认为，公平利益和增量利益形成的利益组合是有效实现集体经济的重要条件之一，在集体经济发展的历史过程中，人民公社时期增量利益的缺失以及家庭联产承包责任制下的公平利益不足，是影响两个时期集体经济有效运行的重要因素，在当前探求有效实现集体经济的过程中，尤其需要把握好利益的公平之维与增量之维，构建稳固有效的利益组合。<sup>③</sup>还有研究者提出，共同利益为集体经济形成提供经济基础，比较利益为集体经济的有效实现提供经济动力，因此利益相关与联结机制对于集体经济发展至关重要。<sup>④</sup>有研究者认为，股权是农村集体经济的基础条件，赋予农民拥有土地股份的权利，将农村集体土地产权按份共有的改革目标落到实处。<sup>⑤</sup>

四是对农村集体经济实现路径或形式的研究。有研究者提出，能够有效提升集体经济综合实力、增加集体成员收入和保护其合法利益的一组经济关系和制度安排，就是集体经济有效实现形式。<sup>⑥</sup>有研究者认为，互助组、初级社、高级社、人民公社，以及统分结合、双层经营的家庭联产承包责任制是广义上的集体经济的不同实现形式。<sup>⑦</sup>有研究者从产权角度提出，集体经济的实现形式取决于产权结构与利益结构的组合。<sup>⑧</sup>有研究者认为农村集体经济实现形式在于农民的自主选择，政府要保障农民的自主做决定时有更多的选择，可以增加土地股权，将实物形态的土地承包权改

---

① 汪洋：《集体土地所有权的三重功能属性——基于罗马氏族与我国农村集体土地的比较分析》，《比较法研究》2014 年第 2 期。

② 高强：《农村集体经济发展的历史方位、典型模式与路径辨析》，《经济纵横》2020 年第 7 期。

③ 胡平江：《利益组合：集体经济有效实现形式的经济基础》，《东岳论丛》2015 年第 3 期。

④ 邓大才：《产权与利益：集体经济有效实现形式的经济基础》，《山东社会科学》2014 年第 12 期。

⑤ 李周：《坚持农地集体所有的思考》，《财经问题研究》2016 年第 4 期。

⑥ 王景新等：《集体经济村庄》，《开放时代》2015 年第 1 期。

⑦ 张茜：《农村集体经济实现形式的现代转型——以山东省东平县土地股份合作社为例》，《东岳论丛》2015 年第 3 期。

⑧ 邓大才：《产权与利益：集体经济有效实现形式的经济基础》，《山东社会科学》2014 年第 12 期。

为价值形态的土地股权，将特定土地的生产权改为特定土地股权的收益权。① 有研究者从合作机制角度指出，治理结构实现的要素整合程度及合作主体决策参与程度决定了集体经济的实现形式能否有效运作。②

五是对集体经济与乡村治理关系的研究。有研究者认为，集体经济建设激活了村庄治理，成为村集体动员党员的契机，集体通过党员撬动村庄的宗族力量，大大减少了村庄发展的阻力；同时，集体活动的增多也重建了村庄"社会"的公共性。③ 该研究者也认为，村集体经济发展与基层党组织建设之间可相互强化，前者是基层党建的物质后盾，特别是在新时代乡村振兴战略背景下，村集体经济建设可以成为激活基层党建的机制性渠道。④

综之，研究者们对集体经济的看法分歧较大，很难达成共识。主要有三种倾向：一种是从现实主义出发，主张以产权改革与实现形式创新来化解集体经济组织发展难题；一种是从自由主义观点出发，主张废除农民集体经济，走上农民私有制经济道路；一种是从工具主义出发，主张集体经济的功能与价值在于为集体成员提供服务。从理论与现实上看，三种观点都具有一定的解释力，都为集体经济发展提供了一定的理论参考。但第一种观点容易导向技术决定论，仅仅关注集体经济本身；在社会主义公有制度锁定情形之下，第二种观点明显缺乏现实条件和基础；第三种观点道出了集体经济不仅具有经济上的意义而且具有治理上的意义，其将村集体经济发展与村民激励、参与等关联起来，我们赞同此种观点。同时，我们将农村集体经济理论与实践研究的情景放置在海南自由贸易港建设进程中，发现有关研究文献较少，不管是理论研究方面还是政策研究方面均存在很大拓展空间。因此，需要在已有研究基础上，突破原有脉络，对海南各市县农村集体经济实践行动进行及时跟踪研究，利用国家与农民的分析框架，融入新时代的大背景，深入调查分析海南农村集体经济发展壮大的制

① 李周：《坚持农地集体所有的思考》，《财经问题研究》2016 年第 4 期。
② 杨嬛：《合作机制：农村集体经济有效实现的组织制度基础》，《山东社会科学》2015 年第 7 期。
③ 陈义媛：《农村集体经济发展与村社再组织化——以烟台市"党支部领办合作社"为例》，《求实》2020 年第 6 期。
④ 陈义媛：《以村集体经济发展激活基层党建——基于烟台市"党支部领办合作社"的案例分析》，《南京农业大学学报》（社会科学版）2021 年第 3 期。

约因素，并提出农村集体经济壮大的路径。

### （四） 资料来源与研究方法

1. 相关资料来源

一是调查访谈类资料。本研究依托中国热带农业科学院平台，深入海口、澄迈、万宁、文昌、三亚、东方等市县农村，对乡村干部特别是村庄集体经济组织负责人进行调查访问，搜集整理第一手访谈资料。二是文件报告类资料。收集利用海南省下发的有关农村集体经济的文件，收集整理乡镇与村庄的工作总结及各种汇报材料。三是理论文献类资料。利用中国知网和有关官方网站，收集有关集体经济的期刊、报纸、网络文章。利用中国热带农业科学院科技信息研究所图书馆，查阅与收集有关农村的理论专著。

2. 主要研究方法

一是文献分析法。通过对以农村集体经济为主题的文献进行梳理分析，了解经济学、管理学、政治学等相关学科对这一问题的关注视角、研究前沿及研究深度。同时，对中央与海南有关集体经济的政策、报告、文件等文献进行搜集、整理、学习和分析。二是实地调查法。本研究调研组于2021年3月至5月，调查了海口、澄迈、万宁、文昌、三亚、东方等市县的农村，访谈了农业农村部门干部，包括乡村干部、集体经济合作社相关人员等，特别是村集体经济负责人，获得了相关资料，再对资料进行整理与分析。三是案例分析法。专门调查海口、澄迈、万宁、文昌、三亚、东方等市县农村集体经济有关典型案例，归纳分析其成功因素与制约因素，将好的做法上升为政策建议。

## 二 农村集体经济发展的阶段性特征

2021年6月1日生效的《乡村振兴促进法》第五条规定：国家巩固和完善以家庭承包经营为基础、统分结合的双层经营体制，发展壮大农村集体所有制经济。有了法律规定与要求，必将进一步推进农村集体经济发展。近些年来，海南省比较重视农村集体经济发展，呈现出以下阶段性特征。

## （一）高层重视农村集体经济发展工作，基层执行任务的进度却参差不齐

海南省高度重视农村集体经济发展，2017 年 12 月 26 日出台了《中共海南省委海南省人民政府关于稳步推进农村集体产权制度改革的实施意见》，2021 年初出台了《中共海南省委海南省人民政府关于全面推进乡村振兴加快农业农村现代化的实施意见》（琼发〔2021〕1 号）。虽然这两份文件是对标性地贯彻落实中央精神并结合海南实际的结果，但是 2020 年出台的《中共海南省委办公厅海南省人民政府办公厅印发〈关于大力发展农村市场主体壮大农村集体经济的十八条措施〉的通知》（琼办发〔2020〕54 号）、2021 年出台的《关于印发〈海南省消除农村集体经济"空壳村"两年行动计划（2021—2022 年）〉的通知》（琼办发〔2021〕5 号），足以表明海南省对发展农村集体经济的重视程度。2020 年 6 月 5 日，海南省委副书记、省委农村工作领导小组组长李军主持召开集体经济发展工作专题会议并指出：要抢抓建设海南自由贸易港的重大机遇，对标总体方案的产业及税收金融等政策措施，梳理研究发展壮大农村集体经济的新思路、新举措。要坚持市场化改革方向，总结农村改革的成功经验，积极探索多层次多形式的农村集体经济的实现载体，特别是要通过设计利益驱动的有力政策体系，深化推动"三块地"改革，科学引导资金、人才和技术等要素向农业农村流动，培育壮大农村市场主体，有效激发农村集体经济发展活力。要坚守不改变农村土地集体所有制性质、不损害农民利益、不搞非农产业"三条底线"，确保村级集体经济健康可持续发展。[①] 海南省委书记沈晓明在 2021 年 2 月 19 日召开的海南省委农村工作会议上强调：要落实壮大农村集体经济十八条措施，实施消除行政村集体经济"空壳村"两年行动计划，实现"空壳村"数量清零；特别要通过自治增强村民凝聚力，集思广益、齐心协力发展生产，壮大集体经济。[②] 由此可见，海南省领导层高度重视农村集体经济的发展。

---

[①] 金昌波：《李军主持召开研究农村集体经济发展专题会议》，《海南日报》2020 年 6 月 6 日，第 1 版。

[②] 海南省委书记沈晓明在 2021 年省委农村工作会议上的讲话，2021 年 2 月 19 日。

本研究调研组通过调查海南农村发现，各村集体经济发展程度不一，有的村庄集体经济工作开展较好。如万宁市北大村集体通过打造黑山羊养殖基地和百香果种植基地，2020 年为村集体创收 54 万元。① 而海南某市有的村庄领导班子对于集体经济发展并不重视，直白地向调研人员反映，按照上级要求，他们村委会成立了集体经济合作社，但只有一枚章，相关章程制度还没有建立起来，更不用说具体运作了。

### （二）以农村集体产权改革为切入点，农村集体经济发展取得一定成效

从实地调查情况来看，海南农村集体产权改革为集体经济发展提供了基础，也是新时代新型集体经济发展壮大的切入点。在组织方面建立健全集体经济组织，在村集体财产方面进行清产核资、量化与整合。其中，在经营性资产方面进行股权量化，在资源性资产（主要是未发包土地、撂荒地）等方面进行整合盘活。这既是农村集体产权改革的重要内容，也是集体经济发展壮大的重要前提条件之一。

按照海南省农村集体产权改革进程安排，2017 年底，海口市琼山区和东方市作为国家改革试点完成了试点村的改革工作，2018 年 1 月在两地全面推开，10 月底前完成改革任务。其他市县 2018 年 1 月启动改革试点，每个乡镇选择 3 至 5 个行政村开展试点，为全面推开积累了经验，2018 年底前两地完成试点工作任务。② 从农村集体产权改革入手，建立健全归属清晰、权能完整、流转顺畅、保护严格的农村集体产权制度，明确农村集体经济组织成员身份，为适应市场经济的要求，发展新型农村集体经济提供制度保障与现实基础。

以东方市与海口市琼山区农村集体经济发展为例。作为国家第二批农村产权制度改革试点市区，东方首先开展清产核资工作，进一步摸清农村资产"家底"；其次，确定集体组织成员身份，按程序组织资产量化股份；最后，2019~2020 年每年 34 个行政村共扶持 68 个村壮大村级集体经济，

---

① 资料来源于万宁市北大镇北大村驻村第一书记、脱贫攻坚中队长、乡村振兴工作队队长文彤明。
② 《中共海南省委海南省人民政府关于稳步推进农村集体产权制度改革的实施意见》，2017。

通过投资入股模式、合作经营模式、自主经营模式等，逐步消除集体经济"空壳村"、薄弱村。2020 年东方市农村集体收入 3511.09 万元。[①]

2017 年海口市琼山区尚道村作为农村集体产权改革的试点村，通过抓好动员部署、方案制定、召开会议等关键环节，完成集体资产清产核资、成员身份认定和股权量化等重点改革任务，成立了尚道村股份经济合作社，2017 年下半年集体资产经营性收益为 108.59 万元，人均分红 650 元。[②] 通过农村集体产权改革，利用改革成果，盘活农村集体资源资产和资金，以自营、入股、合作等方式发展壮大农村集体经济。[③] 近年来，海口市对农村集体经济发展给予了资金支持，2019 年扶持 48 个行政村发展集体经济，其中秀英区 14 个、龙华区 9 个、琼山区 14 个、美兰区 11 个；2020 年扶持 48 个行政村发展集体经济，其中秀英区 13 个、龙华区 9 个、琼山区 15 个、美兰区 11 个，每年扶持资金为 2400 万元，其中，中央财政资金为 600 万元，省级财政资金为 860 万元，市级财政配套资金为 940 万元。2020 年，全市农村集体经济组织总收入 15.3 亿元，同比增长 18.6%；有"空壳村" 11 个，比 2018 年的 161 个减少了 150 个，下降了 93.1%。[④]

通过农村集体产权改革，为农村集体经济赋能，增添经济活力。经营性资产确权到户，可以增加农民财产性收入；开展股份合作等多种形式的联合与合作，可以激活农村潜在的各种生产要素，吸引农户参与集体合作，从而进一步促进农村集体经济发展，实现农村共同富裕。

## （三）农村集体经济的实现载体日趋多样化，正蓄积着发展壮大的动能

调查显示，海南农村集体经济的依托载体有村集体经济合作社或专业合作社、外部企业、农业产业园、股份合作社、共享农庄等，一些村庄已取得一定经济成效，正在蓄积着发展壮大的动能。

1. 依托村合作社发展集体经济

这种农村集体经济实现形式主要是村党组织主导村集体经济合作社或

① 东方市农业农村局：《东方市农村集体经济发展情况报告》，2021。
② 《村民变股民 人人获分红》，《海口日报》2018 年 2 月 2 日，第 6 版。
③ 《村民变股民 人人获分红》，《海口日报》2018 年 2 月 2 日，第 6 版。
④ 海口市农业农村局：《海口市农村集体经济发展的现状、问题与做法》，2021。

专业合作社，通过这些载体的运营，获得收益。例如，海口市龙丰村主要做法。其一，成立村党组织领办的专业合作社。龙丰村本是集体经济"空壳村"，2018 年 5 月正式成立了农丰惠农蔬菜种植专业合作社，同年 8 月开始完善组织架构，规范运行。其二，村庄内部筹措合作社启动资金。该合作社流转了农民 60 亩土地作为首批示范基地，村集体出资 36 万元，村合作社成员筹资 32 万元，其中不含土地入股部分，共计筹集约 70 万元启动资金。其三，合作社选准经营品种，产生初步成效。同年 11 月正式生产运营，合作社以叶菜、螺丝椒、豆角为三大品种。12 月 26 日第一批蔬菜正式上市，6 亩蔬菜卖了 6.7 万元，赢得了开门红，打响了集体经济的第一炮。其四，合作社运营成功，取得了较好收益。2019 年 4 月，经过 5 个多月时间的运营，销售总收入超过 60 万元。现已将合作社购置的拖拉机、三轮车等生产工具，修建的道路、排水管理系统等约 20 万元的基础设施投入全部赚了回来，取得了较好的经济效益。其五，集体协商分配合作社红利。截至 2021 年 3 月村集体经济合作社营业收入超过 140 万元，经过集体协商达成利润分配方案，下发村民工资超过 50 万元，支付村民土地租金约17 万元。①

再如，万宁市太阳村主要做法。其一，党支部领导合作社。2016 年由太阳村党支部牵头，村支部书记担任法人代表，承接万宁市金太阳果蔬产销专业合作社管理工作，吸纳 18 名党员加入合作社，发挥党员"双带"作用，通过土地流转或资金入股的模式发展新型农业。其二，合作社打造共享农庄项目。投入 150 万元作为太阳村党支部村集体发展资本金，通过"党支部 + 合作社 + 农户"模式，以金太阳果蔬产销专业合作社为基础，打造集菠萝蜜生态种植采摘、休闲垂钓、农家乐、骑行旅游、生态民宿等于一体的共享农庄项目，聘请专业人才管理，引导村民投资入股，共享农庄产生的利润分别归村集体和入股村民所有。共享农庄项目已经完成了第一期建设，养殖菠萝蜜鸡 3000 多只，2020 年卖了 2700 多只。第二期建设已启动，建设休闲农家饭庄、田园休闲茶吧、叶菜种植采摘园、菠萝蜜产业链展销平台等。其三，合作社产生收益。合作社有太阳三角路基地约200 亩，水产养殖基地 100 亩，菠萝蜜 6000 多株，槟榔 3000 多株，金椰子

---

① 《农丰村两委 2020 年工作总结及 2021 年工作计划》，2021。

600 株，培育槟榔苗等各类种苗 150 万株。2020 年村集体经济收入达到 15.3 万元。①

类似这种村庄集体经济的实现形式的主要特点在于：其一，没有依靠外部力量，从耕地、播种，到管理、收割，再到最后的运输、销售，全部由村里人自己完成，形成了较为完善的产业节点，没有依托其他大公司企业；其二，发动了集体成员共同参与，合作社基地的道路、水沟喷灌系统都是社员自己动手完成，所有生产都是自我组织管理；其三，集体经济管理具有一定的规范性，比如，集体协商后有细化的分红方案；其四，发挥村庄集体经济的社区公益与福利功能，如从集体经营利润中拿出资金用于村庄基础设施建设，设立村扶贫济困帮扶基金用来帮扶贫困户和遇到困难的合作社成员，2020 年疫情防控期间坚持吸纳村里就业人员到村集体合作社务工，每天达到 50 人等等。②

这种实现形式体现了村庄集体经营的自主性，特别是主体性，能比较好地保障集体利益不受损，以及集体成员相关权益。但在发展中也遇到一些问题。其一，作为市场主体的集体经济合作社或专业合作社，要独立经营与承担市场风险，而市场本身充满不确定性，同时农业产业具有脆弱性，这就对集体经济组织领办人及成员提出了很高的要求，既要求他们懂经营管理又要求他们能够预测与判断市场走向。其二，相对而言，集体经济组织本是弱势群体的组合，经营决策的科学性、规范性以及抵抗市场风险能力较弱，远不及企业强，其独立成长过程可能艰难一些。其三，从现实调查情况来看，村党组织成立经济合作社或专业合作社，经营只能成功不能失败，否则会影响党组织在村庄的威信与组织发动成员的效果，也就是说，集体经营失败了，村党组织就得不到村民的拥护与认同，集体经济就会陷入"名存实亡"的境况。在市场经济条件下，这种经营失败的可能性是非常大的。其四，需要建立健全村集体经济组织与制度，依法、依章程运行管理，特别是要保障集体成员的参与权、知情权与监督权。

2. 依托外部企业发展集体经济

这种农村集体经济实现形式主要是依靠外部企业来发展集体经济，以

---

① 《万宁市礼纪镇太阳村集体经济发展情况》，2021。
② 资料来源于海口市农丰村总结材料《发展村集体经济产业 全面提升脱贫攻坚成效》，2021。

每年与企业分红来积累集体经济收入。比如，万宁市北大村是黎苗民族村庄，原是"十三五"规划省定深度贫困村，也是村集体经济"空壳村"。2018 年 5 月驻村工作队进入后，村庄整体贫困情况发生了改变。北大村发展集体经济的主要做法如下：其一，村集体主要利用省农业农村厅投资的 1100 万元作为产业发展资金，打造黑山羊与百香果产业。其二，以"党支部 + 企业 + 村集体 + 贫困户"的模式，建成了黑山羊养殖基地，2019 年 3 月正式投入使用，由万宁市福羊畜牧业有限公司经营管理；建成了百香果种植基地，2019 年 1 月正式投入运营，基地占地 70 亩，由海南自贸区海香生物科技有限公司负责经营管理。其三，村集体创收主要来源为与合作企业分红。2019 年，黑山羊基地出栏成品羊 1630 余只，创造产值 360 多万元，为北大村集体经济创收 36.6 万元；2020 年，出栏成品羊 1820 只，创造产值 380 多万元，为北大村集体经济创收 36.6 万元。百香果种植基地于每年固定按每亩 2500 元分红给村集体，2019 年、2020 年均为北大村集体经济创收 17.5 万元。[1] 这样，两个产业每年固定为村集体创造收入 54.1 元，2019 年与 2020 年合计为 108.2 万元。

再如，海口市仁里村、文山村也是采用与企业合作发展集体经济的形式。两村的主要做法是：仁里村（海南潭丰洋农业发展有限公司）与海南芝麻开门农业公司达成合作协议，成立子公司海南潭丰洋旅游发展有限公司，海南芝麻开门农业公司占 60% 的股份，海南潭丰洋农业发展有限公司占 40%。发展鹧鸪茶加工产业，截至 2021 年 4 月村集体经济纯收益 10.9 万元。[2] 文山村集体企业与海口天堡嘉圆实业有限公司合作，立足于文山村农业种养殖基础，开发其他优势资源，提供种养殖技术服务和交流平台，进行技术推广和咨询服务，打造出文山村特色产业项目，发展壮大村集体经济，发展文山村产业"四季荷花种植"项目，种植荷花 55 亩，截至 2021 年 4 月已完成 36 亩荷花种植。[3]

类似这种村庄集体经济的实现形式的主要特点如下：其一，村集体通过与企业合作，"借帆出海"，节省在市场打拼的时间，也缓解了人才不足

---

[1] 资料来源于万宁市北大镇北大村驻村第一书记、脱贫攻坚中队长、乡村振兴工作队队长文彤明。

[2] 资料来源于《新坡镇 13 个村集体产业发展情况自查报告》，2021。

[3] 资料来源于《新坡镇 13 个村集体产业发展情况自查报告》，2021。

的问题。其二，村集体经济组织能够得到与之有紧密合作关系企业的帮助，获得相应的经营管理经验，解决经验不足的问题，为下一步独立发展打下基础，当然村庄纯粹参与分红的情况不在其中。其三，按照事先合作合同规定，村集体经济每年能够较稳定地得到一定比例的利润分成，可以规避自己经营的风险，特别是对于没有市场经营管理人才与能力等的村集体经济组织而言，这一点是非常有好处的。

当然，这种集体经济实现方式也有一定的弊端：其一，与村集体自己经营相比较，依靠外部企业合作经营，村庄自主性较弱，既受制于人又不利于自己成长。其二，与企业合作虽然村集体经济组织可以省时、省事、省力，"一投了之"，但合法权益有时会因外部企业出现经营问题、管理问题或其他问题而遭受利益损失。从既有经验来看，这种情况发生的可能性很大。其三，村庄以与企业合作为主导模式而没有其他自营模式，显然不利于村集体成员的参与。

3. 依托产业园发展集体经济

这种农村集体经济实现形式主要是依托创建农业产业园载体，从而带动农村集体经济发展壮大的一种方式。按照国家部委文件对现代农业产业园的定义，现代农业产业园是在规模化种养基础上，通过"生产＋加工＋科技"，聚集现代生产要素，创新体制机制，形成了明确的地理界限和一定的区域范围，建设水平比较领先的现代农业发展平台。[①] 创建农业产业园旨在突出产业融合、农户带动、技术集成、就业增收等功能作用，引领农业供给侧结构性改革，加快推进农业农村现代化。国家也在 2017 年时推动现代农业产业园的创建，其目标在于"建成一批产业特色鲜明、要素高度聚集、设施装备先进、生产方式绿色、一二三产融合、辐射带动有力的国家现代农业产业园，形成乡村发展新动力、农民增收新机制、乡村产业融合发展新格局，带动各地加强产业园建设，构建各具特色的乡村产业体系，推动乡村产业振兴"[②]。

农业产业园区化是海南力推的一项工作，作为乡村振兴和农业现代化

---

① 《农业部财政部关于开展国家现代农业产业园创建工作的通知》（农计发〔2017〕40 号）。
② 《农业农村部财政部关于开展 2018 年国家现代农业产业园创建工作的通知》（农计发〔2018〕11 号）。

的重要抓手，重点加强国家级、省级、市县级产业园创建工作。村级层面也出现了产业园。比如，海口市文塘村，全村土地面积 4534.07 亩，村庄面积 627.65 亩，坟地面积 113 亩，林地面积 2443.06 亩，稻田面积 1350.36 亩。文塘村建设产业园的主要做法是：其一，流转撂荒土地创建村集体经济项目"智慧产业园"。2019 年 12 月文塘村开始创建农业产业园工作，对集体土地罗猛岭 138 亩土地进行全面摸底，对地上的林木归属进行登记，2020 年 3 月把林木青苗费补偿到位，4 月开始向海口市林业局申请 138 亩林木采伐许可，5 月 6 日办理好林木采伐许可证，文塘村产业园建设拉开序幕。其二，产业园分区打造，种植长、中、短期结合。18 亩土地为果树园区，120 亩土地为中、短期种植（综合）区，产业园区以长、中、短期相结合种植为主，长期种植区种植果树，如山柚、泰国金椰、榴莲蜜、芒果、黄皮、石榴、释迦果、桃金娘等，种植 2～5 年即可结果产生收益；中期种植区种植百香果、凤梨等，种植 6～18 个月即可产生收益；短期种植区种植三角宁地瓜等，种植 4 个月即可产生收益。其三，以"智慧"农业的溯源方法种植三角宁地瓜，依托政府的支持，组织专业的团队打造品牌，以品牌出效益。[①] 其四，产业园有 18 亩果树园区，种植 7 种果树共 1060 棵，利用果树间土地种植 13 亩西瓜，另外 120 亩种植百香果配种凤梨和三角宁地瓜。其五，发展"智慧产业园"，截至 2020 年 12 月，解决 27 人就业问题，村民年均收入逾 10 万元，全面实现营收循环。还打通了酒店、食堂、社区等市场，一套稳定的产销机制已扎下根。有了产业、技术和懂技术的农民，"造血"实现闭环，新农村建设动力越来越强劲。[②]

　　这种村庄层面的农业产业园还不是真正意义上的现代农业产业园，只能说是现代农业产业园的一个雏形，但也具备一些现代农业产业园的因子，如生产集中在一定的区域，重视科技、专业化生产经营，开始建立引入科研院所、企业的具有综合性质的平台等。创建村庄层面农业产业园的意义在于整合村庄资源（如土地）、集中生产要素、吸引企业加入、吸纳农户参与、为省市县层面的现代产业园创建打好基础等。当然，农业产业园要成为一个村庄或多个村庄抱团发展集体经济的依托载体，应注意以下

---

① 资料来源于海口市农业农村局。
② 海口市农业农村局：《海口市农村集体经济发展的现状、问题与做法》，2021。

方面。其一，县乡政府应高度重视对这类小规模农业产业园的科学布局、规划、引导，以村庄实际资源与产业发展为基点，支持村庄或村庄联合层面的农业产业园创建与发展，搭建农村农业领域招商引资的平台，而不应只关注规模较大的现代农业产业园；其二，主导产业要有资源优势，突出地域特色，要有较高的产业融合度，如农旅紧密结合；其三，要有农业科技创新与成果应用，需要与科研院所对接，引进新品种新技术；其四，要有品牌意识，策划地方特色品牌；其五，要完善联农带农机制，[①] 通过入股、就业等方式，建立利益共同体，让农户参与进来，并分享集体经济收益。

## （四）注重集体经济的农村分配与农民增收作用，但集体经济的治理意义未受到重视

调查发现，乡村干部对于村庄集体经济的发展效果，仅仅聚焦于经济效益的增加及给集体成员的分红方面。如澄迈县就将中兴镇 6 个村 250 万元集体经济扶持资金入股海南慧牛农业科技有限公司，建立利益共同体，发展小黄牛养殖，按 8% 每年 4 万元保底分红。[②] 又如海口市墨桥村投资海南昇田农业开发有限公司后，每年按投资额的 6% 固定比例获取收益，每年为村集体增加收入达 3 万元。[③]

就经济层面而言，重视集体经济效益与分红是无可争议并且应该强调的。当然，这也与乡村工作考核评价有关，集体经济增长为干部考核评价指标之一。但在乡村全面振兴背景下，从集体经济长效发展来看，应重视集体经济发展过程中体现的治理意义。通过集体经济吸引集体成员参与集体生产与活动，对于解决当下村民的不参与问题是行之有效的办法，反过来，村民积极参与又解决了村庄集体经济持续发展的动力问题；通过集体经济提供的资金支持村庄公益事业，如村庄道路修补、环境卫生整治等，可以赢得村民对村庄集体组织的认同；通过集体经济解决政府投入项目结束后的遗留问题、接续问题，如一些政府投资的基础设施的长期管护问

---

① 卢志灵、黄小丹、王三军：《广东省现代农业产业园高质量建设的思考》，《农产品市场》2020 年第 16 期。
② 澄迈县农业农村局：《关于澄迈县发展壮大农村集体经济进展情况的汇报》，2021。
③ 海口市农业农村局：《海口市农村集体经济发展的现状、问题与做法》，2021。

题；通过村民参与可以监督集体经济代理人规范地管理集体资产，可以预防可能存在的贪腐问题甚至由此而引发的社会冲突问题等。正是集体经济对村庄诸多问题的化解，体现了集体经济在治理层面的意义。

还应注意的是，仅仅通过分红难以产生集体参与行动，因为只要具有集体经济组织成员资格就能够获得红利而非有劳动贡献才获得红利，可能会产生分红惯性，导致村庄集体经济无利润时也要分红甚至举债分红的现象。

## 三　农村集体经济发展的制约因素

在国家政策推动下，海南农村集体经济改革与发展取得了一定成效，但在市场经济条件下，为乡村建设提供坚实的基础作用，还存在一定距离。海南农村集体经济发展存在一些制约因素，如村民对集体经济重要性的认识不足、乡村基层干部对发展集体经济政策任务的执行力亟须提高、农村集体经济发展所需经营型人才缺乏、农村集体经济增长缓慢等。

### （一）思想认识因素：农户对农村集体经济及其重要性的认识不足

从调查情况来看，存在着村民对农村集体经济认识不足的情况，这制约了集体经济发展壮大。具体表现在三方面。其一，对集体与集体经济本身认识有偏见。有些 20 世纪五六十年代出生的村民本身经历了人民公社集体化时期，对集体存在一些认识误区，否定集体经济的作用。因此需要区分传统计划经济时期农村集体经济与市场经济条件下的新型集体经济。在人民公社制度、户籍制度与统购统销制度之下，农民的生产生活限制在村社集体内，生产积极性受到抑制。改革开放以前传统指令性农村集体经济尽管有诸多弊端，但为我国工业积累与发展贡献了力量。实际上，传统意义上的农村集体经济，主要是劳动者的劳动联合，而新型农村集体经济不仅包括劳动者的劳动联合，还包括劳动与资本、技术、管理等要素的联合，联合的目的是实现个体的发展。[1] 也可以说，在重视乡村价值的新时

---

① 涂圣伟：《加快发展新型农村集体经济》，《学习时报》2021 年 3 月 24 日，第 A2 版。

代，农村集体经济已迥异于人民公社时期具有"一大二公三纯四平均"特征的传统计划集体经济，新型集体经济是在不改变农村土地集体所有制的前提下，在农村基层党组织的坚强领导下，村集体与村民或市场主体进行股份合作、联合经营，实行村集体财产统一管理、产权由集体成员共有、股权与分配清晰的产权制度，为实现共同富裕的合作性、互助性的经济组织。其二，对集体经济对村庄的公益、福利方面的作用认识不足。有些村民认为，现在是以家庭自主经营为主，而集体在经济层面的作用不太重要，并强调实际上近些年村集体经济并没有为村庄、村民做出贡献。当然，这也是对当下一些村庄集体经济状况及其作用的真实反映，但不能否认集体经济是引领农民实现共同富裕的重要途径，是推进村庄部分公益事业的重要物质来源，是吸引农民积极参与村庄建设的重要基础与参与载体。其三，对集体经济及其政策不了解与不理解。一些村民对于发展农村集体经济部分政策不理解，家庭承包经营之后集体主义意识较为薄弱，参与集体经济的热情不高，导致部分农村基础设施建设因没有农户参与而受阻，制约了村集体经济的进一步发展。

## （二）任务执行因素：乡村基层干部对发展集体经济政策任务的执行力亟须提高

调查表明，推进农村集体经济发展是落实国家政策的要求，海南省非常重视农村集体经济发展项目，很多市县也制定了具体政策任务，但一些乡村基层干部重视程度不够、结合实际的政策理解不够、执行力亟须提高，这些表现制约了集体经济发展的进程。具体表现如下。其一，一些村庄干部根本没有主动规划集体经济发展项目，而是等待上级政府的要求，还有一些村庄干部"心有余而力不足"，因能力不足而难以规划出发展项目；其二，对市县下发的农村集体经济发展实施方案理解不到位，乡镇与村庄干部整体上执行得不够到位；其三，部分乡村干部上报了集体经济产业发展项目，但没有经过结合村庄实际的审慎评审论证，实际上项目可发展性不强，存在很大的资金支出风险；其四，部分乡村干部对发展集体经济的扶持资金的使用存在顾虑，缺少发展思路又怕失败担责，"有钱不敢花"，造成项目资金支出缓慢。例如，海口市 2020 年共扶持 48 个行政村发展壮大村级集体经济，截至 2021 年 3 月，实施项目 34 个，未动工项目 14

个，主要原因在于许多村集体项目发展定位不准，过程推动不力，项目不能顺利落地，需要重新调整。①

### （三）村庄人才因素：农村集体经济发展所需经营型人才缺乏

调查发现，乡村干部普遍反映集体经济发展缓慢，农村经营型人才缺乏是不可忽视的原因。由于农村经济发展相对缓慢，基础设施建设比较落后，大量农村人才外流。特别是大量的年轻人和有知识有技术的本土人才首选外出务工或创业，留守在村庄的大多数是老弱病幼者，农村集体经济发展所需要的人才面临严重短缺，导致后续发展面临困境。如何吸引人才发展农村集体经济一直是难解之题，当然也不是无解，苏南、珠三角等地区走出了各自的路子。但对于欠发达区域农村如海南来说，农村集体经济发展仍是缺乏人才的。人才之所以不愿下乡、留乡，特别是在农村基层从事经济工作，原因是多样的，更是综合叠加性的。与城市相比，农村在工作条件、公共服务等方面较落后；农业比较收益不高，制约了人才从事农业的兴趣与积极性；农业产业本身的脆弱性，加上市场价格风险，造成了许多人才不愿从事农业；许多村级组织有大学生村官在为其服务，大多数村官是优秀的，但是难有所为，是"悬浮"的、不稳定的，随时可能脱离农村；21世纪初以来，惠农政策密集下乡，取得了很大的成效，涉农人才政策也不少，但大多数农村留不住人才的局面并没有得到根本性改变。

### （四）增长约束因素：农村集体经济收入增长的数量质量需要提升

调查发现，海南各个市县农村集体经济整体实力不强。如某市2020年农村集体经济收入为3511.09万元，辖区有185个行政村，平均每个村的集体收入约19万元，其中经营性资产收入更少。同时，农村集体经济收入增长空间与手段有限，这制约了集体经济发展壮大。具体表现在：其一，村庄集体经济收入来源渠道比较单一，部分有收益的村庄都是依靠集体所有的土地、林木等资源性资产，通过转让、发包、租赁等方式，一次性出让期限二十年、三十年不等的使用权，一次性收取承包费用，一定程度上

---

① 海口市农业农村局：《海口市农村集体经济发展的现状、问题与做法》，2021。

制约了村级集体经济收入增长以及可持续发展。[①] 其二，热带特色主导产业发展优势未充分体现，全产业链建设相对落后，农产品附加价值没有体现在海南，也没有市场竞争力，导致产业收入增长缓慢。例如，海南农产品加工总产值与农业总产值之比为 0.36:1，农产品的加工仅仅停留在个别农产品的初加工上，加工链条短，附加值低。槟榔 2019 年的产量为 28.7 万吨，其中有 85% 以上的槟榔被运往湖南开展深加工。[②] 其三，由于村集体兴办的经济实体比较少，缺乏经营性资产，资源性资产相对有限且收入不高，村集体收入增长有限。其四，农村干部发展集体经济的素质和能力跟不上，策划集体经济发展项目不够，自主运营能力不强，难以在市场经济竞争中取得较好的收益。其五，依托外部企业分红的村庄集体经济，受制于企业的利润增长与发展，同时企业是追逐利润的市场组织，如果政府与村庄集体经济组织的合同管理能力不强的话，实际上分红额度增长空间并不大。

## 四　壮大农村集体经济的路径选择

在海南全岛建设自由贸易港背景下，壮大农村集体经济为海南乡村建设服务，进而为自由贸易港建设做出贡献，可以从以下路径选择。

### （一）强化乡村干部担当与服务意识，落实集体经济发展各方责任

其一，要强化基层乡镇干部责任担当与服务意识，通过集中培训等手段让其充分理解集体经济及其当下对农村振兴的意义。要认识到海南农村集体经济整体上不强，一些村庄甚至没有集体经济收入，村庄无钱办事的问题比较突出，这不利于海南农村公共事业的发展，不利于海南农民走向共同富裕，不利于海南农村和谐稳定与全面振兴。其二，基层乡镇干部要切实转变思想观念和工作职能，为农村集体经济的发展提供技术服务和指导，特别是在农村产业发展思路上，应切合村庄发展实际，适应市场需

---

① 澄迈县农业农村局：《关于澄迈县发展壮大农村集体经济进展情况的汇报》，2021。
② 资料来源于海南省农业农村厅。

求、村民意愿，为村庄集体经济发展项目提供方向指引。其三，应优先将有事业进取心与基础、有家乡情怀，懂经营、会管理、爱农村，具有发展集体经济的强烈意识、清晰思路、开拓精神，办事公道、群众认可的村民选进村两委班子，配强村两委干部队伍，进一步增强村两委班子工作能力。其四，继续由村两委干部兼任村庄集体经济组织负责人，乡镇政府应加强对集体经济负责人的教育培训，增强其国家项目接应能力和经营管理能力，落实集体经济发展的主体责任。其五，强化发展农村集体经济的年度考核评价工作，切实落实主体责任。比如，可以将发展壮大集体经济列入乡镇与村庄基层党建述职评议考核、党建巡查、农村基层党组织星级考核评比或村级两委干部绩效考核等考核评价的重要内容。

## （二）规范集体经济制度与管理，重视集体经济的治理功能

其一，创建与完善农村集体经济组织章程，坚持集体经济重大事项表决制，实行村集体经济民主理财，依章决策、依法经营、依规管理；建立健全行之有效的农村"三资"管理制度，长期坚持村级集体经济常态化财务公开制度，完善资金使用机制，定期公布账目，广泛接受村民监督，严格责任追究机制。其二，厘清集体经济组织与基层政府、农村党组织和村民自治组织的关系，推动集体经济组织集体资产运营功能的实现，并纳入政府政策支持框架体系和监管体系，强化发展保障和规范监管。[1] 其三，规范地用好中央、省级和县级集体经济扶持资金，抓实集体经济增收奖励机制，探索引进第三方服务机构，指导发展动力不足、能力弱化的村庄深入挖掘优势资源，谋划发展产业，有效解决发展产业能力不足、企业财务管理混乱、管理不规范等问题，[2] 从而增加集体经济收入，确保村民获益。其四，发挥村党组织领导核心作用，突出集体经济互助、合作性质，体现其社区治理功能，为村民提供力所能及的服务，如环境卫生整治、扶贫济困、教育培训等，激励村民参与到村集体经济发展中来，更进一步获得村民对村集体的认同。

---

[1] 涂圣伟：《加快发展新型农村集体经济》，《学习时报》2021年3月24日，第A2版。
[2] 迈县农业农村局：《关于澄迈县发展壮大农村集体经济进展情况的汇报》，2021。

## （三）充分用好农村集体产权改革成果，拓展集体经济有效实现形式

对于海南农村已经实践的集体经济实现形式，如股份化、村企合作、自办合作社等，可以进一步探索与总结。结合海南乡村经济建设实际，在此提出以下建议。其一，充分地用好农村集体产权改革的成果，如用好农村承包地确权登记颁证、农村集体资产清产核资、产权股份量化、集体成员资格确认等工作成果，做好土地流转、村民组织动员、引资合作服务等集体经济发展的基础性工作。其二，确保农村产权结构的稳定，因为农村产权结构的不稳定必然会影响组织运行效率，影响后脱贫时代农村集体经济发展的效果，[①] 稳定农村产权结构就是稳定农民与集体、国家的关系，就是稳定农民与企业或市场的关系。其三，在巩固农村土地确权与集体产权改革成果的基础上，明晰农村产权特别是农地产权，在村党组织带领下，利用农村现有生产要素，可以成立土地股份合作社、劳务合作社、资金合作社等。其中，土地股份合作社通过产权发展、分配公平、自愿互利、开放市场、治理有效等五个方面来实现推进农村集体经济向高水平实现形式的转型，是推进现代农村集体经济发展的有效形式之一。[②] 具体可以从土地规模流转着手，力促村集体土地股份合作社建设，村庄可以选择 2~3 个村民小组，集中农民分散的土地，由村集体进行规模经营，克服小农户应对大市场的劣势，因地制宜，发展热带特色高效农业。以项目制形式发展村集体劳务合作社，村民入社后可以开展保洁服务、庭院整理、农副业生产管理、绿化种植养护以及村庄整治工作等，要注意的是，各类、各期项目要进行独立核算，这样才能避免风险。其四，利用农村产业园区平台建设，政府应支持热带特色产业高效化，支持全产业链建设，提升热带特色农产品价值，提高市场竞争力，为集体与农民增收创造基础性且非常有必要的条件。其五，按照因地制宜原则，一村一策，在学习外地成功做法和经验基础上，支持村集体发挥自身优势，深入挖掘村里自然资源、特色

---

① 孔祥智：《产权制度改革与农村集体经济发展——基于"产权清晰＋制度激励"理论框架的研究》，《经济纵横》2020 年第 7 期。

② 张茜：《农村集体经济实现形式的现代转型——以山东省东平县土地股份合作社为例》，《东岳论丛》2015 年第 3 期。

产业、红色文化等，策划集体产业发展项目，可以组织招商引资，采取合作、入股、托管等方式，探索各具特色的村级集体经济发展之路。

### （四）充分利用多形式多渠道的宣传，吸引农民积极参与集体经济发展

其一，乡镇政府与村庄干部要加大集体经济发展政策的宣传教育力度。应加强对集体经济相关政策内容及益处的宣传，通过微信群、宣传板、宣传单、条幅等多样化宣传形式，让村民们知晓政策以及村庄具体发展项目，让国家政策顺利落实。其二，可利用全省的乡村振兴电视夜校平台，增强节目的趣味性和实用性，宣传集体经济发展的鲜活案例。其三，乡镇政府应加大宣传教育经费投入，增强村民的集体意识。其四，有相关经费的村庄应加大对农民的教育培训工作，提高农民对集体经济及政策的认知与理解程度，从而提升农民参与集体经济发展的积极性。其五，完善村庄民意反馈制度渠道与信息化建设，加强国家、集体与农民之间的互动机制建设，及时回应农民对集体经济建设的诉求，培养与鼓励积极村民，从而提高农户参与集体经济活动的积极性。

### （五）分类施策吸引各类人才，引领农村集体经济发展壮大

其一，就总体思路而言，要利用海南全域自贸港建设机遇，在吸引人才方面，全省层面坚持人才政策集成与体系化以及各类政策协同化，形成人才类型区分与信息化，全省统筹的人才政策体系的指导性意见；市县层面形成人才政策标准化、流程化、本地化的具体实施方案；同时加强农村人才工作调研，推动农村人才供给改革。其二，改善农村生产生活环境，吸引人才及其组织加入农村集体经济建设。继续加大农村基本公共服务投入，如教育投入、医疗卫生投入、交通投入等，其实这方面工作政府一直在做，相信会越来越好。尽管农村人居环境整治三年行动计划 2020 年收官，但"十四五"时期仍需要加强整治提升政策体系建设，农村生产生活环境的根本改善也是可以预见的，这也是吸引人才的基础性工作。其三，做好农村集体经济组织建设，使之成为吸引人才的主要载体或者基本单元。巩固与提升农村产权改革成果与成效。优化村庄与村民小组经济合作社资产、资金、资源管理模式，比如土地不能使用"一租了之"这种"傻

瓜式"管理方式，否则农民利益难以得到保障。结合村庄实际探索集体经济实现形式，如股份制、合作制、混合制、租赁制等，可采取村庄土地股份合作社、劳务合作社等具体形式。其四，将人才类型化，用激励制度把人才动员起来，形成农村集体经济发展所需的人才体系。第一种人才是涉农高端创新型人才，他们出思想、出理念、出机制，如农业经济专家、农业技术专家等，可以培训、指导人才，诊断、评估农村集体经济状况。第二种人才是农村本土人才，如村庄两委干部、农村经济组织带头人、村级后备干部人才、大学生村官、打工返乡人员等。要想办法开发优化本地人才，让本地人才有一个好的成长机制。采用多种方式，搭建平台、创造条件。比如，加强对他们的培训，就如何发展壮大村集体经济、如何进行项目包装等方面进行培训。第三种人才是外来的经营型、技术型人才，特别是涉农企业经营管理人才，以及农业专业大中专毕业生等，鼓励他们领办、创办、合办集体经济实体，从政策红利、人才评价制度完善等方面吸引他们发展农村集体经济。第四种人才是执行相关政策、调动社会资源，宣传组织社会力量的人才，主要是党政部门公务员等。因地制宜，将发展农村集体经济纳入工作考核内容，确保他们做好政策实施与保障工作，特别是强化他们的合同管理能力，减少对农村集体经济组织的行政性干预。

## 五　小结与探讨

根据相关研究可知以下几点：其一，海南省高层领导非常重视农村集体经济发展，而乡村基层重视程度不一，利用农村集体产权改革成果推进农村集体经济发展并取得一定成效，农村集体经济实现载体日趋多样化并正在蓄积着发展壮大的动能，注重集体经济的分配与增收作用，对集体经济的治理意义重视不够。其二，村民对集体经济的理解认识、乡村基层干部对发展集体经济政策任务的执行力、农村集体经济发展所需经营型人才、农村集体经济增长等方面的不足，制约着海南农村集体经济的进一步发展。其三，海南农村集体经济实力整体上不强，一些村庄甚至没有集体经济收入，村庄无钱办事的问题比较突出，这不利于海南农村公共事业的发展，不利于海南农民走向共同富裕，不利于海南农村和谐稳定与全面振兴。

　　基本结论：其一，农村集体经济发展能够为海南乡村建设行动、海南自由贸易港建设提供基础与动能。其二，农村集体经济推进过程是国家政策意志以政策项目形式深入乡村社会的过程，国家需要乡村基层执行政策、需要农民积极参与并获得利益，村集体有落实国家政策任务的责任，有组织与吸引农民参与集体行动的责任。其三，既要重视集体经济在经济分配与农民增收方面的作用，也要重视集体经济的社区治理意义。其四，集体经济建设要以农村集体产权改革为基础，加强制度化、规范化建设，强化干部担当与服务意识，用好农村本土及入乡各类人才，培育发展积极村民，拓展集体经济有效实现形式或载体，拓展集体经济与农民增收渠道，从而促进海南乡村建设与全面振兴。

　　相关建议：强化乡村干部担当与服务意识，落实集体经济发展各方责任；规范集体经济制度与管理，重视集体经济的治理功能；充分利用多形式多渠道的宣传教育，吸引农民积极参与集体经济发展；充分用好农村集体产权改革成果，拓展集体经济有效实现形式；分类施策吸引人才，引领集体经济壮大。

　　进一步探讨：在农村集体产权股份制改革之后，在适合海南的集体经济有效实现形式或载体方面可以进一步探讨。对于集体经济运行过程中集体、农民、国家之间的关系，本研究虽有案例材料分析，但深度不够，特别是在农民行为反应方面，因此，可以通过个案剖析展开深入调查研究。

# 参考文献

## 专著类

〔印〕阿马蒂亚·森：《贫困与饥荒——论权利与剥夺》，王宇、王文玉译，北京：商务印书馆，2001。

曹锦清：《黄河边的中国——一个学者对乡村社会的观察与思考》，上海：上海文艺出版社，2001。

〔美〕道格拉斯·诺斯、罗伯斯·托马斯：《西方世界的兴起》，厉以平、蔡磊译，北京：华夏出版社，1999。

杜润生：《杜润生自述：中国农村体制变革重大决策纪实》，北京：人民出版社，2005。

费孝通：《江村经济——中国农民的生活》，北京：商务印书馆，2001。

费孝通：《乡土中国》，上海：上海人民出版社，2006。

贺雪峰：《大国之基：中国乡村振兴诸问题》，北京：东方出版社，2019。

贺雪峰：《乡村治理的社会基础》（增订本），北京：生活书店出版有限公司，2015。

〔美〕亨利·乔治：《进步与贫困》，吴良健、王翼龙译，北京：商务印书馆，1995。

梁漱溟：《乡村建设理论》，上海：上海人民出版社，2006。

吕德文：《基层中国：国家治理的基石》，北京：东方出版社，2021。

〔美〕乔尔·S.米格代尔：《社会中的国家：国家与社会如何相互改变与相互构成》，李杨、郭一聪译，南京：江苏人民出版社，2013。

山西省地方志办公室编《民国山西村政建设》，太原：山西人民出版社，

2014。

习近平：《携手消除贫困 促进共同发展——在 2015 减贫与发展高层论坛的主旨演讲》，北京：人民出版社，2015。

熊孟清等：《城乡垃圾及人居环境治理》，北京：化学工业出版社，2020。

徐勇：《国家化、农民性与乡村整合》，南京：江苏人民出版社，2019。

徐勇：《现代国家、乡土社会与制度建构》，北京：中国物资出版社，2009。

应星：《农户、集体与国家：国家与农民关系的六十年变迁》，北京：中国社会科学出版社，2014。

赵晓丽、韦艳梅、唐勇主编《生态宜居乡村建设与农村人居环境整治》，北京：中国农业科学技术出版社，2020。

《中华人民共和国宪法》，（最新修正版）北京：法律出版社，2018。

朱恩荣主编《晏阳初全集》（第一卷），长沙：湖南教育出版社，1989。

## 论文类

陈义媛：《农村集体经济发展与村社再组织化——以烟台市"党支部领办合作社"为例》，《求实》2020 年第 6 期。

陈义媛：《以村集体经济发展激活基层党建——基于烟台市"党支部领办合作社"的案例分析》，《南京农业大学学报》（社会科学版）2021 年第 3 期。

陈元：《农村扶贫中非政府组织（NGO）的参与》，《农业经济》2007 年第 6 期。

陈竹：《海南省农业科技推广模式及其绩效评价研究——以海南省农业科技 110 为例》，硕士学位论文，海南大学，2012。

陈竹、王圣俊、戴珂：《海南省农业科技 110 的实践与思考》，《中国热带农业》2011 年第 5 期。

邓春梅、李茂芬、谢铮辉、姚伟：《海南农业科技 110 服务站的现状分析及发展思考》，《湖南农业科学》2015 年第 7 期。

邓大才：《产权与利益：集体经济有效实现形式的经济基础》，《山东社会科学》2014 年第 12 期。

邓大才：《积极公民何以形成：乡村建设行动中的国家与农民——以湖北、山东和湖南的五个村庄为研究对象》，《东南学术》2021 年第 1 期。

段莉：《建国以来我国农业科技推广系统成效评估》，《农村经济》2011 年第 4 期。

段子渊、张长城、段瑞、唐炜：《坚持科技扶贫 实现精准脱贫促进经济发展》，《中国科学院院刊》2016 年第 3 期。

付振奇、陈淑云：《政治身份影响农户土地经营权流转意愿及行为吗？——基于 28 省份 3305 户农户调查数据的分析》，《中国农村观察》2017 年第 5 期。

高道才、林志强：《农业科技推广服务体制和运行机制创新研究》，《中国海洋大学学报（社会科学版）》2015 年第 1 期。

高强：《农村集体经济发展的历史方位、典型模式与路径辨析》，《经济纵横》2020 年第 7 期。

邻彗、金家胜等：《中国省域农村人居环境建设评价及发展对策》，《生态与农村环境学报》2015 年第 6 期。

龚娜、龚晓宽：《中国扶贫模式的特色及其对世界的贡献》，《理论视野》2010 年第 5 期。

顾康康、刘雪侠：《安徽省江淮地区县域农村人居环境质量评价及空间分异研究》，《生态与农村环境学报》2018 年第 5 期。

郭佩霞、邓晓丽：《中国贫困治理历程、特征与路径创新——基于制度变迁视角》，《贵州社会科学》2014 年第 3 期。

何得桂：《"农林科大模式"：大学农业科技推广的典型经验》，《农业经济》2013 年第 9 期。

胡平江：《利益组合：集体经济有效实现形式的经济基础》，《东岳论丛》2015 年第 3 期。

揭筱纹、顾兴树：《农业科技推广体系的"双核心模式"研究》，《求索》2009 年第 2 期。

金丹、赵松林：《海南农业科技 110 服务体系发展特征及其转型升级》，《热带农业科学》2019 年第 1 期。

金丹、赵松林：《热区农村人居环境整治影响因素及其长效机制建构》，《热带农业科学》2020 年第 3 期。

孔祥智：《产权制度改革与农村集体经济发展——基于"产权清晰＋制度激励"理论框架的研究》，《经济纵横》2020 年第 7 期。

匡贤明、杨冬月：《以精准扶贫为导向的综合型普惠金融体系建设》，《中国井冈山干部学院学报》2016 年第 4 期。

黎家远：《贫困村村级互助资金扶贫模式的经验与发展——基于四川实践》，《农村经济》2010 年第 6 期。

李成木：《海南省农业科技 110 服务模式研究》，硕士学位论文，海南大学，2008 年。

李海金：《符号下乡：国家整合中的身份建构 1946—2006》，博士学位论文，华中师范大学，2008。

李俊杰：《中国农村科技扶贫路径及机制研究》，硕士学位论文，中国农业科学院，2014。

李晓辉、徐晓新、张秀兰、孟宪范：《应对经济新常态与发展型社会政策2.0 版——以社会扶贫机制创新为例》，《江苏社会科学》2015 年第2 期。

李雪萍：《反脆弱发展：连片特困地区贫困治理的新范式》，《华中师范大学学报》（人文社会科学版）2016 年第 3 期。

李周：《坚持农地集体所有的思考》，《财经问题研究》2016 年第 4 期。

李周：《社会扶贫的经验、问题与进路》，《求索》2016 年第 11 期。

廉超：《PPP 模式助推精准扶贫、精准脱贫》，《贵州社会科学》2017 年第1 期。

梁镜财等：《新型农业科技推广体系构建与成效践行研究》，《科技管理研究》2011 年第 24 期。

林闽钢：《贫困治理的中国经验》，《群众》（决策资讯版）2016 年第 1 期。

刘金海：《知识实践视角下的"乡村建设"研究——基于定县教育、邹平实验和乌江试验的比较分析》，《人文杂志》2021 年第 4 期。

刘钦、孙洪武：《国外农业科技推广体系的分析与借鉴》，《广东农业科学》2011 年第 17 期。

刘泉、陈宇：《我国农村人居环境建设的标准体系研究》，《城市发展研究》2018 年第 11 期。

刘时容：《湖南省农村科技信息化服务体系构建研究》，硕士学位论文，湖南农业大学，2010 年。

刘学文、王圣俊、陈竹：《农业科技 110 绩效评价分析——以海南省为例》，《绿色科技》2013 年第 9 期。

刘中元：《全面推进农村人居环境整治新思考》，《农业经济》2016 年第 2 期。

卢志灵、黄小丹、王三军：《广东省现代农业产业园高质量建设的思考》，《农产品市场》2020 年第 16 期。

吕建华、林琪：《我国农村人居环境治理：构念、特征及路径》，《环境保护》2019 年第 9 期。

罗明忠、罗琦：《家庭禀赋对农民创业影响研究》，《经济与管理评论》2016 年第 5 期。

罗树明、徐巧丹：《新中国农业科技推广服务体系的兴衰及其启示》，《农业考古》2013 年第 3 期。

孟莉娟：《美国、法国、日本农业科技推广模式及其经验借鉴》，《世界农业》2016 年第 2 期。

莫光辉：《精准扶贫：中国扶贫开发模式的内生变革与治理突破》，《中国特色社会主义研究》2016 年第 2 期。

《农业部 提升农民信息化能力》，《农经》2015 年第 12 期。

潘云洪、郭红明、姜丽英、贾仕金：《衢州市农民远程培训的实践和探索》，《农业网络信息》2008 年第 10 期。

邵喜武、郭庆海：《农业科技推广体系建设论纲》，《农业经济》2009 年第 1 期。

孙前路：《西藏农户参与农村人居环境整治意愿的影响因素研究》，《生态与农村环境学报》2019 年第 8 期。

谭少华、高银宝等：《基于行动者网络的农村人居环境综合整治研究——以重庆垫江县毕桥片区为例》，《规划师》2019 年第 19 期。

唐丽霞、李小云、左停：《社会排斥、脆弱性和可持续生计：贫困的三种分析框架及比较》，《贵州社会科学》2010 年第 12 期。

田培杰：《协同治理概念考辨》，《上海大学学报》（社会科学版）2014 年第 1 期。

田闻笛：《我国农业科技推广体制的演变与现状研究》，《东南大学学报》（哲学社会科学版）2016 年第 18 卷增刊。

汪洋：《集体土地所有权的三重功能属性——基于罗马氏族与我国农村集

体土地的比较分析》，《比较法研究》2014 年第 2 期。

王济民等：《我国农业科技推广体系主要模式评价》，《农业经济问题》2009 年第 2 期。

王景新等：《集体经济村庄》，《开放时代》2015 年第 1 期。

王俊文：《我国贫困地区农村女性人力资源开发问题探讨》，《湖南社会科学》2013 年第 6 期。

王学权：《"十三五"时期扶贫新模式：实施精准扶贫》，《经济研究参考》2016 年第 7 期。

王学文：《海南省农业科技推广信息系统研究》，硕士学位论文，海南大学，2011。

吴晓燕、赵普兵：《农村精准扶贫中的协商：内容与机制——基于四川省南部县 A 村的观察》，《社会主义研究》2015 年第 6 期。

肖志扬：《湖南贫困地区的农业科技扶贫模式与政策建议》，《农业现代化研究》2010 年第 5 期。

徐淑红、朱显平：《人力资本视阈下的反贫困问题研究》，《社会科学战线》2016 年第 7 期。

徐顺青、逯元堂、何军等：《农村人居环境现状分析及优化对策》，《环境保护》2018 年第 19 期。

杨嬡：《合作机制：农村集体经济有效实现的组织制度基础》，《山东社会科学》2015 年第 7 期。

于法稳：《乡村振兴战略下农村人居环境整治》，《中国特色社会主义研究》2019 年第 2 期。

于建嵘、陈志武：《把地权还给农民——于建嵘对话陈志武》，《东南学术》2008 年第 2 期。

余学军：《美国农业科技推广经验与中国的创新——以浙江农林大学科技特派员实践为例》，《世界农业》2012 年第 3 期。

岳映平：《我国农村反贫困路径选择的演变分析》，《现代经济探讨》2015 年第 6 期。

张国玉、王珍、郭宁：《农业科技推广模式中的激励机制研究——以新疆生产建设兵团为例》，《科技与经济》2009 年第 3 期。

张茜：《农村集体经济实现形式的现代转型——以山东省东平县土地股份

合作社为例》,《东岳论丛》2015 年第 3 期。

张侨:《旅游扶贫模式和扶贫效应研究——基于海南省贫困地区的调查数据分析》,《技术经济与管理研究》2016 年第 11 期。

张峭、徐磊:《中国科技扶贫模式研究》,《中国软科学》2007 年第 2 期。

张芷婧:《农村环境治理中的农民主体性探究》,《农业经济》2019 年第 9 期。

章文光、刘丽莉:《精准扶贫背景下国家权力与村民自治的"共栖"》,《政治学研究》2020 年第 3 期。

赵清艳、栾海峰:《论我国农村扶贫主体多元化的逻辑演变》,《北京理工大学学报》(社会科学版)2010 年第 3 期。

赵霞:《农村人居环境:现状、问题及对策——以京冀农村地区为例》,《河北学刊》2016 年第 1 期。

赵玉、牟永福、张健:《区域性整体脱贫需要四维动力机制支撑》,《开放导报》2016 年第 1 期。

郑维全、庄辉发、朱自慧:《农业科技 110 在热作产业技术推广中的作用探析》,《热带农业工程》2013 年第 5 期。

郑永年:《中国农村土地改革向何处去》,《中国乡村发现》2018 年第 2 期。

周华强等:《科技扶贫服务体系建设战略研究:实践视角的框架与机制》,《科技进步与对策》2017 年第 12 期。

周建明、夏江旗、张友庭:《发展农村集体经济——中国特色社会主义道路中亟需解决的一个重大问题》,《毛泽东邓小平理论研究》2013 年第 2 期。

周建明:《应如何看待村级集体经济——基于国家治理体系和治理能力的视角》,《毛泽东邓小平理论研究》2015 年第 5 期。

庄天慧、陈光燕、蓝红星:《精准扶贫主体行为逻辑与作用机制研究》,《广西民族研究》2015 年第 6 期。

宗寒:《进一步发展社会主义集体所有制的几个问题》,《毛泽东邓小平理论研究》2013 年第 2 期。

## 文件报告类

《昌江县关于落实海南省科技扶贫示范"百村千户"创建工作实施方案》,

2019 年 04 月 19 日。

澄迈县农业农村局：《关于澄迈县发展壮大农村集体经济进展情况的汇报》，
　　2021。

《打安镇 2017 年扶贫工作总结》，白沙县打安镇人民政府，2017 年 12 月
　　28 日。

东方市农业农村局：《东方市农村集体经济发展情况报告》，2021。

《国务院关于印发"十三五"脱贫攻坚规划的通知》（国发〔2016〕64
　　号），2016。

海口市农业农村局：《海口市农村集体经济发展的现状、问题与做法》，2021。

《海南省打赢脱贫攻坚战三年行动计划》（琼发〔2018〕15 号），2018。

《海南省扶贫开发领导小组办公室关于印发〈扶贫创业致富带头人培训工程
　　实施方案〉的通知》（琼开办发〔2015〕10 号），2015 年 11 月 30 日。

海南省科学技术厅等：《关于公布科技扶贫"示范村"和"示范户"创建
　　名单的通知》（琼科〔2019〕82 号），2019。

《海南省科学技术厅关于开展科技特派员结对帮扶脱贫行动的通知》（琼科
　　〔2017〕260 号），2017。

海南省科学技术厅：《科技和人才引领打赢脱贫攻坚战三年行动实施方案》
　　（琼科〔2018〕413 号），2018。

海南省科学技术厅：《科技和人才引领打赢脱贫攻坚战三年行动实施方案》
　　（琼科〔2018〕413 号），2018。

《海南省农业厅海南省扶贫工作办公室关于推行农业产业扶贫"五带动全
　　覆盖"模式促进贫困户持续稳定增收的通知》，2018 年 05 月 29 日。

《海南省人民政府办公厅关于深入推行科技特派员制度的实施意见》（琼府
　　办〔2017〕16 号），2017。

金丹：《创业扶贫：从带头富到带领富》，研究报告，2017。

金丹等：《海南省 2019 年农村人居环境整治检查评估报告》，评估报告，2020。

金丹等：《海南"十四五"时期农村人居环境整治提升建议》，研究报告，
　　2020。

金丹等：《形成海南农村人居环境整治长效机制亟需提升农户参与度》，研
　　究报告，2020。

金丹、赵松林等：《热区乡村人居环境整治模式与长效机制研究》，研究报

告，2020。

《决胜全面建成小康社会 夺取新时代中国特色社会主义伟大胜利》，2017。

临高县科学技术局：《发挥科技引领 助力脱贫攻坚——临高县"十三五"以来农业科技110工作总结》，2018。

《农丰村两委2020年工作总结及2021工作计划》，2021。

《农业部财政部关于开展国家现代农业产业园创建工作的通知》（农计发〔2017〕40号），2017。

《农业农村部财政部关于开展2018年国家现代农业产业园创建工作的通知》（农计发〔2018〕11号），2018。

《万宁市礼纪镇太阳村集体经济发展情况》，2021。

文昌市科学技术工业信息化局：《文昌市2016—2018年农业科技110工作情况》，2018。

《新坡镇13个村集体产业发展情况自查报告》，2021。

《中共海南省委海南省人民政府关于打赢脱贫攻坚战的实施意见》（琼发〔2016〕7号），2016年04月09日。

《中共海南省委海南省人民政府关于全面推进乡村振兴加快农业农村现代化的实施意见》，2021。

《中共海南省委海南省人民政府关于稳步推进农村集体产权制度改革的实施意见》，2017。

《中共中央国务院关于打赢脱贫攻坚战三年行动的指导意见》，2018。

《中共中央国务院关于全面推进乡村振兴 加快农业农村现代化的意见》，2021。

《中共中央国务院关于稳步推进农村集体产权制度改革的意见》，2016。

## 报刊网站类

陈冰、符宗瀚：《陵水24家企业结对帮扶贫困村》，人民网海南频道，http://hi. people. com. cn/n2/2018/0614/c231190 - 31706485. html，2018年6月14日。

陈雪怡：《2018年我省脱贫攻坚成效显著》，《海南日报》2019年3月3日。

《村民变股民 人人获分红》，《海口日报》2018年2月2日。

高杨、陈兵：《农村人居环境整治高峰论坛在南京举行》，《农民日报》2019

年 11 月 21 日。

高永伟:《智慧海岛的科技扶贫范儿》,中国扶贫网,http://www.cnfpzz. com/column/fupinzixun/quanweishengyin/2018/0423/12441.html,2018 年 4 月 23 日。

国务院办公厅:《习近平就改善农村人居环境作出重要指示 李克强就推进 这项工作作出批示》,中国政府网,http://www.gov.cn/ldhd/2013 - 10/09/content_2502912.htm,2013 年 10 月 9 日。

《海南爱心扶贫网正式上线 互联网 + 开创扶贫新格局》,人民网 - 海南频道, http://hi.people.com.cn/n2/2018/1016/c231190 - 32163441.html,2018 年 10 月 16 日。

海南省科技厅:《海南省科学技术厅选准突破口 以科技和人才引领脱贫打 好精准扶贫攻坚战》,科技部网站,http://www.most.gov.cn/dfkj/ hain/zxdt/201611/t20161111_128868.htm,2016 年 11 月 14 日。

《海南省科技厅召开 2017 年全省科技系统扶贫工作推进会》,海南省科学技 术厅,http://dost.hainan.gov.cn/kjxw/gzdt/201709/t20170915 _ 694653. html,2017 年 9 月 15 日。

胡光辉:《扶贫先扶志 扶贫必扶智——淡淡如何深入推进脱贫攻坚工作》, 《人民日报》2017 年 1 月 23 日。

黄承伟:《脱贫攻坚是各级党政干部的重大政治任务》,海南在线,http:// news.hainan.net/guonei/guoneiliebiao/2018/06/01/3670209.shtml,2018 年 6 月 1 日。

季绍文、孙明山:《农业科技:精准扶贫的动力源和助推器》,《人民论坛》 2017 年第 10 期。

贾磊、容炜俊:《五指山毛阳镇贫困户喜领养殖红利》,《海南日报》2017 年 1 月 15 日。

金昌波:《聚焦产业扶贫 助推脱贫攻坚》,《海南日报》2018 年 8 月 5 日。

金昌波:《李军主持召开研究农村集体经济发展专题会议》,《海南日报》 2020 年 6 月 6 日。

金正桥:《探索建立科技扶贫长效机制》,《人民日报》2014 年 12 月 3 日。

况昌勋:《沈晓明主持召开省政府常务会议时强调以更强执行力打赢脱贫 攻坚战》,《海南日报》2018 年 8 月 16 日。

况昌勋、吴晓笙：《海南脱贫攻坚绘制"作战图"》，《海南日报》2016 年 7
月 6 日。

李锐：《张玉香：产业扶贫要做好四篇文章发力四个链条》，中国农业新闻
网，http：//www. farmer. com. cn/xwpd/jjsn/201808/t20180830 _ 1402152.
htm，2018 年 8 月 30 日。

《立足"三大优势"实现"三大愿景"》，海南省人民政府网，http：//www.
hainan. gov. cn/hn/zt/szrdl/dqchnddh/ftpl/201704/t20170427 _ 2304395. ht-
ml，2017 年 4 月 27 日。

《刘赐贵：强化考核问责 做好长远谋划 以严和实的作风高质量推进脱贫攻
坚》，南海网，http：//www. hinews. cn/news/system/2018/03/23/031431
188. shtml，2018 年 3 月 23 日。

罗安明：《东方市大田镇乐妹村：高效农业加速脱贫步伐》《海南日报》，
2017 年 9 月 27 日。

《农业农村部：〈农村人居环境整治三年行动方案〉目标任务基本完成》，
光明网，https：//kepu. gmw. cn/agri/2020 – 10/27/content _ 34311623.
htm，2020 年 10 月 27 日。

盘悦华：《念活"土"字经 主打特色牌 白马井镇：做好扶贫产业大文章》，
儋州市人民政府网，http：//www. danzhou. gov. cn/ywdt/jrdz/201807/t20
180725_2709158. html，2018 年 7 月 25 日。

《培养创业致富带头人 打造"不走的扶贫工作队"——上林县推动致富带
头人培育工程提质发展》，南宁市政府网，http：//www. nanning. gov.
cn/NNNews/jrnn/2018nzwdt/201803/t20180321 _ 837040. html，2018 年
3 月 21 日。

彭青林：《努力建设产业兴旺、生态宜居、乡风文明、治理有效、生活富
裕的海南乡村》，《海南日报》2018 年 7 月 31 日。

彭青林：《全省聚焦"两不愁三保障"脱贫攻坚"背水一战"推进大会召
开》，《海南日报》2019 年 5 月 25 日。

彭青林：《以钉钉子精神抓好"三不减 三提高 三加强"确保一鼓作气背水
一战如期完成全面脱贫任务》，《海南日报》2019 年 4 月 26 日。

容朝虹、柳莺、陈亮嘉：《走出一条科技脱贫的新路子——关注农业科技
110 扶贫》，《海南日报》2019 年 1 月 3 日。

《省科技厅厅长史贻云"扶贫日"再次深入扶贫点调研》，海南省政府网，ht-tp：∥zw. hainan. gov. cn/data/news/2016/10/64910/，2016 年 10 月 20 日。

孙令正：《海南科技扶贫扎实推进 帮助农民应用科技致富》，南海网，ht-tp：∥www. hinews. cn/news/system/2017/02/27/030998090. shtml，2017 年 2 月 27 日。

涂圣伟：《加快发展新型农村集体经济》，《学习时报》2021 年 3 月 24 日。

王全印：《儋州排浦肉鸽养殖带动 61 户贫困户脱贫 入股既能领工资又能分红》，南海网，http：∥a. hinews. cn/page. php？id = 031460576，2018 年 6 月 1 日。

王玉洁等：《海南省科技活动月启幕》，《海南日报》2019 年 5 月 7 日。

王玉洁等：《科技护航脱贫攻坚》，《海南日报》2018 年 12 月 29 日。

王玉洁等：《我省将创建百个科技扶贫示范村》，《海南日报》2019 年 3 月 30 日。

王玉洁：《精准扶贫 科技先行》，《海南日报》2016 年 11 月 11 日。

王玉洁：《科技扶贫"造血"贫困村》，《海南日报》2016 年 10 月 7 日。

王玉洁：《"农业科技 110"如何重振雄风?》，《海南日报》2016 年 4 月 13 日。

王忠新：《万宁投 250 万元补贴应对菠萝滞销 农户望打造品牌》，南海网，http：∥www. hinews. cn/news/system/2017/02/13/030970874. shtml，2017 年 2 月 13 日。

卫小林：《我省科普扶贫电影放映活动月启动》，《海南日报》2017 年 5 月 6 日。

文东雅、汤思辉：《吉昌超：返乡创业不忘扶贫 让贫困户共享发展成果》，东方市人民政府网，http：∥dongfang. hainan. gov. cn/jrdf/201808/t20180810_2724067. html，2018 年 8 月 10 日。

《习近平：统一思想一鼓作气顽强作战越战越勇 着力解决"两不愁三保障"突出问题》，《人民日报》2019 年 4 月 18 日。

羊文彪、卓彩芹：《黎新亮："一人富不算富，大家富才是真的富"》，《今日儋州》2018 年 7 月 27 日。

杨文全：《习近平开年首谈扶贫"七个强化"指引攻坚方略》，中国共产党新闻网，http：∥cpc. people. com. cn/xuexi/n1/2017/0223/c385474 - 291

03292. html，2017 年 2 月 24 日。

杨洋：《三亚惠农东山羊养殖农民专业合作社负责人吉立斌——脱贫致富的"领头雁"》，《三亚日报》2017 年 7 月 18 日。

易明、杨树旺：《探索建立科技助力精准扶贫的长效机制》，《光明日报》2018 年 5 月 10 日。

易宗平：《科技"尖兵"助力村民发展种植业》，《海南日报》2018 年 9 月 19 日。

易宗平、谢宛峯：《三亚罗蓬村脱贫新模式：45 名党员亮明身份扛起扶贫责任》，《海南日报》2018 年 6 月 22 日。

于石：《为农业插上科技翅膀》，《人民日报》2019 年 3 月 25 日。

张艳玲：《习近平扶贫新论断：扶贫先扶志、扶贫必扶智和精准扶贫》，中国网，http：//news. china. com. cn/txt/2016 - 01/03/content_ 37442180. htm，2016 年 1 月 3 日。

周晓梦：《海南农业如何闯关投融资》，《海南日报》2017 年 1 月 15 日。

周月光、陈栋、舒晓：《精湛技艺传百年 儋州土糖滋味美》，《海南日报》2018 年 3 月 14 日。

邹文涛、钟圆圆：《海南召开首次高校定点扶贫现场会 实地检验扶贫成效》，海口网，http：//www. hkwb. net/news/content/2017 - 06/30/con-tent_3280893. htm，2017 年 6 月 30 日。

# 后 记

经过三年多时间的调查与研究，本书稿终于完成了。本书是由我与中国热带农业科学院热区乡村振兴研究创新团队带头人赵松林老师以及张丽英老师合作而成的。本书得到了中国热带农业科学院科技信息研究所的支持，也得到了中国热带农业科学院热区乡村振兴研究创新团队的支持。

本书的出版得到了中国热带农业科学院基本科研业务费项目"热区乡村人居环境整治长效机制研究"（1630072020004）、农村综合改革示范试点项目"海南农村人居环境整治、示范与评估研究"、海南省重点研发计划软科学方向项目"海南农业科技 110 服务体系转型升级及其精准扶贫模式研究"（ZDYF2018188）等的资助。本书相关调查研究也得到了海南省哲学社会科学规划项目"海南贫困村创业致富带头人精准治贫模式研究"（HNSKYB17 - 83）、"国家治理视角下海南农村人居环境整治的影响因素与长效机制研究"（HNSKYB20 - 70）、中国热带农业科学院揭榜挂帅项目"热区乡村振兴理论与实践创新研究等的支持。

本书也是三年多来坚持农村调查的成果汇集。在只有"夏季与大约在夏季"这两个季节的我国热带岛屿——海南岛，深入农村调研是一份苦差事，有天高云淡，有椰风海韵，更有炽热阳光。我们的团队始终坚持以实地调查为研究工作的基础与底色，不畏酷热、不辞辛劳地行走在海南广大农村大地，入乡访问乡村干部、入户访谈村民，搜集了大量一手数据资料，这构成本书的写作基础。在调研中，我们团队中有成员总能每次事先与相关部门沟通并协调联系好调研村庄，能够让团队安心地调研；有成员总能快速地与受访对象拉近距离，以最短的时间收获大量有效调查信息；

当调研遇到困难时，比如农户不配合而难以访谈时、需要加班整理访谈材料至凌晨时，有成员总会给团队打气鼓劲，总会有办法让团队摒弃负能量，让调研这份苦差事充满了乐趣。这为本书的后续写作提供了良好的基础。

虽然团队成员由于工作调整、调离等而发生变动，但是团队核心成员一直坚持基层调查。在此对尹峰、刘晓光、龚城、杨丹、陈玉琴、李海南、宋晨野、黎梦琴、陈日风、黄莉、许积福、佘纪国等的付出与支持表示谢意；对陈诗高、邱俊丹、徐磊磊、侯嫒嫒、金琰、丁莉、宿党辉等的帮助与支持表示谢意；对高秀云、刘恩平、高静、汪志军、车江萍、张少帅、彭宝丰、刘玲等的关心与支持表示谢意。还有一些同仁，我们未能一一列举，在此表示歉意，同时表示谢意。

特别需要提及的是，我们的调研得到海南省农业农村部门、海南省科技部门与市县农业农村部门、科技部门的支持，也得到受访乡镇、村庄干部与农户的支持，在此表示谢意。海南地处海岛，民风淳朴。初次访问农户，他们不明我们的身份以及做什么工作的时候，或许不太理我们。可一旦知晓我们的来意，他们非常热心，也会直抒胸臆，表达他们的看法、想法与期望。我们对他们再次表示谢意。

我们的团队深入农村建设现场，通过深度调查与个案访谈，对数据资料进行归纳、整理与分析，形成了一些研究成果。公开发表了《海南农业科技110服务体系发展特征及其转型升级》《热区农村人居环境整治影响因素及其长效机制建构》《新时代背景下农村环境治理研究的阶段性综述与进路探讨》等论文；组织撰写了《选准特色产业带头人走稳产业脱贫振兴路》《海南"十四五"时期农村人居环境整治提升建议》《形成海南农村人居环境整治长效机制亟需提升农户参与度》等研究报告，并得到海南省委、省科技厅、省扶贫办及市县农业农村局等部门领导的肯定性批示或采用。这些研究成果为本书的写作提供了思路与前期基础。

我们一直思考着要围绕海南农村某一方面进行深入调查研究，对接国家与海南省政策实践要求，利用国家与农民关系视角，发现问题、分析问题，找到有说服力的答案。当下农村研究可谓是"红海"，从事研究者众多。可惜我们久久没有遇到时机。恰逢党的十九届五中全会以及2021年中央与海南省一号文件提出了实施乡村建设行动，于是我们根据调研资料与以前成果内容，整理并撰写成本书。

我们根据相关文献、文件以及既有调查情况，在本书导论部分对乡村建设内容进行了界定。本书内容既包括人才扶贫、科技扶贫、科技支农等专题内容，又包括农村人居环境改善、农村集体经济发展等专题内容。我们也希望经过连续调研与跟进，今后能够形成海南农村研究的系列丛书，对海南乡村建设有一个长时段的研究与呈现。当然，这需要中国热带农业科学院科技信息研究所的支持，更需要我们继续努力。

之所以能够最终完成这本书，也离不开中国热带农业科学院科技信息研究所领导的支持。感谢黄贵修所长审核与同意出版，感谢杨礼富书记的关怀与帮助，感谢尹峰副所长的审核与把关，感谢胡盛红副所长的关心与帮助，感谢阚应波副所长的理解与帮助，感谢所办公室、科技办公室、财务办公室、产业发展部等部门的领导及同事们在专著出版方面给予的大力支持。

特别感谢华中师范大学中国农村研究院邓大才教授、中国人民大学农业与农村发展学院孔祥智教授、中国地质大学（武汉）马克思主义学院李海金教授对本书部分内容的指导。

非常感谢所有关怀和支持过我们的人，特别是家人和挚友。

本书的出版得到了社会科学文献出版社的厚爱与相助，在此对宋淑洁编辑为本书出版付出的智慧与努力表示深深的谢意。

岁月如歌，珍视当下，奋力前行！

金　丹

2021 年 6 月 1 日于海南岛

**图书在版编目（CIP）数据**

海南乡村建设调查研究 / 金丹，赵松林，张丽英著
. -- 北京：社会科学文献出版社，2022.2
ISBN 978 - 7 - 5201 - 9749 - 6

Ⅰ.①海… Ⅱ.①金… ②赵… ③张… Ⅲ.①农村 -
社会主义建设 - 研究 - 海南 Ⅳ.①F327.66

中国版本图书馆 CIP 数据核字（2022）第 022659 号

---

**海南乡村建设调查研究**

著　　者 / 金　丹　赵松林　张丽英

出 版 人 / 王利民
责任编辑 / 宋淑洁
文稿编辑 / 许文文
责任印制 / 王京美

出　　版 / 社会科学文献出版社·经济与管理分社 （010）59367226
　　　　　　地址：北京市北三环中路甲 29 号院华龙大厦　邮编：100029
　　　　　　网址：www.ssap.com.cn
发　　行 / 社会科学文献出版社 （010）59367028
印　　装 / 三河市龙林印务有限公司

规　　格 / 开　本：787mm × 1092mm　1/16
　　　　　　印　张：16.25　字　数：267 千字
版　　次 / 2022 年 2 月第 1 版　2022 年 2 月第 1 次印刷
书　　号 / ISBN 978 - 7 - 5201 - 9749 - 6
定　　价 / 148.00 元

读者服务电话：4008918866

版权所有 翻印必究